数字营销前沿探析

·陕西省普通高校哲学社会科学特色学科建设项目

·西北大学『双一流』建设项目资助

李纯青　刘　伟◎主编

中国经济出版社
CHINA ECONOMIC PUBLISHING HOUSE
北　京

图书在版编目（CIP）数据

数字营销前沿探析 / 李纯青，刘伟主编. -- 北京：中国经济出版社，2023.4

ISBN 978-7-5136-7216-0

Ⅰ.①数… Ⅱ.①李…②刘… Ⅲ.①网络营销-文集 Ⅳ.①F713.36-53

中国国家版本馆 CIP 数据核字（2023）第 017502 号

责任编辑　张利影
责任印制　马小宾
封面设计　华子设计

出版发行　中国经济出版社
印 刷 者　北京艾普海德印刷有限公司
经 销 者　各地新华书店
开　　本　710mm×1000mm　1/16
印　　张　20
字　　数　307 千字
版　　次　2023 年 4 月第 1 版
印　　次　2023 年 4 月第 1 次
定　　价　98.00 元
广告经营许可证　京西工商广字第 8179 号

中国经济出版社　**网址** www.economyph.com　**社址** 北京市东城区安定门外大街 58 号　**邮编** 100011
本版图书如存在印装质量问题，请与本社销售中心联系调换（联系电话：010-57512564）

序言

PREFACE

数字营销是用数字传播渠道推广产品和服务的实践活动，其优势是可以一种及时、相关、定制化、低成本的方式与消费者进行沟通。数字营销主要依托移动互联网这一新技术和平台，尤其是社交媒体。当前，数字营销已成为市场营销计划中不可或缺的组成部分。

本书精选了西北大学经济管理学院2021届工商管理专业14篇优秀本科毕业论文。本书聚焦数字营销中的理论前沿和现实问题，包括直播营销、在线移动营销、数字营销案例和数字营销应用四部分。入选论文均具有一定的理论价值和现实意义，研究方法也较为规范。这些论文体现了西北大学经济管理学院工商管理专业本科生在导师指导下对数字营销问题的探索精神和优良学风，对其他院校的本科毕业论文撰写具有较好的参考价值，也是西北大学经济管理学院在建设国家级一流本科专业过程中的特色成果。

本书共分为四篇，各篇的写作分工如下：

直播营销篇：《文化认同视角下旅游主播对旅游消费的影响研究》（17021字）、《电商主播的负向行为对消费者情感态度及行为意愿的影响》（10469字）、《带货主播与粉丝的关系演化影响因素模型——基于带货主播李佳琦的扎根分析》（11382字）、《直播营销中主播语言风格对消费者购买意愿的影响》（8350字）分别由刘雅婷、赵宇昆、黄敏萱、陈云超撰写完成；在线移动营销篇：《关于直播带货中主播对消费者购买意愿影响的研究》（9563字）、《负面在线评论对网络零售业产品销量的影响研究》(13295 字)、《App 图标色彩饱和度对消费者选择的影响研究》(16163 字)分别由周润、袁敏、张梦茹撰写完成;数字营销案例篇:《基于自反性的参与者身份演化为平台创造价值过程的研究——以滴滴出行为例》(11803 字)、《基于文化创新的消费者—企业认同形成过程研究》(9818 字)、《消费者责任影响消费者购买意愿的路径研究——以爱菊粮油为例》(11503 字)分别由于浩阳、韩泽坤、刘惠泽撰写完成;数字营销应用篇:《善因营销中契合度与消费者负面情绪之间的关系研究》(16125 字)、《高校品牌至爱的前因及积极结果研究》(12886 字)、《基于服务便利的网购消费者满意度研究——以西北大学为例》(12231 字)、《社区团购中消费者购买意愿影响因素研究》(13895 字)分别由王嘉庆、林徽豪、叶星星、饶玉坤撰写完成。

目 录
CONTENTS

第一篇 直播营销

第二篇 在线移动营销

第三篇 数字营销案例

第四篇　数字营销应用

第一篇

直播营销

文化认同视角下旅游主播对旅游消费的影响研究

刘雅婷

摘　要：本文针对旅游业当下较热门的旅游主播直播或制作短视频的营销方式，从文化认同视角出发，重点研究文化认同视角下旅游主播对旅游消费的影响路径及其影响因素，运用扎根分析的研究方法，建立了文化认同视角下旅游主播对旅游消费的影响因素模型。研究得出，旅游主播及直播的7个相关特质会使观众产生对旅游直播代入感、可信度、感染力的认知判断，并产生对该旅游地的向往情感，经过一段时间的态度积累，最终会产生对该旅游地的文化认同；文化认同的文化符号、文化规范、文化价值三个部分中包含的多个因素再次交叉促进体验性旅游消费和物质性旅游消费的产生。本文从促进消费者对旅游地产生文化认同，进而刺激消费者进行旅游消费的角度对旅游主播提出相关建议。

关键词：旅游主播　旅游消费　文化认同　旅游营销　扎根理论

一、引言

受新冠疫情影响，旅游业受到巨大冲击，景区、酒店、线下旅行社以及线上各类旅游企业均面临经营困境。单就线上旅游企业携程来说，自2020年1月文旅部发出紧急通知后，携程面临着巨额的用户退票损失。中国旅游研究院2020年9月14日发布的《中国国内旅游发展报告2020》显示，2020年上半年，国内旅游人数共11.68亿人次，同比下降62%；国内旅游收入0.64万亿元，同比下降77%。

新冠疫情得到有效控制后，为了推动行业复工复产，拉动经济尽快复苏，旅游企业和各地旅游部门纷纷行动，尝试如“直播带货”等多种新营销方法，促进旅游业复苏。一方面，携程等线上旅游企业纷纷推出“旅游直播”频道，直播预售旅游产品；另一方面，各地文旅部门注重培养本地的旅游主播和旅游短视频博主。疫情过后的旅游业，呈现将短视频和直播作为新型营销手段的发展趋势，“直播带货”在未来有望成为旅游市场宣传、刺激旅游消费的主要营销方式。

随着旅游直播热和旅游主播这一职业的兴起，涌现了一批讲地方故事、具有地方情怀的旅游主播，这些主播的视频评论区常常会出现“这个地方景色好美”“这个地方的文化好有特色”“这个地方好有故事”“我好想去那里旅游”“有机会我一定要去当地玩”一类表达对当地风景、文化的喜爱和出游欲望的评论。旅游主播对当地文化的热爱会对消费者对当地的文化认同及其旅游消费欲望产生影响，在促进消费者产生文化认同的同时，也将刺激消费者进行旅游消费。

因此，本文对文化认同的表现形式以及旅游消费类型进行简单探讨，运用扎根分析研究方法，对文化认同视角下旅游主播对旅游消费的影响因素及路径进行分析，并构建影响因素模型。最终，本文从促进消费者对旅游地产生文化认同，进而刺激消费者进行旅游消费的角度对旅游主播提出相关建议。

二、理论与文献述评

（一）文化认同

1. 文化认同的定义

对于文化认同的定义，亨廷顿（1998）曾指出，不同的人群常以对他们来说最有意义的事物来回答“我们是谁”，即用“祖先、宗教、语言、历史、价值、习俗和体制来界定自己”，并以某种象征物作为标志来表示自己的文化认同。此后，国内大部分关于文化认同的研究是以亨廷顿提出的文化认同的定义为基础，并在此基础上衍生新的理论概念。比较具有代表性的是，崔新建（2004）指出，文化认同就是指对人们之间或个人同群体之间的共同文化的确认，使用相同的文化符号，遵循共同的文化理念，秉承共同的思维方式和行为规范，是文化认同的依据。至此，在亨廷顿的文化认同定义基础上提出的新定义已经逐渐发展出了符号、理念、思维与行为3个层次。此后，关于文化认同的研究，大部分学者提出的定义相似，但也有部分研究中出现了新概念。如佐斌、温芳芳（2017）认为文化认同是人们对文化的倾向性共识与认可，并将“追求共同的文化理想”补充作为文化认同的依据之一；同时，他们从马克思主义意识形态的视角出发，提出文化认同作为意识形态时所具有的确定性和可解释性，可解释性具体表现为对文化的开放性和多元性表示尊重。佐斌、温芳芳主要从文化形式认同、文化规范认同、文化价值认同三个层次对文化认同进行了补充，提出了“文化理想”这一更高层次的概念，为研究当前意识形态下中国人文化认同的具体表现提供了相关理论基础。基于上述研究对于文化认同的定义，本研究将以崔新建、佐斌、温芳芳三位学者提出的关于“文化符号”“文化理念”“思维方式”“行为规范”“文化理想”的观点作为后续研究的理论依据，并认为文化认同在一定程度上表现为对文化多元性的尊重，即对具有差异的不同地区文化的尊重、喜爱和认同。

2. 文化认同的表现形式

由上文各个学者关于文化认同的定义，可以将文化认同具体分为符号、理念、思维与行为、理想4个层次，也可将理想与理念合并为一个价值层次。对于文化认同的表现形式，崔新建（2004）认为，文化认同也具有相对的可变性，在一定意义上是可以选择的，即选择特定的文化理念、思维模式和行为规范，这三者都体现着一定的价值取向，因此文化认同的核心可以说是价值认同和价值观认同，故据此可将文化认同分为理念认同、思维模式与行为规范认同、价值认同3种表现形式；佐斌、温芳芳（2017）提出，文化认同的程度可分为3个层次，分别是表现层——对形式的认同，保护层——对规范的认同，核心层——对价值的认同，即将文化认同的具体表现分为以上3种；马向阳、杨颂、汪波（2015）运用文化认同量表，将文化认同细分为认知性文化认同、情感性文化认同、评价性文化认同，并分别对这3种认同进行了测量，由此，也可将文化认同表现形式分为认知性认同、情感性认同、评价性认同3种。

结合上述相关研究文献关于文化认同表现的不同分层方式，本研究将文化认同的表现形式具体分为文化符号认同、文化规范认同、文化价值认同3层。

（二）旅游消费

1. 消费的分类

从不同研究角度可以把消费划分为多种类型。文化认同属于人们心理上所产生的一种主观感受和情感，因此与之相关问题的主观性较强，故本研究主要参考的是与消费者幸福感等主观心理感受相关的消费类型研究中对消费类型的不同分类方式。在与消费者幸福感体验感相关的消费分类中，比较典型的有以下3种。经济学家Scitovsky（1992）提出防御性消费和创造性消费的划分，防御性消费主要是指能够减少不适感的消费，例如，住房和饮食方面的消费；而创造性消费主要是指能够让消费者产生愉悦感的消费，例如，关于游戏、运动等休闲娱乐活动方面的消费。Hirschman和Holbrook两位学者于1982年首次提出享乐消费的定义，他们指出这类消费主要获得的是感觉、情绪方面的体验。后续Dhar和Wertenbroch（2000）在此基础上提出了享乐性消费和实用性消费定义，将享乐性消费产品定义为能够让消费者更多地感到愉悦，提供体验性消费的产品；将实用性消费产品定义为具有较强的功能性的产品。心理学家Van和Gilovich（2003）提出了物质性购买和体验性购买的消费类型划分，通过消费获得可供消费者占有或保存的有形实物产品的属于物质性购买；以获取一段亲身经历为主要目的的消费属于体验性购买。

2. 旅游消费类型

关于旅游消费类型，徐明（1995）在《旅游学概论》中指出，旅游消费是一种高水平消费，涉及食、住、行、游、购、娱等方面。基于以上这基本的6个方面，王赛兰、杨振之（2017）将旅游消费中的“行”根据出行距离和范围进一步细分，并加入通信这一方面，分为饮食、住宿、市内交通、长途交通、景区游览、购物、娱乐、邮电通信8个方面。

继徐明提出旅游消费的定义后，谢彦君（1999）提出旅游消费实际上是旅游者对那些具有满足旅游者情绪和审美需要效用的核心旅游产品的消费；与之相似，张凌云（1999）在对旅游者消费的分类中，将基本、主动、随机3类消费中的主动消费定义为满足旅游者出游动机而产生的游览、娱乐等消费。在此新发展出的定义基础上，谷明（2000）认为旅游消费应该指那些为了让旅游者出游动机得到满足而产生的最根本消费，不应简单地等同于6方面的加总，因此，在消费者旅游时附带产生的住宿和交通等方面的花费不包含在旅游消费中。如今体验消费越来越受到消费者和市场的关注，旅游住宿和出行方面的相关体验项目也发展得越来越多，因此本研究将采用徐明的定义方法，将旅游消费首先细分为食、住、行、游、购、娱6个方面，再选择结合上文中心理学家Van和Gilovich的消费类型划分方法，最终将旅游消费分为两类，一类是物质性旅游消费，包含食、购两方面；一类是体验性旅游消费，包含住、行、游、娱4方面。

（三）文化认同与旅游消费影响关系研究概述

关于文化认同与旅游消费之间的影响关系研究首先要从消费与认同之间的关系开始探讨。王宁（2001）从社会学角度对消费与认同两者之间的关系进行了研究，提出消费可以作为认同的符号和行为，认为人们的认同能在很大程度上决定其选择的消费方式，消费者通过消费行为来塑造认同，同时在表达认同、传播认同。在消费与认同两者关系的基础上，学者进一步将问题细化，开展对文化认同与旅游、旅游者旅游消费之间的内在关系讨论研究。傅才武（2020）提出，在旅游客体与主体的连接中，消费者能够基于自己的文旅消费行为对自身的文化身份方面的认同进行确认证明和重新构筑，消费者的文旅消费能达到促进消费者文化认同的作用。唐丽丽、朱定秀、齐先文（2015）以某一个具体的文化旅游区为案例，引入“地方依恋”概念，对文化认同与旅游者忠诚间的关系进行研究，发现消费者的文化认同能提升对旅游地的地方依恋，且文化认同对旅游者忠诚的形成具有显著的影响作用。常睿、段妍（2019）从大学生文化认同的视角出发，聚焦于历史文化旅游这一旅游类型以讨论这类旅游对文化认同价值的宣传教育功能，发现历史文化旅游是文化价值转化为文化认同的这一过程中的重要传达方式。这些研究都从多方面证实了文化认同与旅游消费的相互影响关系，为本研究讨论文化认同视角下旅游主播对旅游消费的影响提供了理论基础。

（四）旅游直播及短视频营销现有研究概述

由于旅游直播这一形式刚兴起不久，近年关于旅游直播和旅游短视频一类新型营销的研究仍集中于旅游短视频形式，且大多数以抖音短视频社交平台为例。曾丽红、李家慧（2019）从情感社会学的角度出发，基于旅游城市“抖音打卡”成风的现象和互动仪式链理论，发现用户之间主要通过发布在相同旅游地点的短视频“打卡”行为在群体中传递互动，并以此作为一种群体符号，而每一次群体符号的更新都将引发新的互动仪式，而在互动仪式中所产生和积累的情感能量能够促使用户更积极地投入互动仪式链，进一步发挥旅游短视频的宣传作用。孙平、邵帅、石佳云、康文青（2020）以抖音热点旅游视频的文案和评论为研究资料，引入计划行为理论和自我决定理论，发现抖音平台将优质旅游短视频根据用户资料对用户进行精准推送，以刺激用户对该视频进行传播或自己创作新的旅游短视频，从而产生“抖音迷因”，平台用户沉浸在“迷因”所形成的环境中，会受其影响，从而产生出游动机或使自身已有的出游动机被进一步强化。唐燚桦（2020）将旅游短视频营销分为社群、连接、场景、内容四个维度，并引入包含这4要素的“新4C法则”，提出了旅游短视频营销从这4个维度提高营销效率的方法，分别是根据目标用户的心理需求打造场景使观众产生共鸣；打造社群并根据成员的归属感和兴趣偏好进行个性化的内容生产、传播；将质量高、话题性强的短视频精准推送给目标受众以减少观众有目的地搜寻或无意间看到旅游地相关信息的成本；构筑高效的短视频信息传播网络，建立中心节点，以提高旅游短视频营销的传播速度和效果。旅游直播和短视频营销相关研究有的从互动链角度进行研究，有的从抖音迷因和网络无意识动机视角进行探讨，也有的以场景、社群、内容、连接4维度的“新4C法则”为基础进行研究，等等，但以文化认同视角对旅游直播营销相关研究暂时缺乏，因此本研究将从文化认同的视角研究旅游主播对旅游消费的影响。

三、研究方法及研究设计

（一）研究方法

本文以构建文化认同视角下旅游主播对旅游消费的影响因素模型为主要内容，是一种探索性较强的研究，因此选择扎根分析为研究方法。具体步骤包括：①从资料中产生概念，并对资料进行逐级整理；②不断对资料和得到的概念进行比较，再系统询问以概念为基础生成的相关理论问题；③发展理论性概念，并建立概念间的联系；④进行理论性抽样，并系统地对资料编码；⑤根据三级编码得到的结果构建理论。其中，资料的开放、主轴、选择三级编码最关键。

（二）数据收集

扎根分析的两个应用分别是文献扎根以及访谈扎根，而文化认同视角涉及的相关问题主观性较强，故本研究选择的是访谈扎根，围绕被访谈者的回答进行深入访谈，挖掘访谈资料。相关统计数据显示，目前“80后”“90后”已成为我国在线旅游市场的消费主力人群。本研究探究的是旅游主播对旅游消费的影响，且网络直播或短视频的观众群体主要为青年人，故将青年人定为本研究访谈对象。联合国世界卫生组织、联合国儿童基金会和联合国人口活动基金会对青年年龄的定义为“15～24岁”，本研究根据该青年年龄定义以及正态分布的原则，选取24个年龄处于18～21岁（青年年龄定义的中间段）的青年作为访谈对象，分别是18岁2人，19岁3人，20岁11人，21岁8人，并在收集到的24条访谈记录中随机选取4条访谈记录用作理论饱和度检验，其他20条访谈记录用作框架模型构建。

四、文化认同视角下旅游主播对旅游消费影响因素模型建构

（一）旅游主播与文化认同作用关系编码结果

1. 开放编码

通过分析提炼原始资料，将资料中的关键现象进一步概念化、范畴化，最终得出研究情境下的编码结果。

首先，整理出访谈资料中所反映的旅游主播对文化认同的影响因素相关的现象，并将同类现象提炼为同一概念，如“讲方言”“用词口语化”。其次，归纳这两个概念并进一步形成范畴，用“用词接地气”标记。最终，根据原始访谈文本总结了 28 个概念，进而提炼了 22 个范畴，分别是用词接地气、语言真诚平实等。本文的开放编码过程如表 1 所示。

表 1　开放编码过程

引用语举例	概念化	范畴化
一个地方的文化符号最具代表性的就是方言了，我去一个地方都会学几句当地地道的方言，我觉得这非常有意思	使用方言	用词接地气
方言是比较接地气的语言，口语化用语比较多，感觉这样更能消除和不熟悉的文化之间的距离感	口语化表达	
真诚的、平实的体验性叙述，夸张的感觉，营销的气氛非常浓	语言平实 不过于夸张	语言真诚 平实
说话幽默诙谐，会让我达到一种放松的状态	语言幽默 诙谐	语言幽默
对于地方的非物质文化，主播在介绍时要尽可能有逻辑地将其历史渊源讲述清楚	介绍时 逻辑清晰	表达逻辑 清晰
懂得掌握节奏，了解哪些是需要静静看的，哪些是需要介绍的	懂得掌握 介绍节奏	
如果是介绍历史相关的内容，希望主播稍微正式严肃一点，以此表达对当地历史的尊重	介绍历史时 正式严肃	言语得当
介绍得生动形象，让我有一种身临其境的感觉	描述生动 形象	语言 描述生动
对历史文化介绍最好有故事，比较吸引人，不枯燥、无聊	结合历史 故事介绍	

续表

引用语举例	概念化	范畴化
亲身融入当地生活，参与其中去体验当地风俗，不要只是看看或者只是拍别人，看着主播的融入，我作为观众的代入感也更好，代入感强了就更能产生认同	主播融入当地生活，体验当地风俗	亲身体验并分享感受
对于了解当地风俗习惯和生活方式来说，代入感还是挺重要的，虽然我作为观众不在当地，但如果主播经常分享当时的亲身感受，我可以通过主播当时的感受来代入我自己	主播及时分享自己的亲身感受	
如果主播不是当地人，和当地人聊天，问他们一些问题，让当地人多介绍一些当地文化历史，这样感觉更详细，能知道一些我作为外地人不了解的信息	和当地人交流	与当地其他人交流
和在当地旅行的外地人聊天交流感受	和旅游者交流	
如果主播是当地人，我觉得比较吸引人，因为他肯定比专业的人更了解本地人的一些生活习惯、本地人的特色	主播是本地人	本地人直播
导游是专业人士，那他在业务水平上肯定更专业	导游进行直播	导游直播
如果主播是旅游博主会更便于和其他城市进行比较，作为旅游攻略来看比较合适，如果他不是做推广，他就是真正喜欢那个地方去做攻略的话，我觉得会更好	四处旅游的旅游博主做直播	旅游博主直播
如果主播性格比较开朗、说话幽默，就能够带动整个直播间的气氛	主播性格开朗	主播性格好
如果主播在跟当地人聊天过程中，能够输出一些我或者大众能接受的价值观的话，我也会对这个地方和当地人产生更多的好感	主播话语里所表达的价值观正确	主播三观正
虽然主播的表达能力和工作态度很重要，但业务能力也要强	主播态度端正	主播态度认真
镜头就是我的眼睛，那种视角会让我更有代入感，就像我本人在看	游客第一人称视角	第一人称视角
我喜欢从当地居民的视角，就是以当地人的一天为切入视角进行的直播	当地人第一人称视角	
我觉得作为旁观者的第三人称视角会更客观	常见的第三人称视角	第三人称视角
如果是西北这种很有民俗风情的地方，在能代表地方文化特色的场所直播是比较好的	在能代表地方特色的场所直播	直播地点代表地方特色

续表

引用语举例	概念化	范畴化
我比较喜欢主播在市井或者有特色的地点进行直播，不太喜欢商业气息比较重的直播	在能体现当地生活气息的地点直播	直播地点体现当地生活气息
我更喜欢现场直播，边走边播的那种形式	直播地点不固定，直播过程中也随时移动	边走边播
我很喜欢看那种没有太强的目的性，边走边逛的直播，相当于自己在逛，能够直接地感受到这个地方带给人的感觉	行程目的性不强，随走随逛	在闲逛中感受当地文化
我喜欢主播直播前提前规划好目的地，去那些特别有代表性的场所，这样比较高效	提前选择好当地有代表性的场所	按计划前往当地代表性场所
我比较喜欢做过详细功课的介绍，包括在介绍中详细讲述为什么会形成这样的文化、风俗、习惯等，能够在讲解过程中让观众了解到更多当地文化，有知识容量的介绍	在直播中加入丰富的相关知识补充	在介绍中补充丰富的文化知识

2. 主轴编码

在进行开放编码之后，原始访谈文本被归纳为 28 个概念，形成 22 个范畴。主轴编码根据范畴之间具有某些相似特性，厘清初始范畴之间内在逻辑和联结关系，进一步整合初始范畴为主范畴。

开放式编码形成的“用词接地气”“语言真诚平实”“语言幽默”“表达逻辑清晰”“言语得当”“语言描述生动”6 个初始范畴可整合为“主播语言”；“亲身体验并分享感受”“与当地其他人交流”两个初始范畴可整合为“主播行为”；“本地人直播”“导游直播”“旅游博主直播”3 个初始范畴可以整合为“主播身份”；“主播性格好”“主播三观正”“主播态度认真”3 个初始范畴可以整合为“个人魅力”；“第一人称视角”“第三人称视角”两个初始范畴可整合为“镜头视角”；“直播地点代表地方特色”“直播地点体现当地生活气息”“边走边播”3 个初始范畴可以整合为“直播地点”；“在闲逛中感受当地文化”“按计划前往当地代表性场所”“在介绍中补充丰富的文化知识”3 个初始范畴可以整合为“内容规划”。最终得到以下 7 个主范畴，如表 2 所示。

表 2　主轴编码形成的主范畴

主范畴	对应范畴	范畴内涵
主播语言	用词接地气	主播直播时用词口语化或讲旅游地当地方言会显得比较“接地气”，更能使观众产生亲切感，有趣的当地方言也能引起观众的兴趣
主播语言	语言真诚平实	真诚的语气和平实的介绍更能增强主播在观众心里的可信度，夸张的语言容易令人产生刻意营销的感觉
主播语言	语言幽默	幽默的语言能够营造轻松愉快的直播氛围，轻松的直播间氛围更容易吸引观众观看，观众在放松的情况下更容易受到主播语言的影响
主播语言	表达逻辑清晰	逻辑清晰、详略得当的语言表达可以有效提高主播向观众传达信息的效果，同时使介绍内容更为客观可信
主播语言	言语得当	主播在介绍当地历史等内容时用词得体能够表现主播对当地历史文化尊重的态度，主播端正的态度也能提升在观众心里的可信度
主播语言	语言描述生动	生动形象的语言描述一方面对观众具有较强的吸引力，另一方面能让观众有身临其境的感受，增强直播观众的代入感
主播行为	亲身体验并分享感受	主播在直播中亲身体验当地生活和风俗并经常分享自己的切身感受，可以让观众对当地生活和各项活动产生更强的代入感
主播行为	与当地其他人交流	主播在直播的时候与本地人和在当地旅游的其他游客进行交流，有助于观众多方面、多角度、更全面地了解当地文化
主播身份	本地人直播	本地人作为主播能让观众更容易了解外地人很难了解的一些当地生活习惯和文化风俗
主播身份	导游直播	导游作为主播能利用自身职业优势为直播观众带来更专业的内容介绍
主播身份	旅游博主直播	旅游博主作为主播可以带来更接近观众本身的介绍，并且更便于将该地与旅游博主旅行过的其他地方进行对比
个人魅力	主播性格好	主播性格开朗，更能打造轻松愉快的直播间氛围，吸引观众。如果主播是当地人，其良好的性格也会让观众对当地人和当地文化产生好感
个人魅力	主播三观正	如果主播能够输出一些符合大众价值观的观点，与观众价值观契合，交流时就会感觉到愉快
个人魅力	主播态度认真	主播如果对待直播态度认真，精心准备，观众也会对主播更信任，对其直播所介绍的内容更认同
镜头视角	第一人称视角	主播较少出现在画面里，即以观众眼睛的第一人称视角拍摄的直播，会让观众对当地生活和文化产生更强的代入感
镜头视角	第三人称视角	常规的主播大部分时间出现在直播画面中，观众作为旁观者的感受较强的第三人称视角拍摄的直播，在观众代入感上虽有不足，但让直播镜头所拍摄到的事物更显得客观

续表

主范畴	对应范畴	范畴内涵
直播地点	直播地点代表地方特色	选取当地一个能够代表地方文化特色的地点进行直播，更能发挥民族文化特色鲜明地区的文化优势，使观众对当地文化特色的印象更深刻
	直播地点体现当地生活气息	将直播设在生活气息浓厚的地点，更能通过当地的日常生活增强当地文化的感染力
	边走边播	随地直播、边走边播的形式更能增强观众观看直播时的代入感和体验感
内容规划	在闲逛中感受当地文化	这样的直播内容更能让观众感受到体现在当地日常生活中的文化特色，更有体验感
	按计划前往当地代表性场所	主播提前做好计划选择最能体现当地文化特色的地点或事物，在直播时目的明确地前去参观，这样能高效地向观众展现当地文化的精华
	在介绍中补充丰富的文化知识	主播根据直播介绍的内容向观众补充相关的文化知识，这样能让观众在观看直播的过程中更有收获感，并且，在更深入地了解当地文化知识后，观众更能对当地文化产生认同感

3. 选择编码

选择编码是根据以上编码结果，继续提炼核心范畴并建立核心范畴和主范畴之间对应关系的过程。依据开放编码及主轴编码所得范畴，继续提炼代入感、可信度、感染力这三个核心范畴，如表3所示。

表3 选择编码形成的核心范畴

核心范畴	主范畴	二者关系
代入感	主播语言	代入感由主播语言、主播行为、镜头视角、直播地点及直播内容规划共同影响而产生。主播语言通俗化、接地气，甚至是直接使用旅游地方言会使观众产生亲近感；主播的行为如亲身体验风俗活动、品尝美食并现场评价等，使观众产生代入感；而以第一视角进行直播能够最大程度地让观众产生代入感，让观众有身临其境的感受；实时实地进行直播，将画面和介绍内容统一，直播内容设计为边走边逛、随机体验比全部提前安排好更能使观众产生代入感
	主播行为	
	镜头视角	
	直播地点	
	内容规划	

续表

核心范畴	主范畴	二者关系
可信度	主播语言 主播行为 主播身份 个人魅力 直播地点	直播的可信度受主播语言、行为、身份、个人魅力及直播地点的影响。主播介绍内容时态度真诚、语言措辞准确、通俗，与当地人适当进行随机互动等行为都会使观众产生信任感。而主播的身份如旅游地的本地人或专业旅游主播等会增强观众对直播内容的可信度，同时主播个人魅力以及进行实地直播对观众的吸引会随之提高观众对直播的信任度
感染力	主播语言 主播行为 个人魅力 内容规划	直播感染力主要受主播语言、行为、个人魅力以及直播内容的影响。有些主播口才好，遣词造句能力强，对旅游地的介绍独具特色，特别是在对当地文化历史进行介绍时巧妙升华，会大大提高旅游直播的感染力

（二）文化认同与旅游消费作用关系编码结果

1. 开放编码

首先，整理出访谈资料中所反映的文化认同对旅游消费的影响因素相关的现象，并将同类现象提炼为同一概念，如“自然景观”“人文景观”；其次，归纳这两个概念并进一步形成范畴，用“景观”标记。最后，根据原始访谈文本总结了 10 个概念，进而提炼了 8 个范畴，分别是饮食、景观、方言、特产、风俗习惯、生活方式、文化特色、地方历史。其中，饮食是对美食、特色饮食两个概念的范畴化；景观是对自然景观、人文景观 2 个概念的范畴化；方言是对有趣方言 1 个概念的范畴化；特产是对当地特产 1 个概念的范畴化；风俗习惯是对风俗活动 1 个概念的范畴化；生活方式是对当地人生活方式 1 个概念的范畴化；文化特色是对代表性的文化 1 个概念的范畴化；地方历史是对当地历史 1 个概念的范畴化。本文提炼的范畴以及相应的资料语句如表 4 所示。

表 4　开放编码过程

引用语举例	概念化	范畴化
看到那些博主在介绍当地的美食，就会有想去他们那边玩的想法；我认为能吸引我的主要是当地的美食，尤其是博主把食物制作过程和试吃过程也录进去的那种	饮食	符号认同
喜欢当地特色饮食，不要网红店，不要全国统一小吃，能体现本地人本土风情的饮食，或许不被外地人理解和接受，但能表达本地人某种特殊情结和习俗		
我觉得主要还是当地的自然风景会更吸引我，会让我想去亲眼看看；景色比较重要，如果真的很美就非常吸引我，比如稻城亚丁这类	景观	
一般比较吸引我的有当地特色的建筑、本土风情建筑，我偏好体现信仰类的建筑，不要网红打卡胜地		
其实我在看旅游直播或者短视频时，感觉有些地方的方言特别有趣，比如东北话，也会吸引我去当地旅游体验一下那种方言环境	方言	
比如我特别想去海南之类的热带地方旅游，一部分原因是觉得气候差异，那边有很多北方少见的水果，就很想去尝尝	特产	
我觉得旅游过程中一些博主亲身体验的民俗活动比较令人感兴趣；想看各地祭祀、庆祝、求偶等不同的民俗活动，附带一些古老的传说更好	风俗习惯	规范认同
还有当地人比较有特点的生活方式会更吸引我，想去亲眼看看，或者融入当地的生活中去亲身体验一下，比如武汉的“过早”	生活方式	
首先，如果这个地方和我生活的地方文化有差异，我会想去；其次，当地的一些特色小店，卖什么无所谓，有自己的风格在里面就会更吸引人	文化特色	价值认同
一般比较吸引我的是当地特色的历史文化；国内的小众地方的人文历史，我更希望能从别人 Vlog 里看到自己所不知道的世界；旅游视频中如果有介绍当地的历史、文化、人物这些内容会让我对当地更了解，也会更感兴趣	地方历史	

2. 主轴编码

在进行开放编码之后，原始访谈文本被归纳为 10 个概念，形成 8 个范畴。主轴编码根据范畴之间具有某些相似特性，厘清初始范畴之间内在逻辑和联结关系，进一步整合初始范畴为主范畴。

开放式编码形成的“饮食”“景观”“方言”“特产”4 个初始范畴可整合为“文化符号”；“风俗习惯”“生活方式”两个初始范畴可整合为

“文化规范”；“文化特色”“地方历史”两个初始范畴可以整合为“文化价值”。最终得到以下 3 个主范畴，如表 5 所示。

表 5　主轴编码形成的主范畴

主范畴	对应范畴	范畴内涵
文化符号	饮食	在消费者眼中，当地饮食不单指本地的特色饮食，而是更广泛的，包括在旅游地能够吃到的各种受到好评的食物。对饮食的介绍通常会促进消费者的物质性旅游消费，但少部分人会将其视为促进体验性消费的影响因素
	景观	景观由自然景观和人文景观两部分组成，自然景观主要依靠其具有当地特点的天然之美形成吸引力，人文景观则主要依靠其附载的文化要素形成吸引力。旅游地景观通常对消费者体验性旅游消费产生促进作用
	方言	中国幅员辽阔，各地方言差异较大。方言作为一个地区的文化代表特点之一，衍生许多有趣的段子，在网络上引发过许多讨论。当地有趣的方言也会对其他地区的游客产生一定的吸引力，而方言的影响往往与体验性消费相关
	特产	旅游地特产主要靠其与消费者居住地各类产品之间存在的较大差异对游客的物质性旅游消费产生影响
文化规范	风俗习惯	风俗习惯作为长期积累而成的风俗，有很强的当地传统文化色彩。受当地风俗习惯吸引的消费者往往更注重体验性的旅游消费，但有时也会购买一些与之相关的纪念品等
	生活方式	与消费者日常生活方式差异较大或较为有趣的当地生活方式更容易吸引消费者参与到当地的日常生活中，从而刺激消费者进行体验性消费和物质性消费
文化价值	文化特色	旅游地文化由于与消费者居住地的文化存在差异而对其产生吸引，这样的吸引力对消费者的物质性旅游消费和体验性旅游消费均能产生较为显著的影响
	地方历史	对地方历史的介绍能够从更深的层次加深消费者对旅游地的了解，当地历史对游客的影响通常体现在对其体验性消费的刺激，有时也会刺激其物质性消费

3. 选择编码

依据开放编码及主轴编码所得范畴，进一步进行研究、分析，最终提炼出“文化认同促进旅游消费（后文简写为‘旅游消费’）”这一核心范畴。选择编码阶段遵循文化符号认同、文化规范认同、文化价值认同——旅游消费的逻辑展开，如表 6 所示。

表 6 主范畴的典型关系结构

核心范畴	关系结构内涵
文化符号认同——旅游消费	从主范畴来看，文化符号认同对物质性旅游消费和体验性旅游消费均会产生影响，但其内部包括的各范畴大多只能对一种旅游消费类型产生影响，若主要对物质性旅游消费产生影响，则对体验性旅游消费影响甚微，反之亦然。但由于文化符号能直接给消费者带来视觉、味觉等方面的感受，所以其认同所产生的影响也是最为直接的，且最容易通过视频介绍等途径达到认同效果
文化规范认同——旅游消费	文化规范包含风俗习惯和生活方式，主要体现在当地的各类文化活动和具有特点的日常活动中。文化规范认同同时刺激物质性旅游消费和体验性旅游消费，其中对体验性消费的影响更为显著。文化规范不如文化符号带给消费者的感受直接，消费者更在意代入感，观看短视频或直播时的代入感越强烈，消费者越容易了解、认同当地文化规范
文化价值认同——旅游消费	消费者通过观看短视频或直播所产生的文化价值认同主要包括文化特色认同和地方历史认同。文化价值认同作为深层次的文化认同，对体验性旅游消费和物质性旅游消费均能产生较为显著的影响，同时文化价值层面的认同能够进一步加强消费者对当地文化规范和文化符号的认同

（三）文化认同视角下旅游主播对旅游消费影响因素模型

根据前文所述，在文化认同视角下，旅游主播对旅游消费的影响需要经历旅游主播促进观众对当地文化的认同，对当地文化的认同又促进观众进行旅游消费，最终旅游直播将观众转化为旅游消费者的发展过程。因此，我们将文化认同视角下旅游主播对旅游消费影响因素模型按此自然发展过程进行建构，明晰前文两阶段的开放编码、主轴编码、选择编码所得结果，从而更加清楚地剖析文化认同视角下旅游主播对旅游消费影响路径。图 1 为文化认同视角下旅游主播对旅游消费影响因素模型。

1. 旅游主播促进文化认同过程

旅游主播及直播的相关特质会对观众产生一定认知和态度层面的影响，由上文第一阶段编码结果可知，旅游主播和直播相关特质主要归为以下 7 个方面：主播语言、主播行为、主播身份、个人魅力、镜头视角、直播地点以及内容规划。这 7 个方面的特质会交叉影响观众对直播代入

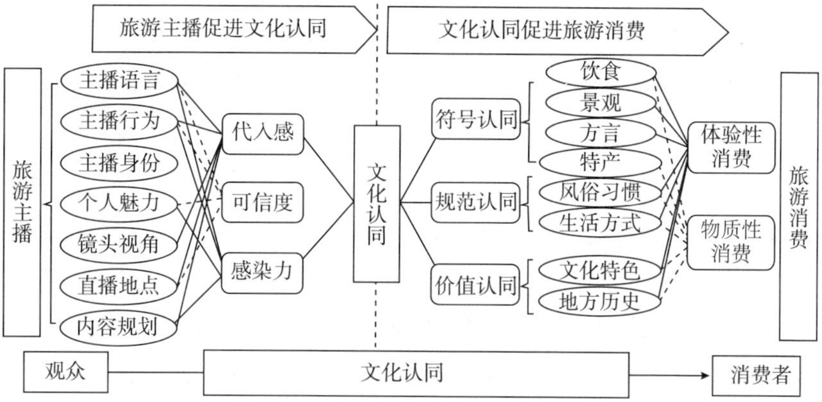

图1　文化认同视角下旅游主播对旅游消费影响因素模型

感、可信度、感染力方面的判断，从而进一步为文化认同的产生打好基础。

（1）代入感

观众在观看旅游直播时通常会受到主播的语言、行为、镜头视角、直播地点以及直播内容规划的影响而产生一定的代入感，特别是主播语言生动通俗、与当地人互动多、第一视角、实地进行的旅游直播。观众观看直播时产生的代入感的强弱通常会对观众对当地的文化认同产生影响，观众观看直播时的代入感越强，越能促进观众对当地文化产生认同。与将主播简单地看作介绍人或导游相比，观众在观看旅游直播时，更偏向于将主播视作自己在旅游地的替代者，进而以主播的视角去体验当地旅游和文化。因此，一方面，主播可以通过自身的语言、行为来影响观众观看直播时的代入感。主播运用通俗的、口语化的语言对当地文化进行介绍并与当地人进行互动交流，有助于拉近观众与陌生文化的距离，并让观众逐渐对当地文化产生亲切感；或亲身体验当地生活和风俗并分享自身感受，再配以生动形象的语言描述，让观众产生身临其境的感受。另一方面，主播可以通过对镜头视角、直播地点和直播内容的调整规划来促进观众产生代入感。通常第一视角、边走边逛并实时实地进行的直播会让观众产生“镜头就是我的眼睛”和“我就在现场”的感受，增强观众通过直播镜头对当地日常生活和文化风俗的体验感，此类身临其境的感受越多，观众观看直播时的代入感便越强，越有助于对当地文化产生认同。

（2）可信度

主播语言、行为、身份、个人魅力以及直播地点会影响观众对旅游直播可信度高低的评判，直播内容在观众心中的可信度越高，观众对主播所介绍的内容越认可，越容易受到主播介绍的影响，从而促进观众对当地文化的认同。首先，主播的语言表达能力和说话风格会在一定程度上影响观众对直播可信度的判断。如果主播直播时措辞过于夸张，会让观众感觉直播的主要目的是做广告宣传，从而产生“实际与介绍不符”的怀疑，观众对直播介绍真实性的质疑会对文化认同产生负面影响，而主播在介绍当地文化时用词恰当、语言风格平实则会让直播的营销感有所减弱，有助于强调直播内容的真实性，主观上提高观众对主播直播内容的信任程度，以进一步促进其对当地文化产生认同。除了语言外，主播的身份、行为以及直播的地点也会对直播的可信度产生影响。旅游地当地人的身份能为主播直播增加可信度，而非当地人的主播通过多与当地人交流或请当地人来介绍家乡文化等行为方式也能增加直播的可信度。走到哪播到哪的实地直播形式对提高直播可信度也有显著影响。除此之外，主播的个人魅力，例如主播直播时认真的态度，也会在主观上影响观众对主播的信任，进而影响观众对直播可信度的判断以及对当地文化的认同。

（3）感染力

旅游直播能促进观众对当地文化产生认同，不仅是因为直播能让观众通过这一新途径了解感受当地文化，还因为旅游主播在进行直播时所传达的对当地文化的认同态度能在一定程度上潜移默化地影响观众对当地的文化认同。本研究中，我们将旅游直播对观众产生文化认同的影响效果归纳为旅游直播的感染力。直播的感染力越强，越能将旅游直播所表达的对当地的文化认同有效地传达给观众，从而促进观众对当地文化产生认同。直播感染力受到主播语言、行为、个人魅力和直播内容的影响，首先，主播的语言表达逻辑越清晰，口才越好，越能通过语言描述营造良好的氛围，在良好的氛围之中观众的情绪和态度也更容易受到主播言行的影响。除了主播言行之外，主播在性格、价值观念和个人素质等方面所展现的个人魅力越强，也越能增强直播的感染力，增强观众对旅游直播传达的信息、观念的接受程度。在直播内容方面，若主播在直播过程中加入相关文化知识补充等介绍内容，让观众观看直播时更有收获感，或让直播内容的风格更突出，也能对增强直播感染力产生正向作用，让观众更好地接受直播所传递的信息，促进观众对当地文化的认同。

2. 文化认同促进旅游消费

（1）物质性消费

根据前文对旅游消费类型的划分，物质性旅游消费主要包括食和购两大部分。

文化符号认同方面，根据编码结果，消费者对文化符号当中的饮食和特产产生认同，能够有效刺激物质性旅游消费。饮食这一范畴包含旅游地特色饮食和美食两个主要概念，饮食是消费者在旅游过程中必不可少的部分，因此消费者会主动进行饮食消费，而旅游地饮食特色越鲜明、越符合消费者的饮食偏好，对其物质性消费的刺激就越大。此外，文化符号中的特产也会直接刺激消费者的物质性消费，当消费者对作为旅游地文化符号之一的特产产生兴趣进而形成认同后，就会进行特产消费，此类消费主要是用特产商品的物质效用满足消费者需求，因此被归入物质性消费当中。

文化规范认同方面，经过编码得出，文化规范由风俗习惯和生活方式两方面构成，二者均会对物质性旅游消费产生一定影响。虽然文化规范认同对体验性旅游消费的影响更为显著，但消费者在进行体验性旅游消费时常常会伴随着与之相关的物质性旅游消费。消费者亲身参与旅游地的风俗活动时，可能会购买相关物质体验品及纪念品，从而促进物质性消费；而消费者在体验旅游地生活方式的过程中，必然涉及餐饮消费以及实物商品的购买活动，从而形成物质性旅游消费。

文化价值认同方面，消费者通过观看旅游直播或短视频产生的文化价值认同包括旅游地文化特色和地方历史两方面，文化价值认同的产生同时有助于强化消费者对文化符号和文化规范的认同。旅游地文化特色和地方历史对于体验性旅游消费的刺激作用较为直观，但同时也在直接地或通过其对文化符号和规范认同产生的强化作用间接地促进消费者的物质性旅游消费，例如，购买相关文创产品、具有文化代表性或历史纪念意义的纪念品等。

（2）体验性消费

前文将旅游消费类型划分为物质性旅游消费和体验性旅游消费，与以满足物质性需求为主要目的的物质性旅游消费不同的是，体验性旅游消费以创造值得回忆的活动为主要目的，更注重参与感、互动感、体验和感受，在这里主要包括住、行、游、娱 4 部分。

文化符号认同方面，由编码结果可看出，消费者对旅游地文化符号中的景观和方言产生认同时，能够对其体验性旅游消费产生刺激。旅游地景观中包含自然景观和人文景观两类，无论是自然景观还是人文景观，都能使消费者在视觉上形成对旅游地的直观印象，是极具代表性的当地文化符号。而身临其境地欣赏当地自然或人文景观通常是消费者前往旅游的主要目的之一，当地景观与消费者居住地景观的差异越大，其自然景色或具有的人文色彩越符合消费者的个人偏好，对消费者前往当地游览景观的体验性旅游消费刺激越大，并为消费者接下来在当地进行其他的一系列体验性旅游消费奠定了基础。方言作为一种典型的文化符号往往具有浓厚的地方文化特色，旅游地当地的方言越有趣，与消费者居住地或家乡方言差距越大，或越为消费者所认同，越能引起消费者的兴趣，刺激消费者产生前往当地感受语言环境。除景观和方言之外，饮食作为一种地方文化符号，有时也会被部分消费者视为产生体验性旅游消费的影响因素，当消费者对当地一些美食具有特色的制作方法或食用方式产生认同时，他们通常会为了观赏或参与其中而进行以体验为主要目的的消费。

文化规范认同方面，在上述编码中，消费者对文化规范的认同包括对风俗习惯认同和对生活方式认同两方面，与对物质性消费的影响相比，文化规范对体验性旅游消费的影响更为显著。消费者在观看与当地风俗活动、生活方式相关的旅游直播或短视频时，产生的代入感越强，越容易对两者产生认同，进一步对体验性旅游消费产生促进作用。风俗习惯通常带有强烈的民族或传统的文化色彩，一般为重大节日举办的或有特殊纪念意义的活动。风俗活动所带有的当地文化或民族文化特色越明显，消费者对其风俗意义的认同越强，越能刺激消费者进行体验性消费。与风俗活动不同，生活方式更为日常，多为当地长久以来形成的日常生活习惯，消费者对当地生活方式越认同，越能刺激体验性旅游消费，例如许多在一、二线城市工作的上班族都倾向于到小镇或乡村体验慢节奏的休闲生活。

文化价值认同方面，文化价值认同包括文化特色认同和地方历史认同两部分，两者对物质性旅游消费和体验性旅游消费均有影响。消费者对旅游地的文化特色和地方历史的了解程度越深，越能对其产生文化价值认同。文化价值认同是与文化符号和文化规范认同相比更为深层次的认同，对旅游消费的影响虽不如后两者这么直观，但其效果更显著，并且会反过来对文化符号认同和文化规范认同起到促进作用。当地文化越有特点，与消费者所处地区的差异越大，对体验性旅游消费的影响越显著。消费者对当地历史的了解和认同程度也能有效刺激体验性旅游消费，例如对西安的地方历史越感兴趣、越认同的消费者，往往会主动去游览古城墙、兵马俑等历史景点，或参观陕西历史博物馆等记载了当地历史的场所。

（四）理论饱和度检验

将预留的 4 条访谈记录与上文归纳的文化认同视角下旅游主播对旅游消费影响因素的 6 个主范畴进行对比分析，均没有发现新的重要范畴和关系，同时每个主范畴内部没有产生新的概念。因此，在此分析基础上本研究得到的范畴编码和因素模型达到了理论饱和度要求。

五、结论与展望

综合以上分析，从文化认同视角切入旅游主播对旅游消费的影响进行研究可以得出，旅游主播及直播的 7 个相关特质会使观众产生对于旅游直播代入感、可信度、感染力的认知判断，如果通过观看直播，观众认为该主播的旅游直播可信度高、感染力强，让自己成功代入并产生对该旅游地的向往情感，经过一定时间和程度的态度积累，最终会产生对该旅游地的文化认同。文化认同又可细分为文化符号、文化规范、文化价值 3 个部分，各部分可继续细分为多个旅游方面的因素，这些因素再次交叉促进体验性旅游消费和物质性旅游消费的产生。至此，由旅游主播促进观众文化认同，观众文化认同促进旅游消费，最终旅游直播观众转化为消费者的完整闭环达成。

因此，作为旅游主播，在进行旅游直播或短视频拍摄策划时，应当尽可能全面地展示旅游地的各种文化符号、规范和价值。在介绍旅游地饮食文化时，可以多加入消费者的体验反馈，从而增强观众的代入感，视频中除了展示旅游地的自然和人文景观外，还可以加入方言元素，增添视频中文化符号的多元性。除了对各种文化符号的展示以外，旅游主播还可以用旅游地的某些风俗活动或独特的生活方式作为视频主题，突出当地的文化特色以及历史底蕴，让观众对旅游地文化内涵产生好奇，吸引观众继续观看直播或短视频，从而逐渐形成文化认同，最终实现真正的旅游消费。此外，与传统的图文形式或宣传片、纪录片的营销模式相比，旅游直播或短视频具有“接地气”、代入感强的优势，但同时要注意精简介绍内容与语言描述，从而提高通过视频向消费者传递信息的效率。

参考文献

[1]SAMUEL P. HUNTINGTON. The clash of civilizations and the remaking of world order[M]. New York:Simon & Schuster, 1998.

[2]崔新建. 文化认同及其根源[J]. 北京师范大学学报(社会科学版),2004(4).

[3]佐斌,温芳芳. 当代中国人的文化认同[J]. 中国科学院院刊,2017,32(2).

[4]马向阳,杨颂,汪波. 大陆游客涉入度与文化认同对台湾旅游目的地形象的影响[J]. 资源科学,2015,37(12).

[5]TIBOR SCITOVSKY. The joyless economy: The psychology of human satisfaction [M]. Oxford:Oxford University Press, 1992.

[6]HIRSCHMAN E C, HOLBROOK M B. Hedonic consumption: Emerging concepts, methods and propositions[J]. The journal of marketing, 1982, 46(3): 92 –101.

[7]DHAR R, WERTENBROCH K. Consumer choice between hedonic and utilitarian goods[J]. Journal of marketing research, 2000, 37(1) : 60 –71.

[8]VAN BOVEN L, GILOVICH T. To do or to have? That is the question[J]. Journal of personality and social psychology, 2003,85(6):1193 - 1202.

[9]徐明. 旅游学概论[M]. 北京:国际文化出版公司,1995:199.

[10]王赛兰,杨振之. 基于旅游微观数据平台的旅游消费类型预测模型研究[J]. 四川师范大学学报(社会科学版), 2017,44(1).

[11]谢彦君. 基础旅游学[M]. 北京:中国旅游出版社,1999:178.

[12]张凌云. 旅游者消费行为和旅游消费地区差异的经济分析:兼与余书炜同志商榷[J]. 旅游学刊,1999(4).

[13]谷明. 我国旅游者消费模式与行为特征分析[J]. 桂林旅游高等专科学校学报,2000(4).

[14]王宁. 消费与认同:对消费社会学的一个分析框架的探索[J]. 社会学研究, 2001(1).

[15]傅才武. 论文化和旅游融合的内在逻辑[J]. 武汉大学学报(哲学社会科学版), 2020,73(2).

[16]唐丽丽,朱定秀,齐先文. 文化认同与旅游者忠诚关系研究:以徽州文化旅游区为例[J]. 华东经济管理,2015,29(11).

[17]常睿,段妍. 大学生文化认同视角下历史文化旅游核心价值塑造[J]. 社会科学家,2019(10).

[18]曾丽红,李家慧. 互动仪式链视角下抖音旅游短视频的勃兴[J]. 传媒, 2019(16).

[19]孙平,邵帅,石佳云,康文青. 基于扎根理论的短视频抖音用户出游行为形成机理研究[J]. 管理学报,2020,17(12).

[20]唐燚桦."新 4C 法则"下的旅游短视频营销[J]. 传媒,2020(16).

电商主播的负向行为对消费者情感态度及行为意愿的影响

赵宇昆

摘　要：近年来，一些电商主播的负向行为给消费者和电商平台、品牌商带来了严重的影响。本文从电商主播的负向行为入手，采用文献分析法探讨什么是电商主播的负向行为，然后对30名观看过并且观看频率较高的电商直播观众进行访谈调研，并对访谈资料进行了文本分析，对什么是电商主播的负向行为进行了概念界定与维度划分，构建了电商主播的负向行为对消费者影响的理论模型，不仅对电商企业和电商主播具有一定的参考意义，还对电商平台和品牌商制定直播和营销策略具有重要实践意义。

关键词：电商主播　负向行为　行为意愿　形成机制　情感态度

一、引言

（一）研究背景

随着互联网技术的发展和5G技术的商用化，我国进入了“全民直播”的时代。直播已经是人们获取外界信息的重要方式之一，人们应用直播所带来的跨越时间、跨越空间、随时随地的既客观又更加具有真实效果的互动使其飞速成为网络营销中新的热点。2021年中国互联网络信息中心（CNNIC）发布的《中国互联网络发展报告》中指出，我国网络购物用户规模达7.82亿，占网民整体的79.1%；手机网络购物用户规模达7.81亿，占手机网民的79.2%。电商直播购物拥有了坚实的用户基础。另外，电商直播作为新兴的营销模式，开创性地将电商平台的大量客源与主播的娱乐性、专业性相结合，从诞生之初到现在的短短几年内，创造了许多

“现象级”主播，如李佳琦等，创造了一个又一个的销售神话。

在新冠疫情的大背景下，人们对于实体购物的频率以及兴趣都大大降低。与此同时，在疫情期间，各大电商平台纷纷通过直播带货的方式为经济发展助力。第一财经商业数据中心（CBNData）发布的《2020 年中国互联网消费生态大数据报告》数据显示，到 2020 年网络直播市场产值将超过万亿美元，网络购物直播市场占有率将达到 41%。

但是，随着短视频平台的发展，移动端直播变得越来越流行，电商主播的门槛也越来越低，随时随地、人人可直播，也带来了电商主播负面事件频出的问题。电商主播尤其是粉丝基础比较大的主播，由于其个人能力的参差不齐以及个人道德素养的不同，会做出一些出格的负面行为，影响了消费者对电商主播的整体印象，从而影响消费者进一步的消费行为。例如，主播辛巴销售假燕窝等。另外，电商主播的负面事件对电商企业和传统品牌继续开展电商直播业务形成负面影响。由此可见，基于上述背景，对电商主播的负向行为，以及负向行为对消费者行为的影响机理路径进行探究，显得尤为迫切和必要。

（二）研究目的

如上文所述，本文将通过扎根理论质性研究方法，明确本文研究问题的内涵，并且构建新的机理理论模型，具体目的如下：

研究并挖掘电商主播的具体的负向行为，概括并界定具体什么是电商主播的负向行为，并对其范围和维度进行初步划分。

进一步探究电商主播负向行为对消费者情感态度和行为意愿的影响机理，构建一个电商主播负向行为对消费者情感态度以及行为意愿的影响模型。

（三）研究意义

1. 理论意义

现有的研究大多探寻的是电商主播对消费者的正向影响作用，包括主播的互动形式、主播属性、主播的特征等及消费者信任、对消费者态度、直播场景等，却极少涉及负向行为对消费者产生的影响，本文完善了这方面的研究，具有一定的借鉴意义。

2. 现实意义

电商直播从产生开始，短短数年，已成为第三大社交方式，加之各样背景的电商直播的发展前途一片光明，涌现越来越多的带货主播。首先，研究对消费者行为的影响就是研究消费者的心理决策过程与关键点，有助于电商平台和电商主播换位思考，提升消费者的满意度和避免负向刺激消费者，促进直播带货的发展。其次，有助于电商直播平台约束主播行为，制定处罚机制，避免平台损失，维护声誉。

二、理论基础及文献综述

（一）电商网络主播相关研究

学者华勇（2017）提出，电商直播作为各大电子商务平台和意向进军互联网的企业愈来愈重要的业务方向，担负着引流和变现的重要职能，可以基于商品特性充分运用明星效应进行产品营销和品牌推广。而作为电商直播的支柱，电商主播也受到了学者的关注。学者方超（2018）提出电子商务网络主播在特定领域赢得了一定声誉，作为具有该领域专业知识的网络主播，其目的是宣传产品，并在线向消费者提供产品信息。敖鹏（2016）指出，与传统的网络主播相比，除了收入来源和工作职责的差异以外，二者主要的区别是电商主播是直播间内容传播的创作者，毫无疑问对传播效果有着较大影响。由中国消费者协会2020年发布的《直播电商购物消费者满意度在线调查报告》可以看出，37.3%的消费者在电商平台的网络主播的直播过程中，有买过假货的情况出现，电商主播在直播间肆意夸大产品的功效，有些产品主播自己都没有试过，为了获取品牌方的佣金而昧着良心推荐给消费者，导致后续较高的退货率。

（二）消费者信任相关研究

肖冰果等（2014）研究认为消费者信任是指顾客对某一企业、某一品牌的产品或服务的认同和信赖，它是顾客满意不断强化的结果。罗汉洋等（2018）研究认为，在购买商品时，将消费者行为转化为消费者信任需要跨越三个阶段。而姚公安（2019）认为在电子商务、电商直播中，消费者信任感的缺失是由于在电子商务活动中无法满足的安全感。目前的研究都把消费者信任作为消费者决策、购买的影响因素。因此信任是促进消费者进一步做出消费行为决策的基础，在电商主播的负向行为中会产生相应的影响。

（三）消费者在线行为意愿相关研究

Korgaonkar 和 Wolin（1999）研究表明，在线进行网络购物与相关信息的收集、社交和财务动机等具有积极联系；与交易安全性和担心隐私泄露等问题具有消极联系。Lantzy 等（2021）认为消费者的行为受到了电商平台所能提供的真实评论以及安全等因素的影响。学者 Bellman 等（1999）研究指出消费者在线搜索行为能预测其未来购买行为。总的来说，目前的消费者在线行为意向在于消费者自身特质、网络环境和网络消息以及电商平台特征上。电商主播的负向行为可能会对这几个方面有影响，从而影响消费者在线行为意向。

（四）消费者态度的相关研究

Fishbein（1963）提出行为合理性理论，认为消费者的态度和行为准则会影响消费者的行为意图并影响消费者的行为。Fishbein 研究发现，消费者对于产品和服务的内在态度和评价，是消费者购买意愿的前提体现。Krauss 等（1978）在前两项的研究之后进行了深入的探究，发现态度来源于一个有着认知、情感以及行为意向的系统。Hogg 等（1995）发现人对自己的信仰、知识、感情和事业的态度是认识的重要组成部分。

（五）消费者情感的相关研究

人的内心是非常复杂且多变的，对于这种变化的表达以及人们自身状态，包括精神状况的描述，就是情感。《情感心理学》是最早对情感的概念进行界定的，情感是人对客观现实的一种特殊反应形式，是人对于客观事物是否符合人的需要而产生的态度的体验。而这一概念随后被引入消费者行为的研究中。Richins（1997）认为，消费者的情绪是指消费者对于客观事物是否符合自己的需要所产生的一种主观体验。后续研究者 Babin 等（2013）研究发现，消费者的情绪具有分离感的特征，很难分辨其是正向的，还是负向的。从已有的研究发现，目前研究比较成熟，消费者情感能够很好地反映消费者的心理行为，是研究的一个重要支点。

三、研究方法与数据来源

（一）研究方法

扎根理论是一种从经验资料中产生新理论的研究方法。其主要步骤包括概念化与范畴化、主范畴与副范畴挖掘以及核心范畴与网络关系结构构建。随着扎根理论的发展与成熟，其在社会科学领域的运用也不断增多，目前也有很多学者将扎根理论运用于市场营销，电商直播也有所涉及，但是在电商主播方面的研究鲜有涉及，尚且属于一种探索性的研究方法。因此，本文决定采用扎根理论的研究方法，探究什么是电商主播的负向行为，构建一个电商主播的负向行为对消费者情感态度和行为意愿的影响机理的模型。扎根法的具体步骤包括：①从资料中产生概念，对资料进行逐级编码；②不断地对资料和概念进行比较，并对相关问题进行界定；③发展理论性概念，建立概念和概念之间的联系；④理论性抽样，系统地对资料进行编码；⑤建构理论概念模型。

（二）数据来源

1. 案例选择

本文主要以电商主播辛巴和散打哥作为案例研究对象，分析其负向行为对消费者产生的影响。主要原因是：首先，辛巴和散打哥稳居快手平台带货主播前十名，知名度高、粉丝众多、活跃度高、粉丝积极发表评论和看法，研究具有重要的理论意义和现实意义；其次，辛巴和散打哥被曝光的负面行为多，比如辛巴的假燕窝事件、殴打保安事件和散打哥的假货事件，都曾闹得沸沸扬扬，具有代表意义。

2. 资料收集

首先，找到微博、抖音、快手中关于辛巴和散打哥负面行为的10条视频和5则新闻报道（短视频人均评论5万条，新闻报道评论人次均在2000

条以上)，运用文献扎根法对其评论进行分析，找到人们讨论的焦点与关键词，进行初步的数据收集，选取了60条有代表性的评论。

其次，进行访谈。本文采取了个人访谈的方式，访谈了30个有观看电商直播和直播商品购买经验的人。因为根据调查，男性与女性在购买直播+电商的商品及消费金额上有着显著的区别，其中女性是直播消费的主力军。所以访谈中女性的占比较高，大约为66.7%（见表1）。

表1　访谈对象基本情况（N=30）

项目	属性	样本数
性别	男 女	10 20
学历	中专 大专 本科 研究生	2 7 19 2
职业	学生 已工作人士	22 8
收入	低于3000元/月 3000~5000元/月 5000~7000元/月 高于7000元	24 1 2 3

四、基于扎根理论的编码分析

（一）开放编码

开放编码是将数据细分的过程，界定现象、界定发展的概念和类型，我们可以在商品和研究问题的共同基础上，进行开放编码。我们规避了个人的偏见和研究者的意见，所有的数据必须集中在开放的意识。本研究对30个访谈对象进行总结，整理出29个初始范畴，如表2所示。

表 2　开放编码形成的概念及初始范畴

初始范畴	引用语举例
主播外表	一些不整洁、不注重边幅的主播给人的第一印象就很差，我不会在他的直播间多停留
主播声音	虽然我不介意主播说方言，但是应尽量说普通话；如果主播说话大舌头、不清不楚的，我会很着急，想要马上离开
主播性格	我很讨厌一直在念介绍单子的主播；有的主播一进去就黑着脸，让我很不舒服
主播品德	我最不愿意见到的就是那种骂人的主播，很反感
互动频率低	如果我当上电商主播，我会对每一条弹幕做出反应；我最反感的事情就是我发了十几遍问题主播都看不到
互动兼顾性差	他只念粉丝牌超过 5 级的人发的弹幕，我不买东西怎么上等级，我不问清楚怎么购买这个商品
推荐造假	他的那个燕窝是假的，还不承认，我是不会再去看他的直播的
推荐不专业	他那个爽肤水，是酸性的，我是敏感皮肤，这么重要的事都不注意提示消费者，我的脸差点就烂了
粉丝恶意行为	我就评论一下，他的粉丝就站出来批评我，非常不友好
错误引导	他经常向自己的粉丝灌输一些观念
人设不正	某些主播为自己建立一些人设，以吸引消费者
人设造假	一些主播会假装自己是农民进行直播带货
购买羞耻感	买这个主播推荐的东西，我总觉得很羞耻；虽然便宜，但是我羞于在别人面前用这个产品
社交羞耻感	我平常在宿舍都不敢当众看他直播，都是晚上偷偷看，我总感觉让别人看见很尴尬，有一种脸红的感觉
服务后悔感	主播只管线上，线下就没理过我；有一次想领个优惠券不会操作，客服态度很差，我后悔买了
体验后悔感	买的是一个品牌的东西，结果收到的却是另一个品牌的东西，令人后悔
行为愤怒感	某些主播表现出的巨大反差令人愤怒，买之前是一个态度，买了以后又是一个态度
事后愤怒感	连个道歉都没有，我还买了东西，真的令人生气
分享惭愧感	都怪我，之前还把这个主播推荐给朋友，出了这种事，惭愧得很
互动惭愧感	之前发弹幕时有人私信我，说他东西不好，当时我没在意，想想很对不起人家
信任感知	虽然出了这种事，但是我还是信任他，反正我买的东西没出过问题，我内心有数就好；这么坏的影响，谁还信他，再也不买了

续表

初始范畴	引用语举例
退出直播行为	看到这些，我直接不看他的直播；我看一眼后就会退出直播间
拒绝下单行为	买了他推荐的那款洗发水之后，我再也没买过他带的任何货
反向推荐行为	看了他做的事后，我立马给我妈打电话，给她说了这件事情，让她也别买了，我妈随即也告诉了她的好友
举报打假行为	我每天都会给消协打电话，就看他什么时候受到制裁；那个什么职业打假人不都来了？我还看了许多营销讲座打假他呢
“脱粉”行为	还能怎么办？直接取消关注加拉黑；我连他在的平台都删了，就为了眼不见心不烦
继续购买行为	之前买了那么多次都没事，我还是会继续买的；买吧，我认为他这次是偶然的
观望行为	关注事态的发展吧，看看事件处理结果或者真相是什么
与他人互动行为	看看其他人的评论，再思考一下；我会跟群里的粉丝们讨论一下，听听他们的看法，看我的想法会不会改变

（二）主轴编码

范畴有概念级别的连接关系。主轴编码是将初始分类连接到规范模型并整合文本数据的处理；目的是明确类别之间的逻辑，使主要类别之间的关系更接近。主轴编码的主要方法是将类似主题分为一个类别，根据不同类别之间的关系和逻辑顺序找到主要类别。本文通过对上述 29 个初始范畴在逻辑层次方面的联系分析，最终归为 11 个主范畴，具体如表 3所示。

表 3　主轴编码形成的主范畴

主范畴	对应范畴	范畴内涵
主播的个人素质	主播外表	主播不整洁、不修边幅的一些外表行为
	主播声音	主播的不符合审美的声调、音色、方言、说话习惯
	主播性格	主播的一些不约束、不改正自己性情和品格的行为
	主播品德	主播不符合社会道德的行为
主播的不当互动	互动频率低	主播不能高效地与消费者进行互动
	互动兼顾性差	主播的互动不能兼顾每一个人

续表

主范畴	对应范畴	范畴内涵
主播的不当推荐	推荐造假	电商主播推荐假冒伪劣商品的行为
	推荐不专业	电商主播不能够专业解读产品的行为
主播低粉丝约束性	粉丝恶意行为	电商主播放任粉丝做出恶意事件的行为
	错误引导	电商主播给粉丝强制灌输自己错误思想的行为
主播的不当人设	人设不正	主播的人设与自己行为不符
	人设造假	主播打造假人设
羞耻感	购买羞耻感	消费者购买电商主播推荐的商品，因为负向行为产生的羞耻心理
	社交羞耻感	消费者因电商主播在社交时产生的羞愧
后悔感	服务后悔感	消费者对电商主播售后服务产生的后悔
	体验后悔感	消费者因为购物体验所产生的悔恨
愤怒感	行为愤怒感	消费者对电商主播的一些行为气愤
	事后愤怒感	消费者对主播事后行为产生愤怒
惭愧感	分享惭愧感	消费者在得知主播的行为和新闻后，对之前的分享行为所产生的歉疚
	互动惭愧感	消费者在得知主播的行为和新闻后，对之前的互动行为所产生的歉疚
行为意向	拒绝下单行为	消费者在得知电商主播的一些行为后，拒绝下单购买
	退出直播行为	消费者在看到主播的一些行为后，退出直播
	反向推荐行为	消费者在得知主播的一些行为后，劝阻他人购买
	举报打假行为	消费者在得知主播的一些行为后，进行举报、打假
	“脱粉”行为	消费者在得知主播的消息、新闻后，脱离粉丝群体
	继续购买行为	消费者继续购买主播产品
	观望行为	消费者继续关注事态、新闻发展、发酵
	与他人互动行为	消费者与其他消费者或者与此事有关人员进行互动、了解事件的信息
情感信任	信任感知	消费者对被信任方情感和自我意识的体现

（三）选择性编码

选择性编码是一个精确的和集成的主轴编码，这是为了深入研究主要类别和主要类别之间的关系，并以各种现象和故事的形式详细叙述事件。因此，本文通过扎根研究方法探索出主范畴主要具有四种典型的关系结构：

①电商主播的负向行为对消费者情感态度具有直接作用；②消费者的情感态度对消费者行为具有直接作用；③消费者的情感态度在电商主播的负向行为和消费者行为间起中介作用；④消费者情感信任在消费者情感态度影响消费者行为之前起调节作用。具体结构如表 4 所示。

表 4　主范畴的典型关系结构

典型关系结构	关系结构的内涵
电商主播的负向行为→消费者情感态度	电商主播的负向行为对消费者情感态度具有直接作用
消费者情感态度 →消费者行为	消费者的情感态度对消费者行为具有直接作用
电商主播的负向行为→消费者情感态度→消费者行为	消费者的情感态度在电商主播的负向行为和消费者行为间起中介作用
消费者情感信任 消费者情感态度↓→消费者行为	消费者情感信任在消费者情感态度影响消费者行为之前起调节作用

（四）模型构建

以电商主播的负向行为、消费者情感态度、消费者行为意愿为主要方向，本文通过扎根方法研究得到了一个新的电商主播的负向行为对消费者情感态度和行为意愿的影响理论模型，如图 1 所示。

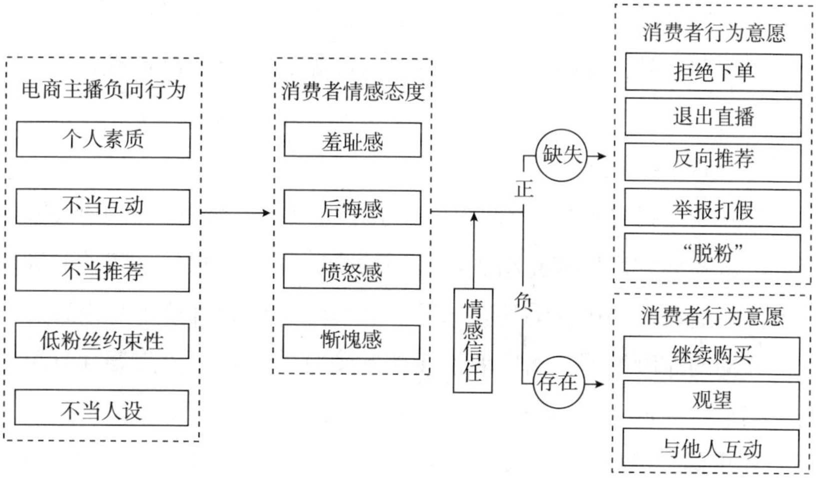

图 1　电商主播的负向行为对消费者的影响机理理论模型

五、概念及作用机理解释

（一）概念解释

1. 电商主播的负向行为

根据对30名受访者的访谈，并且对访谈资料进行系统整理与分析，以及对之前研究者的研究内容的梳理与整合，本研究将电商主播的负向行为定义为：电商主播在直播时所表现的一些或一系列有迹可循的特质和特点，以及在电商主播结束直播后对自身、对粉丝、对消费者的消极态度和处理事件的不当方法。本研究将电商主播的负向行为做了5个维度的划分：电商主播的个人素质问题、电商主播的不当互动、电商主播的不当推荐、电商主播的低粉丝约束性和电商主播的不当人设。

（1）电商主播的个人素质问题

电商主播的个人素质问题是指电商直播被消费者接触并且进行了浏览后，主播表现的一系列不当行为。可以从电商主播的个人形象、声音形象、性格以及品德四个维度进行测量。个人形象是指主播的外表整洁、衣着得体程度是否使消费者满意。声音形象是指主播说话语音、语调、方言等是否使消费者满意。性格是指主播的性格以及直播中表现的品格是否满足消费者预期。品德是指电商主播的个人品德，比如是否有骂人、抽烟等行为。

（2）电商主播的不当互动

不当互动是指电商主播在直播中与消费者互动的一些不正确的做法。主要可以从互动频率低和互动兼顾性弱两个方面进行测量。互动的频率低是指电商主播在直播中互动的频次低、互动性差或者直接不与消费者进行互动。互动的兼顾性弱是指电商主播在互动时不是对每位想要并且单方面参与到互动中的消费者都给予了兼顾与回应。

（3）电商主播的不当推荐

电商主播的不当推荐是指电商主播在推荐商品、直播带货时，产生的负面行为。主要可以从推荐造假和推荐不专业两个角度予以测量，推荐造假是指电商主播推荐商品造假、商品质量有问题。推荐不专业是指电商主播对推荐的产品没有专业知识，没有使用或者体验过，只是根据商家的一面之词来照本宣科。

（4）电商主播的低粉丝约束性

低粉丝约束性是指电商主播对于自己的粉丝群体没有进行正确的管束与教导，主要可以从粉丝的恶意行为和粉丝洗脑这两个方面进行测量，粉丝的恶意行为是指电商主播放纵粉丝对非粉丝群体所做出的一些负面行为。粉丝洗脑是指电商主播对自己的粉丝进行理念的恶意灌输。

（5）电商主播的不当人设

电商主播的不当人设是指电商主播的人设存在一些空、假等行为，主要可以从人设不正和人设造假两个方面进行测量。人设不正是指电商主播所立的人设与自己的实际行为不相符，人设造假是指电商主播立虚假人设，隐瞒欺骗消费者。

2. 消费者的情感态度

本文研究的消费者情感态度是指其受到电商主播负向行为影响的情感态度，可以分为羞耻、后悔、愤怒、惭愧四种情感状态。

（1）羞耻感

羞耻感是指在观看电商主播直播时或者购买商品后，所产生的一种羞耻的内在情感。主要可以通过购买羞耻感和社交羞耻感两个维度来进行测量。购买羞耻感是指在购买商品后因为该商品被他人打上××推荐等标签所产生的羞耻感。社交羞耻感是指在得知某人是某电商主播粉丝后，其他人做出嘲笑等行为给其带来的羞耻感。

（2）后悔感

后悔感是指对电商主播推荐产品等产生的后悔的情感。主要可以从服务后悔感和体验后悔感两个维度进行测量。前者主要指的是在观看电商直播时在电商主播那里购买了其所带的货物后，得不到相应的服务所产生的后悔感；后者是指消费者在体验完主播所提供的商品后，产生的后悔感。

（3）愤怒感

愤怒感是指消费者对电商主播负向行为感到气愤，主要可以从行为愤怒感和事后愤怒感两个维度进行测量。行为愤怒感是指对负面行为产生的直接的愤怒，事后愤怒感是指对于电商主播的回应或事态发生后的结果产生的愤怒。

（4）惭愧感

惭愧感是指在观看电商主播直播后产生的对他人的一种歉疚感，主要可以从分享惭愧感和互动惭愧感两个维度进行测量。分享惭愧感是指消费者在与他人分享某主播后，由于其负向行为所导致的惭愧感。互动惭愧感是指在出事后，与他人互动交流产生的惭愧心理，不敢面对其他人。

3. 消费者行为意愿

消费者行为意愿是指消费者在负向行为和内在情感态度下所产生的行为倾向，主要有拒绝下单、退出直播、反向推荐、举报打假、“脱粉”、继续购买、观望、与他人互动几种行为倾向。①拒绝下单是指消费者拒绝在电商主播那里下单购买物品；②退出直播是指消费者直接退出直播间；③反向推荐是指消费者通过向身边其他好友或粉丝进行评论等方式，阻止他人进行购买；④举报打假是指消费者举报电商主播、请打假人对电商主播进行打假；⑤“脱粉”是指消费者脱离该电商主播粉丝群体；⑥继续购买是指消费者继续购买主播所荐的产品；⑦观望是指消费者继续关注事态、新闻发展、发酵；⑧与他人互动是指消费者与其他消费者或者与此事有关人员的互动、了解信息的行为。

4. 消费者情感信任

Rempel（1985）通过研究发现，消费者信任分为认知信任和情感信任。McAllister 等（1995）研究认为情感信任是消费者对被信任方情感和自我意识的体现，带有强烈的主观色彩，情感信任依托于感情纽带。因此本模型中消费者情感信任就是消费者在感受或者得知电商主播的负向行为，产生了内在情感态度后，依旧对电商主播存在主观上的信任或者缺失主观上的信任。

（二）作用机理解释

消费者在体验或者感知电商主播的5个维度的负向行为后，会在内心产生4个维度的不同情感，从而产生8种不同的行为倾向。消费者的情感态度是电商主播的负向行为到消费者行为意愿的中介变量，电商主播的负向行为会触动消费者情感状态的变化从而驱动消费者的行为意向。因为消费者内在情感状态会驱动消费者快速做出反应（梁瑾，2020）。消费者情感信任是消费者情感状态与消费者行为意向中的调节变量，具有调节作用。一些消费者在得知或者感受到电商主播的负向行为，而产生内心情感后，自身对于电商主播的情感信任会缺失，就会产生拒绝下单、退出直播、反向推荐、举报打假、“脱粉”5种行为意愿。而另一部分消费者由于主观上对主播仍然保持信任，情感信任存在的情境下，就会产生继续购买、观望、与他人互动3种行为意愿。

六、结论与启示

（一）结论

本文采用扎根理论研究方法开展关于电商主播与消费者的研究，选取辛巴、散打哥作为主要研究案例，严格按照三级编码，得出了以下几点结论：①通过对电商主播在电商直播的情境下的研究将电商主播负向行为的概念界定为：电商主播在直播时所表现的一些或一系列有迹可循的特质和特点，以及在电商主播结束直播后对自身、对粉丝、对消费者的消极态度和处理事件的不当方法。通过访谈发现电商主播负向行为的维度包括电商主播的个人素质问题、电商主播的不当互动、电商主播的不当推荐、电商主播的低粉丝约束性和电商主播的不当人设。②构建了电商主播的负向行为对消费者行为的作用机理的理论模型，研究结果表明，电商主播的个人素质低、不当互动、不当推荐、低粉丝约束性和不当人设的负向行为，会对消费者情感态度产生直接影响，令消费者产生羞耻感、后悔感、愤怒感或惭愧感；这些消费者的情感态度会直接影响消费者行为意愿，令消费者产生拒绝下单、退出直播、反向推荐、举报打假、“脱粉”、继续购买、观望、与他人互动的行为。③证实了消费者情感状态在电商主播的负向行为和消费者行为意愿中的中介作用。④证明了情感信任在从消费者情感态度到消费者行为意向中的调节作用。因为情感信任带有强烈的主观色彩，所以一部分消费者存在情感信任，因为主观意愿上的信任产生继续购买、观望、与他人互动的行为，而另一部分情感信任缺失的消费者就会产生拒绝下单、退出直播、反向推荐、举报打假、“脱粉”的行为。

（二）启示

根据本文的研究，电商主播个人应当注意以下方面：①主播应当提高自身的素质，在直播前整理仪容仪表；语音语调调整到令人舒适的状态，尽量讲普通话；不做骂人、打砸损毁物品等有违社会道德的事情。②增强与消费者的互动，真诚地为每位顾客服务。③电商主播应当增强自身的专业性，来吸引更多的客户。④约束粉丝行为，让粉丝产生好感。⑤设立合乎自身实际的人设，不虚假、不偏离。⑥电商主播在发生负面新闻时应该采取良好的解决态度，减少消费者的愤怒。

电商平台在发生负面新闻后，可以与电商主播换位思考，制定政策，避免触及消费者内心的负向敏感地带。因此，电商平台可以从以下方面改善电商主播的负面行为：①电商平台在选择主播时要注重主播的外貌与性格等个人素质。②对主播进行定期培训，增加主播的专业知识。③制定直播禁令，若出现骂人、色情暴力等内容，立刻关停整改直播间。④平台应对消费者进行正确的引导，策划一些教育活动、新闻轮播等，引导消费者树立正确的消费理念。

七、研究局限及未来展望

首先，本研究构建电商主播的负向行为对消费者行为影响的作用机理模型时所使用的样本数据比较少，所以未来研究者可以通过增加样本和采取大数据研究对本研究结果的机理理论模型进行验证，并对电商主播负向行为的概念维度进行拓展。其次，本研究在访谈过程中发现许多电商主播负向行为产生后，消费者内在情感状态发生变化，许多消费者会做出一些让人意想不到的行为，有的人甚至会跟风来购买。在现实中，辛巴在假燕窝事件沸沸扬扬后，12 月事件后直播带货首秀，直播带货销售额创下一亿元的新高，粉丝数量也略有增长，其中有什么道理和机理值得去深入探究，本文并没有就此展开研究。

参考文献

[1]徐嘉遥．网络直播及其营销研究[D]．长春:吉林大学,2018.

[2]许奇广．场景传播视阈下的网络直播探析[J]．西部广播电视,2018(15):17－18.

[3]方超．电商网络主播特征对消费者态度影响研究[D]．合肥:安徽大学,2018.

[4]敖鹏．网红为什么这样红？——基于网红现象的解读和思考[J]．当代传播,2016(4):40－44.

[5]华勇．电商直播:流量泡沫还是下一个风口？[J]．销售与市场(管理版),2017(2):64－67.

[6]中国消费者协会．直播电商购物消费者满意度在线调查报告[R]．中国消费者协会,2020.

[7]肖冰果．创新协同网络组织间信任建立与知识共享机理研究[J]．科技和产业,2014,14(11):127－130＋166.

[8]罗汉洋,黄炜．B2C 电子商务中消费者信任演化研究框架的构建[J]．管理观察,2018,38(9):120－122.

[9]姚公安．体验及企业声誉影响消费者信任电子商务企业的机理[J]．软科学,2019,33(7):47－50＋57.

[10]KORGAONKAR P K, WOLIN L D. A multivariate analysis of web usage [J]. Journal of advertising research, 1999, 39(2): 53.

[11]LANTZY S, HAMILTON R W, CHEN Y J, et al. Online reviews of credence service providers: What do consumers evaluate, do other consumers believe the reviews, and are interventions needed? [J]. Journal of public policy & marketing, 2021, 40(1): 27－44.

[12]BELLMAN S, LOHSE G L, JOHNSON E J. Predictors of online buy-

ing behavior[J]. Communications of the ACM, 1999, 42(12): 32 -38.

[13]FISHBEIN M. An investigation of the relationships between beliefs about an object and the attitude toward that object[J]. Human relations, 1963, 16(3): 233 -239.

[14]KRAUSS R M, FREEDMAN J L, WHITCUP M. Field and laboratory studies of littering[J]. Journal of experimental social psychology, 1978, 14(1): 109 -122.

[15]HOGG M A, VAUGHAN G M. Social psychology: An introduction [M]. London: Harvester Wheatsheaf, 1995.

[16]雅科布松. 情感心理学(第1版)[M]. 王玉琴,等,译. 哈尔滨:黑龙江人民出版社,1988:24 -68.

[17]RICHINS M L. Measuring emotions in the consumption experience[J]. Journal of consumer research, 1997, 24(2): 127 -146.

[18]BABIN B J, GRIFFIN M, BORGES A, et al. Negative emotions, value and relationships: Differences between women and men[J]. Journal of retailing and consumer services, 2013, 20(5): 471 -478.

[19]常晓兰. 基于扎根理论的农民创业者制度拼凑研究[D]. 秦皇岛:燕山大学,2020.

[20]黄春荣,张丽生. 经典扎根理论在中国情境下的应用优势[J]. 现代商贸工业,2019(8):173 -177.

[21]林炜珈,李思齐,关亲,耿黎. 沈阳市大学生"直播+电商"购买消费行为调查分析[J]. 黑龙江教育(理论与实践),2017(10):78 -80.

[22]陈向明. 扎根理论的思路和方法[J]. 教育研究与实验,1999(4):58 -63.

[23]刘忠宇,赵向豪,龙蔚. 网红直播带货下消费者购买意愿的形成机制:基于扎根理论的分析[J]. 中国流通经济,2020,34(8):48 -57.

[24]董京京,许正良,方琦,等. 消费者与商家在线体验式互动对其购买意愿影响的模型构建[J]. 管理学报,2018 (11):1722 -1730.

[25]REMPEL J K, HOLMES J G, ZANNA M P. Trust in close relationships [J]. Journal of personality and social psychology, 1985, 49(1): 95.

[26] MCALLISTER D J. Affect - and cognition - based trust as foundations for interpersonal cooperation in organizations[J]. Academy of management journal, 1995, 38(1): 24 -59.

[27]梁瑾. 电商直播中消费者冲动购买行为的影响机制研究[D]. 南京:南京大学,2020.

带货主播与粉丝的关系演化影响因素模型

——基于带货主播李佳琦的扎根分析

黄敏萱

摘　要：本文针对直播带货这一当下热门的营销方式，从客户关系管理理论视角出发，重点研究带货主播与粉丝的关系演化过程及其影响因素，以带货主播李佳琦作为代表案例，运用扎根分析的研究方法，建立了带货主播与粉丝的关系演化影响因素模型。研究得出，带货主播与粉丝关系演化过程中的商品、主播、粉丝3个层面的11个因素对处于考察期的潜在粉丝向形成期的新粉丝转化产生影响。而信任感、依恋度以及需求匹配度对新粉丝转化为稳定期的忠诚粉丝具有重要作用。最后，本文从“吸引新粉丝”和“维持忠诚粉丝”两个角度提出了带货主播与粉丝的关系建立及维系的建议。

关键词：直播带货　客户关系管理　粉丝忠诚　主播　扎根分析

一、引言

近年来，直播带货热度骤增，著名淘宝带货主播李佳琦的口头禅“买它买它买它”也早已深入人心，直播带货市场火热的现象比比皆是。

根据李逸萌（2020）文中所提及的定义，直播带货作为一种新型服务方式，主要由商家自己开设直播间或由职业带货主播进行集中推介，使用网络平台进行商品展示、咨询与导购。自2019“直播带货元年”以来，越来越多的消费者开始进入直播间购买所需商品。中国互联网络信息中心（CNNIC）在2021年2月3日发布的第47次《中国互联网络发展状况统计报告》显示，截至2020年12月，我国电商直播用户数为3.88亿，占网民数量的39.2%，在直播间有过购物行为的用户已经达到了电商直播用户的66.2%。

在直播带货模式中，网络主播需要亲自选品、和品牌方进行沟通、直播期间负责商品的展示推介，因此，主播本人始终发挥着至关重要的作用。直播消费中主播与粉丝的关系，类似于品牌（或企业）与粉丝的关系。学界已经对品牌（或企业）的客户关系演化和管理有了比较丰富、深入的研究，例如潘红波、张哲（2020）通过实证研究发现客户集中度高的企业流失高管—客户关系将明显增加客户不稳定度；黄磊、李巍（2014）从客户关系视角切入，发现代工企业增加关系专用性投资能够提升客户关系价值；马宝龙、李飞、李金林（2009）在消费者异质性偏好的基础上建构离散模型，对于客户品牌选择行为所得回报对其产生的影响进行探索；除此之外，Boschinger Julian、Huang Ying - Yuh（2021）研究得出，由一般客户关系管理活动与 Web 2.0 、社交媒体应用程序集成而产生的社会客户关系管理（SCRM）对于企业保持竞争力和实现客户忠诚有特殊作用；Boris Galitsky（2021）将人工智能技术引入客户关系管理实践，分析用户情绪和个人特质从而定制对话管理。然而，主播在人格特征、接触方式等方面具备与品牌（或企业）不同的特点，但目前还未见主播与粉丝的关系演化过程和影响因素的相关研究。

因此，本文以著名淘宝带货主播李佳琦为例，结合客户关系管理的相关理论，运用扎根分析研究方法，分析带货主播与粉丝的关系演化影响因素及路径，并建立关系演化模型。

二、理论与文献综述

（一）客户关系管理

“客户关系管理”和“关系营销”两个术语通常可以互换使用。易正伟、蒋再春（2013）将客户关系管理的内涵归纳为以客户为中心设计并不断优化企业的业务流程，提升客户忠诚度，进而提高企业效益。企业与客户的关系演化需要一个过程，即从完全陌生到开始接触、初步了解、逐渐熟悉，最后保持稳定。通常经历潜在客户、新客户和忠诚客户三个阶段。

目前，对于客户关系管理的研究已经有了一些成果，例如李品睿、许守任、许晖（2015）基于 RFM 模型，探讨了企业核心客户的识别和分类方法；徐兰娇（2011）提出了网络环境的客户关系管理策略；陈卫华（2010）发现在多渠道环境下，企业需要为客户提供更好的服务体验从而提升客户关系管理水平。

（二）客户生命周期

Ramírez – Durán Víctor Julio 等（2021）在其文中总结客户生命周期是企业为客户提供良好服务，将人们转变为付费客户，进而产生忠诚客户的过程。客户生命周期是描述企业与客户从建立关系到终止关系的各个阶段特征以及动态演化轨迹的理论。国内学者陈明亮将其划分为考察期、形成期、稳定期和退化期。苏朝晖（2016）在其书中提到考察期是培育阶段，形成期是飞速成长阶段，稳定期是成熟阶段，退化期是关系逆转阶段。

目前，对于客户生命周期的相关研究也取得了一些成果，例如辛宇、郑鑫（2014）发现在大数据背景下，企业应该对处于不同生命周期的客户应用相应的动态保持模型和策略；谭跃雄、周娜、于强（2005）把客户生命周期时间和动态客户保持率引入研究，进一步提出有关客户价值的关系细分及管理策略。

（三）直播带货及主播—粉丝关系现有研究概述

一些研究以商品购买为核心探索了其中网络主播相关特征的影响。例如，刘忠宇、赵向豪、龙蔚（2020）建立了直播带货模式中消费者购买意愿的形成机制模型，包含消费者认知、消费者情感、消费者意动三个阶段，其中主播相关特质是重要的购买意愿促成因素。刘平胜、石永东（2020）运用 AISAS 营销理论开展的直播带货粉丝购买决策影响机制的研究结果表明，关注、兴趣、搜寻三个阶段是促使粉丝进行购物的关键环节，而主播特有魅力、良好互动行为都能明显促进粉丝做出购买决策。以上两个研究均提取了直播带货营销模式中消费者购买行为的影响因素，明确了消费者购买决策的形成机制。虽然二者归纳的影响因素及作用机制均包含了主播相关特性，但并未着重分析主播与粉丝的关系演化因素及路径，而这正是本文的研究主题。

对于带货主播与粉丝的关系，现有研究主要分为3类：第一类是从网络直播形式特点出发，分析网络直播对主播与粉丝关系的正向和负向影响。如袁奂青（2019）认为，网络直播是一种能够“造星”的新兴互联网技术，主播在与网民的互动过程中受到大量关注，进而成为“网红”。网络直播强化并促使传受关系趋于共生而对主播和粉丝关系产生促进作用。

第二类从粉丝经济视角出发，如周懿瑾、黄盈佳、梁诗敏（2020）认为在视频直播时代，粉丝经济主体越来越多、情感货币化导向越发明显，在“导购—顾客”关系以及以商品为基础的“意见领袖—粉丝”关系中，粉丝的消费者属性更强；在“偶像—粉丝”关系以及以内容为基础的“意见领袖—粉丝”关系中，粉丝的生产者属性更强。

第三类是基于列斐伏尔的空间理论研究，从“空间消费”的角度分析粉丝与带货主播架构的消费空间之间的黏性。如刘凌飞、刘娜（2020）认为带货主播架构出消费空间，迎合多元消费需求，扩大空间消费适用性，并通过降低商品价格、增加赠品数量、饥饿营销等方法，使观看直播的观众产生多元体验，从而提升消费参与空间。

以上3类研究虽然均聚焦于主播—粉丝关系，并分别分析了其正负向影响因素、几类关系模式及不同作用机制以及粉丝与直播空间的黏性等，但并未提取具体的主播—粉丝关系演化影响因素，归纳二者关系演化路径。因此，本文将在建立并分析带货主播与粉丝的关系演化影响因素模型的基础上，结合客户关系管理相关理论归纳出带货主播与粉丝关系演化的4种路径，从而进一步为带货主播“吸引新粉丝”“维持忠诚粉丝”提出建议。

三、研究方法及案例选择

（一）研究方法

本文以构建直播带货情境下带货主播与粉丝的关系演化影响因素模型为主要内容，属于探索性研究，因此选择扎根理论。由 Barney G. Glaser、

Anselm L. Strauss、Elizabeth Strutzel（1968）提出的扎根理论（Grounded Theory）属于定性研究方法，核心是根据经验资料建立理论。扎根分析的具体步骤包括：①逐级整合资料，以资料为基础提出概念。②比较资料和概念，全面讨论概念相关的生成性理论问题。③扩展理论性概念，在概念间建立联系。④进行理论抽样，对资料系统编码。⑤根据编码结果构建理论，尽量保证理论概念的密度、变异度以及高度整合性。其中，对资料进行开放、主轴及选择性三级编码最为关键。

（二）案例选择

本文以淘宝带货主播李佳琦为案例研究对象，分析他与粉丝关系演化的影响因素，主要原因如下：首先，从整体来看，李佳琦在国内目前的电商直播带货市场处于领先地位，是最具代表性的带货主播。其次，直播带货市场结构与倒金字塔形类似，李佳琦的直播带货销量极大，创造的订单总量占很高的市场份额。此外，李佳琦作为网红带货主播，自身粉丝数量庞大、影响力巨大，粉丝活跃度高，粉丝会在网络等渠道发表自己对主播及商品的评价及看法，更有利于本文相关资料的收集。更重要的是，李佳琦通过不断地直播和维护粉丝关系积累了大量粉丝，对于广大的普通带货主播更具借鉴价值。

（三）资料收集

扎根分析的两个应用分别是文献扎根以及访谈扎根，本文选择的是访谈扎根。根据李佳琦粉丝群体特点，选取 30 个 18～35 岁观看过李佳琦直播的粉丝作为访谈对象，其中，随机选取 4 条访谈记录用于理论饱和度检验，其他 26 条访谈记录用作框架模型构建。

四、带货主播与粉丝关系演化影响因素模型建构及分析

（一）开放编码

开放编码的主要内容是分析提炼原始资料，定义资料中体现的关键现象并将其进一步概念化、范畴化，最终得出本研究情境的编码结果。

首先整理访谈资料能反映与带货主播和粉丝关系的影响因素相关的

现象，并将同类现象提炼为同一概念，如“商品种类全”“商品种类聚焦于特定领域”，接着归纳这两个概念并进一步形成范畴，用“商品类型”做标记。最终，根据原始访谈文本总结了24个概念，进而提炼了11个范畴，分别是商品价格、商品类型、商品质量、商品性价比、主播专业能力、主播个人魅力、主播直播风格、主播信誉、粉丝观看习惯、粉丝信赖、粉丝个人偏好。其中，商品价格是对优惠力度大1个概念的范畴化；商品类型是对商品种类全、商品种类聚焦于特定领域2个概念的范畴化；商品质量是对商品质量好、主播对商品质量保证2个概念的范畴化；商品性价比是对商品性价比高1个概念的范畴化；主播专业能力是对选品能力、卖点清楚、语言流畅且逻辑清晰、语言感染力强、商品相关知识储备多5个概念的范畴化；主播个人魅力是对性格、个人品格、个人形象、个人特长、与粉丝建立起社交关系5个概念的范畴化；主播直播风格是对直播间氛围、直播节奏、主播口头禅3个概念的范畴化；主播信誉是对商品介绍内容可信度高、保证直播间优惠活动真实可信2个概念的范畴化；粉丝观看习惯是对粉丝习惯于观看特定主播1个概念的范畴化；粉丝信赖是对粉丝信赖主播1个概念的范畴化；粉丝个人偏好是对粉丝偏好特定主播1个概念的范畴化。本文提炼的范畴以及相应的资料语句如表1所示。

表1　开放编码过程

引用语举例	概念化	范畴化
直播间商品挺便宜的，优惠力度很大	优惠力度大	商品价格
什么种类的商品都有，每个年龄段都能找到需要的东西	商品种类全	商品类型
李佳琦直播间最大的特色还是美妆，如果我想买化妆品或者护肤品肯定看他的直播	商品种类聚焦于特定领域	
很多东西他以前推荐过，至少现在他依然敢推，证明没有推荐次品	商品质量好	商品质量
李佳琦自己帮粉丝试用口红	主播对商品质量保证	
会带来非常优质、高性价比的产品	商品性价比高	商品性价比

续表

引用语举例	概念化	范畴化
有选优质产品的能力，最重要的是能够给粉丝以及观众带来高性价比的产品	选品能力	主播专业能力
超快语速讲解，产品卖点讲解得很清楚	卖点清楚	
语速很快但吐字清楚，逻辑清晰，很专业	语言流畅且逻辑清晰	
他没有太过夸张的表情和词汇，但在看的过程中让你自然而然就有了购买的欲望	语言感染力强	
李佳琦对化妆品的分析很专业，提前学习了很多相关知识	商品相关知识储备多	
在有些需要发言的时候敢怒敢言	性格	主播个人魅力
李佳琦三观正，很“圈粉”，会让直播间的女性理智消费	个人品格	
长的比很多明星都好看	个人形象	
李佳琦对美妆品牌的了解很多，有着丰富的知识和经验	个人特长	
李佳琦把粉丝当自己人	与粉丝建立起社交关系	
李佳琦和小助理的话有很多“梗”	直播间氛围	主播直播风格
直播的节奏很快，感觉效率很高	直播节奏	
李佳琦直播起来也有很多“魔性”的话，比如说 OMG 让人印象深刻	主播口头禅	
有一次李佳琦坚持推荐好看的口红颜色，拦着粉丝购买另一个偏欧美风格的颜色，但其实推荐哪个他都一样挣钱	商品介绍内容可信度高	主播信誉
有一次商家反悔了优惠条件，当时是他自己掏腰包兑现的，起码这个举动是让人信赖的	保证直播间优惠活动真实可信	
一开始看的就是他的直播，后来习惯了就一直看他的	粉丝习惯于观看特定主播	粉丝观看习惯
之前在他的直播间买过一两次东西，感觉挺好的，所以也很相信他介绍的商品	粉丝信赖主播	粉丝信赖
喜欢李佳琦整个人的气场，所以喜欢看他直播	粉丝偏好特定主播	粉丝个人偏好

（二）主轴编码

在进行开放编码之后，原始访谈文本被归纳为 24 个概念，形成 11 个范畴。范畴之间具有某些相似特性，而主轴编码就是厘清初始范畴之间内在逻辑和联结关系、进一步整合初始范畴为主范畴的过程。

开放编码形成的“商品价格”“商品类型”“商品质量”3个初始范畴可整合为“商品客观因素”，而“商品性价比”属于“商品主观因素”；“主播专业能力”“主播信誉”两个初始范畴可整合为“主播客观因素”，“主播直播风格”以及“主播个人魅力”可整合为“主播主观因素”；“粉丝观看习惯”属于“粉丝客观因素”，而“粉丝信赖”“粉丝个人偏好”两个初始范畴可以整合为“粉丝主观因素”。最终得到的6个主范畴如表2所示。

表2　主轴编码形成的主范畴

主范畴	对应范畴	范畴内涵
商品客观因素	商品价格	直播带货的特点之一是常常有比较大的优惠或折扣，商品的价格通常很有优势，而这种价格优势对消费者能够产生较大吸引力
	商品类型	比如李佳琦直播间的口红等彩妆商品占比较大
	商品质量	影响消费者下单意愿及回购意愿、提高消费者黏性的影响因素之一是直播带货商品的质量
商品主观因素	商品性价比	商品价格优势和质量优势都是一维指标，而商品性价比从多个维度综合衡量某商品的价值，其中既包括价格维度、质量维度，还包括消费者主观价值评价维度
主播客观因素	主播专业能力	直播带货主播的专业能力贯穿直播带货全流程，囊括了主播的前期选品能力，与品牌方沟通及议价能力，商品特性及卖点掌握能力，直播过程中的语言表达、逻辑展示、节奏把控、氛围调节能力及相关拓展知识储备
	主播信誉	主播信誉由两部分构成，一是主播对商品的介绍内容与实际的相符程度，即商品介绍信誉；二是主播对直播间内优惠活动的真实性的保证程度，即优惠信誉
主播主观因素	主播直播风格	主播风格中的一个方面为直播风格。其中包含直播间氛围、直播节奏、主播直播口头禅等因素
	主播个人魅力	主播风格中的另一个方面为个人风格，或称个人魅力。其中既包括个人形象、个人特长等具象维度，也包括性格、品质等抽象维度
粉丝客观因素	粉丝观看习惯	粉丝观看习惯是粉丝情感的一个重要部分，需要经过一定时间积累形成。粉丝长期观看特定主播的带货直播，容易养成观看习惯，产生依赖心理

续表

主范畴	对应范畴	范畴内涵
粉丝主观因素	粉丝信赖	粉丝信赖是粉丝情感的另一重要部分。粉丝信赖的形成同样需要经历一个特定过程，可能需要经历实际的下单行为进行信赖检验，也可能只需要对主播产生个体主观情感信赖
	粉丝个人偏好	粉丝个人偏好是粉丝情感当中主观性最强的部分。粉丝个人偏好由以往消费习惯、个体消费心理、个体价值判断及选择等多种复杂因素交织决定，形成后在一定时期具有相对稳定性

（三）选择性编码

选择性编码是根据以上编码结果，继续凝练核心范畴，将核心范畴和主范畴对应的过程。依据开放编码及主轴编码所得范畴，继续提炼信任感、依恋度、需求匹配度这3个核心范畴，并把新粉丝最终转化为忠诚粉丝（将在观看直播时进行相对稳定下单的粉丝定义为忠诚粉丝）。潜在粉丝转化为新粉丝后，在观看带货直播的过程中会产生初步认知，对主播风格和所推产品是否符合自己喜好和需求进行进一步判断，最终决定是否转化为忠诚粉丝并进行相对稳定的下单。信任感、依恋度、需求匹配度这些因素作用于潜在粉丝转化为粉丝后观看带货直播的整个过程，进一步强化并影响粉丝忠诚度。选择编码的结果如表3所示。

表3　选择编码形成的核心范畴

核心范畴	主范畴	二者关系
信任感	主播信誉	信任感由主播信誉、粉丝信赖、商品价格、商品质量和商品性价比交叉影响产生。信任感是由新粉丝通过实际下单行为对由商品介绍信誉和优惠信誉两方面组成的主播信誉进行检验后所产生的积极评价和粉丝信赖进一步演化而来的。新粉丝下单时会对商品实际优惠价格和主播宣传优惠进行对比，以此检验主播的商品介绍信誉，收到商品后会对商品质量和性价比进行评价，在多次实际下单都产生积极评价后，粉丝会逐渐提升对主播的信任感
	粉丝信赖	
	商品价格	
	商品质量	
	商品性价比	
依恋度	主播专业能力	依恋度由主播专业能力、个人魅力、直播风格与粉丝个人偏好交叉影响而产生。当主播个人魅力及直播风格符合粉丝个人偏好时，粉丝对主播的依恋度逐渐产生并提高。与此同时，粉丝对主播专业能力所产生的钦佩感和崇拜感也会转化为粉丝对主播的依恋度
	主播个人魅力	
	主播直播风格	
	粉丝个人偏好	

续表

核心范畴	主范畴	二者关系
需求匹配度	商品类型 主播个人魅力 主播直播风格 粉丝观看习惯 粉丝个人偏好	需求匹配度由商品类型、主播个人魅力、主播直播风格、粉丝观看习惯以及粉丝个人偏好交叉影响产生。需求匹配是新粉丝稳定下单，从而转化为忠诚粉丝的重要前提和基础。主播直播间所推商品类型与粉丝对商品的消费需求偏好相匹配，主播个人魅力、直播风格与粉丝的直播观看习惯以及对主播的偏好匹配，才能促使新粉丝的下单行为逐步趋于稳定，而不仅仅受信任感、依恋度等主观因素的影响

（四）带货主播与粉丝关系演化影响因素模型

忠诚粉丝的形成并不是一蹴而就的，需要经历潜在粉丝、新粉丝、忠诚粉丝的转化发展过程。因此，我们将带货主播与粉丝关系演化影响因素模型按粉丝形成阶段进行建构，从而更加清楚地剖析带货主播与粉丝关系演化路径。图 1 为带货主播—粉丝关系演化影响因素模型。

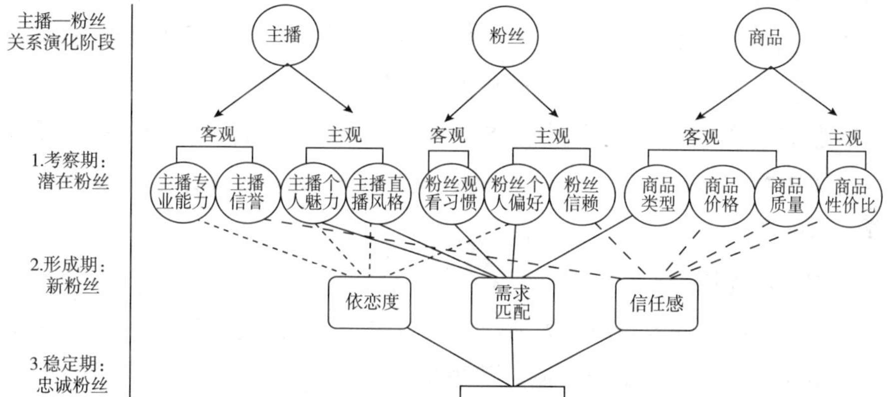

图 1　主播—粉丝关系演化影响因素模型

1. 第一阶段：潜在粉丝→新粉丝

（1）主播因素

主播因素可分为客观因素和主观因素两类，客观因素为主播专业能力和主播信誉。主播专业能力，即主播的选品能力、语言表达能力、语言感染力、对商品卖点及相关知识的熟悉度等，专业能力强的主播能够向粉丝推荐优质的高性价比的商品，以适宜的语速清晰讲解商品卖点，节奏适中，逻辑清晰，感染力强，对商品相关知识了如指掌，在推介商品的同时让粉丝增长知识。主播在带货过程中将销售带货能力与产品特性相适配，能够引导、促使粉丝产生购买意愿。主播信誉包含商品介绍可信度和直播间优惠活动可信度两部分，主播对商品的介绍应该符合实际情况，而非刻意夸大宣传，对于直播间内的优惠活动也应确保真实可信，避免以虚假优惠欺骗粉丝。主播在直播带货的同时起到了信任背书的作用，粉丝会认为主播推荐的产品质量是靠谱的，价格是实惠的。消费者在拥有良好的直播间购买体验后所做出的评价也会提高带货主播的信誉，进一步促使粉丝加深之前的认知，使主播与粉丝的信任关系更加趋于稳定，主播的信任背书作用更为显著。

主播主观因素包含主播个人魅力和主播直播风格。主播个人魅力由主播的个人形象、性格、品格、特长以及与粉丝建立的社交关系等因素组成，主播直播风格由直播间氛围、直播节奏、主播口头禅等因素组成。在主播直播带货情境中，主播的个人魅力越突出，直播风格越鲜明，粉丝对主播风格的认知就越强烈。在摆脱了与其他主播同质化的可能性之后，该特定主播与粉丝的关系会逐渐由考察阶段向形成阶段过渡。粉丝对主播风格的认知越强烈，越认可该主播的风格，越有利于形成并维持稳定的主播—粉丝关系。

（2）粉丝因素

粉丝因素中的客观因素为粉丝观看习惯，主观因素为粉丝信赖和粉丝个人偏好。其中，粉丝个人偏好可继续细分为对商品的偏好，例如食品、彩妆、服装等；对带货主播的偏好形成于粉丝与不同带货主播的接触并对其进行比较的过程。粉丝形成固定的直播观看习惯、对特定主播产生信赖以及对特定主播或特定直播风格形成个人偏好能够使粉丝情感转变为正向情感，促使粉丝与主播的关系由考察阶段、形成阶段进入稳定阶段，并延长其关系处于稳定阶段的时间。反之，若粉丝失去了观看习惯、信赖和个人偏好，粉丝与主播的关系会较为快速地进入退化阶段。

（3）商品因素

商品因素也可分为主观和客观两部分。商品客观因素包含商品价格、商品类型和商品质量，主观因素为商品性价比。带货主播所推介的商品首先以其价格优势对潜在粉丝产生强烈吸引，“直播间内优惠更多”是促使消费者观看直播而非直接网购的原因之一。商品类型对潜在粉丝向新粉丝转化同样产生了重要的作用，主播推介的商品类型恰好迎合消费者的需求，为消费者做出购买决策提供了前提条件。商品质量是潜在粉丝关注的又一关键因素，在没有实际下单时，潜在粉丝通过其他消费者发表的购物评价来判断商品质量，而在购买商品后便更多依靠自身对商品质量和性价比的评价来决定是否继续下单。潜在粉丝对价格、质量、类型、性价比等商品特点的认知是其观看直播并下单以及转化为新粉丝身份的关键前提。价格实惠、质量高、性价比高的直播商品有助于吸引普通消费者进入带货主播的直播间。进入直播间的消费者数量多，可能通过主播的介绍对商品产生兴趣从而产生交易行为，以及对主播产生兴趣发展成粉丝的人数也会相应地增加。

2. 第二阶段：新粉丝→忠诚粉丝

（1）需求匹配

需求匹配由商品类型、主播个人魅力、主播直播风格、粉丝观看习惯以及粉丝个人偏好交叉影响而产生。需求匹配这一重要理性因素在粉丝忠诚的形成过程当中起到了很大的作用。需求匹配也可继续细分为商品需求匹配和主播需求匹配两方面。粉丝偏好的商品类型恰好是主播的主攻方向，主播魅力及直播风格与粉丝的个人偏好及直播观看习惯恰好吻合，此时粉丝需求得到满足，为粉丝忠诚的形成创造了良好前提。如果仅仅依靠粉丝信任感和依恋度的强化，而无法满足消费需求的匹配，粉丝忠诚的形成将会受到一定阻碍。

（2）信任感

信任感由主播信誉、粉丝信赖、商品价格、商品质量和商品性价比交叉影响产生。当潜在粉丝受到第一阶段各影响因素的影响，最终产生实际下单行为时，新粉丝就出现了。此时新粉丝对于带货主播已经形成了初步的信任，愿意通过实际下单行为对主播信誉进行检验。如果新粉丝经过亲自检验，对带货主播本人及其推介商品产生积极评价，那么此时新粉丝的粉丝信赖将会得到强化，因此粉丝和主播的关系演化也将进入第二阶段。

主播信誉和粉丝信赖产生于粉丝对商品优惠价格、商品质量和商品性价比的信任，新粉丝通过多次下单检验，认为在直播间购买比直接网购商品价格更低、质量有保证、性价比较高时，就会对直播间所售商品产生普遍信任感，进而对带货主播甚至整个直播团队产生信任感。这些因素共同催生的信任感一旦得到强化，新粉丝便有很大可能向忠诚粉丝演化。

（3）依恋度

依恋度由主播专业能力、主播个人魅力、主播直播风格与粉丝个人偏好交叉影响而产生。首先，新粉丝的形成在一定意义上说明主播的直播风格、个人魅力等方面对其具有一定的吸引力，主播的类型也较为符合粉丝的个人偏好。在第二阶段，即粉丝形成期向粉丝稳定期的转化过程当中，粉丝对主播的依恋程度将会进一步得到强化。除此之外，随着粉丝观看直播时长的累积，对于主播专业能力可能产生的钦佩感、崇拜感等因素也会最终转化为依恋度的提升。

（五）理论饱和度检验

将预留的 4 条访谈记录与上文归纳的影响带货主播与粉丝关系演化过程的 11 个主范畴进行对比分析，没有产生未被归纳的新概念、新范畴和新关系。因此，在此分析基础上，本研究的范畴编码和因素模型达到了理论饱和度要求。

五、结论与建议

依据前文所述客户关系管理及客户生命周期理论，本文把带货主播与粉丝的关系演化路径归纳为以下 4 种类型：

第一路径：考察→退化。

第二路径：考察→形成→退化。

第三路径：考察→形成→稳定→退化。

第四路径：考察→形成→稳定。

对于第一路径来说，消费者对带货直播产生了一定的兴趣，可能有过观看经历，对主播有初步印象，但从始至终没有实际下单行为，甚至在一段时间以后对观看直播的兴趣也完全消失，进而脱离潜在粉丝范围，由此说明带货直播对这一类消费者的吸引力较低，主播—粉丝关系始终无法形成。

对于第二路径来说，消费者不单单对带货直播产生了较强的兴趣，还产生了实际下单行为，因此已经由潜在粉丝逐渐转变为新粉丝。但是，新粉丝无法对主播产生持久的信任感和依恋度，粉丝需求没有完全得到满足，粉丝忠诚无法形成。

对于第三路径来说，消费者不再只是有过实际下单行为的新粉丝，而是逐渐转变成为具有一定稳定性和持续下单行为的忠诚粉丝。但是，这类消费者并没有一直保持忠诚粉丝的身份，而是由于某些因素的影响产生“脱粉”行为。

对于第四路径来说，消费者在成为忠诚粉丝以后，一直保持为带货主播的粉丝身份，对主播的信任感、依恋度强烈，粉丝需求得到良好匹配和满足，因此稳定性较好，有较为持续的价值贡献，是带货主播与粉丝关系演化路径当中最为理想的路径。

通过对以上 4 种路径的分析和归纳，不难看出带货主播与粉丝关系演化的两个核心是“吸引新粉丝”和“维持忠诚粉丝”。“吸引新粉丝”即所谓“吸粉”，吸引潜在粉丝成为新粉丝和忠诚粉丝。“维持忠诚粉丝”即“固粉”，维系与新粉丝、忠诚粉丝的关系，避免粉丝从形成期和稳定期步入退化期。以下便是本文结合以上全部分析提出的带货主播与粉丝的关系建立及维系的建议。

（一）吸引新粉丝

通过带货主播与粉丝的关系演化影响因素模型可以看出，主播、粉丝、商品三大因素中涉及的 11 个主范畴均会对潜在粉丝向新粉丝转化产生影响。粉丝因素中的观看习惯、信赖、个人偏好受到粉丝自身控制，并且以粉丝对主播和商品的认知、判断、评价为产生依据，因此对于带货主播来说，从主播、商品两方面积极创造粉丝建立正向认知的条件，激发粉丝情感，是提升“吸粉”能力的根本之策。

从粉丝认知的来源来看，商品因素是重要的一个方面，作为带货主播，货依旧是主角，把握好所推介商品的质量是关键之关键。在此基础上，为粉丝争取更多的优惠，尽可能地扩大带货品类做到全品类覆盖或者结合自身优势特长采取品类聚焦策略都是不错的选择。

主播专业能力是一场成功的直播带货不可或缺的重要因素之一。优秀的选品能力、流畅清晰的表达、商品相关的知识储备、直播节奏和氛围的把控能力等更不必多说。在专业能力达标的基础上，展现独特的主播个人魅力在吸引粉丝的过程当中发挥着非常重要的作用。三观正、性格好、努力上进、有颜值、有才艺、有“梗”的主播“人设”越来越表现出更强的粉丝吸引能力。在直播风格方面，可以通过设计个性化的口头禅，比如李佳琦的“OMG 买它买它”，安排独具特色的直播互动来吸引粉丝观看、加深粉丝印象，最终形成独一无二的个人风格。

在主播信誉方面，对带货商品介绍内容和实际情况的符合程度是粉丝关注的焦点之一。从实际出发，客观介绍商品详情，而不是进行过分夸张、吹嘘商品功效的虚假宣传。此外，直播间优惠活动的真实性也需要带货主播的信誉保证。

（二）维持忠诚粉丝

当潜在粉丝通过考察期、形成期、稳定期，逐渐成为带货主播的忠诚粉丝时，粉丝对主播的信任感、依恋度很高，粉丝情感已经被成功地激发，甚至会形成或轻或重的“粉丝滤镜”。此时，粉丝认知中的三大因素相比于粉丝考察形成阶段的重要程度会略微降低，因为在一定时间内粉丝情感和认知具有相对稳定性。但是，如果商品、主播、粉丝当中的某一因素出现较大幅度的变化，背离了原来的发展方向，例如商品质量连续出现较大问题、主播“人设”崩塌、粉丝观看习惯改变等，便有可能出现“脱粉”现象。

总的来说，粉丝进入退化期主要分为自然退化和被动退化。当自然退化发生时，粉丝情感发生变化，但粉丝认知不一定由正向转为负向，因此自然退化的发生难以受到外界控制。而被动退化的发生，往往是从粉丝的认知转为负向开始。因此，带货主播应当在三大因素涉及的方面“严于律己”，以此长久维系和粉丝的良好关系。

(三) 结论及未来研究展望

本文将扎根理论研究方法应用到带货主播与粉丝的关系演化研究中，以淘宝带货主播李佳琦为案例研究对象，严格按照三级编码过程对粉丝的访谈资料进行系统分析。主要结论包括：带货主播与粉丝关系演化过程中的商品、主播、粉丝三大关键因素均可分为主观、客观两部分，同时对处于考察期的潜在粉丝向形成期的新粉丝转化产生影响；而由主播信誉、粉丝信赖、商品价格、商品质量和商品性价比交叉影响产生的信任感，由商品类型、主播个人魅力、主播直播风格、粉丝观看习惯、粉丝个人偏好交叉影响产生的需求匹配度，以及由主播专业能力、主播个人魅力、主播直播风格、粉丝个人偏好交叉影响产生的依恋度，对新粉丝转化为稳定期的忠诚粉丝具有重要影响。研究结论有助于进一步揭示带货主播与粉丝关系演化的模型路径，也可以将其推广到带货主播吸引新粉丝、维持忠诚粉丝的方法应用中。

除此之外，“脱粉”现象的出现也有其复杂的影响因素及演化路径。本文聚焦直播带货情境主播—粉丝的关系建立过程，对二者关系退化过程的研究同样值得在未来继续深入。

参考文献

[1]李逸萌．直播带货为什么这么火？[J]．营销界，2020(19)：16－17.

[2]中国互联网络信息中心(CNNIC)．第47次中国互联网络发展现状统计报告[R]．2021－02－03.

[3]潘红波，张哲．高管—客户关系与企业客户稳定度[J]．管理学报，2020，17(2)：196－203.

[4]黄磊，李巍．代工模式下关系专用性投资对自有品牌战略的影响：客户关系的视角[J]．预测，2014，33(4)：21－27.

[5]马宝龙，李飞，李金林．关系营销中客户回报计划对客户品牌选择行为的影响研究[J]．中国管理科学，2009，17(5)：140－149.

[6]BOSCHINGER，JULIAN HUANG，YING－YUH. Customer relationship

management 2.0: How can a SCRM strategy be successfully designed and how does participation in social media influence the customer company relationship [Z]. 2021:70 – 80.

[7] BORIS GALITSKY. Artificial intelligence for customer relationship management[M]. Switzerland:Springer, Cham, 2021.

[8]易正伟,蒋再春. 客户关系管理[M]. 北京:清华大学出版社,2013.

[9]李品睿,许守任,许晖. 基于RFM模型的核心客户识别与关系管理研究:以保险业为例[J]. 现代管理科学,2015(6):24 – 26.

[10]徐兰娇. 网络环境下的客户关系管理探析[J]. 商业时代,2011(5):31 – 32.

[11]陈卫华. 多渠道整合战略在客户关系管理中的应用研究[J]. 商业研究,2010(7):68 – 71.

[12]RamÍREZ – DURÁN VÍCTOR JULIO,BERGES IDOIA,ILLARRAMENDI ARANTZA. Towards the implementation of industry 4.0: A methodology – based approach oriented to the customer life cycle[J]. Computers in industry, 2021, 126 (prepublish).

[13]苏朝晖. 客户关系管理:建立、维护与挽救[M]. 北京:人民邮电出版社,2016.

[14]辛宇,郑鑫. 大数据驱动与客户生命周期:基于汽车行业的分析[J]. 河南社会科学,2014,22(3): 71 – 77 + 123 – 124.

[15]谭跃雄,周娜,于强. 客户生命周期价值模型扩展及在客户细分中的应用[J]. 湖南大学学报(自然科学版),2005(3): 124 – 128.

[16]刘忠宇,赵向豪,龙蔚. 网红直播带货下消费者购买意愿的形成机制[J]. 中国流通经济,2020(8):48 – 57.

[17]刘平胜,石永东. 直播带货营销模式对消费者购买决策的影响机制[J]. 中国流通经济,2020(10):38 – 47.

[18]袁奂青. 网络直播对网红与粉丝关系的影响研究[J]. 新闻爱好者,2019(5).

[19]周懿瑾,黄盈佳,梁诗敏."粉与被粉"的四重关系:直播带货的粉丝经济探究[J]. 新闻与写作,2020(9):29 – 35.

[20]刘凌飞,刘娜．网络直播中的消费空间生成研究[A]．今传媒，1672－8122（2020）07 －0032－02.

[21]GLASER,BARNEY G, STRAUSS ANSELM L. ,ELIZABETH STRUTZEL. The discovery of grounded theory; strategies for qualitative research[J]. Nursing research, 1968, 17(4) : 364.

直播营销中主播语言风格对消费者购买意愿的影响

陈云超

摘　要：基于电商主播语言风格，将其分为专业性、客观性和互动性3个维度，结合消费行为分析模型（SOR）理论，以感知娱乐价值和感知功利价值为中介变量，构建消费者购买意愿模型。通过互联网进行数据收集，利用SPSS软件对数据进行分析，结果发现，电商主播语言风格的3个维度对感知娱乐价值和感知功利价值都具有正向影响，感知娱乐价值和感知功利价值正向影响消费者购买意愿，同时在主播语言风格影响消费者购买意愿的过程中发挥着中介作用。

关键词：直播营销　语言风格　感知价值　购买意愿

一、引言

从2016年淘宝推出“淘宝直播”开始，近几年电商直播飞速发展，各大电商平台闻风而动，纷纷效仿，2016年至今，直播电商呈井喷式发展，根据前瞻产业研究院数据，2017年直播电商整体市场规模为366亿元，2018年为1400亿元，2019年为4338亿元，2020年突破万亿元，2021年突破两万亿元，到2020年6月，电商直播观众规模达3.09亿，占互联网消费者的41%。2020年，国家有关部门发布公示，将“互联网营销师”纳入十大新增职业，且“直播销售员”成为其下设工种，网络直播越来越受到各方面重视。李佳琦等带货达人大放异彩，同时带货主播呈现多元化的趋势，娱乐明星、企业老板、政府基层官员也都加入了直播带货的行列。电商直播为疫情中的经济复苏做出突出贡献，助力当地经济发展。

电商主播作为直播营销模式的核心，对消费者购买意愿具有重要影响，关于电子商务的研究很多，但是关于电商直播的研究才刚刚开始，电商直播具有高度的实时性、同步性，且受推荐者影响较大，以往关于电子商务的研究不能较好地解释消费者在电商直播过程中产生的内在心理机制。此外，作为传播中的重要方式，语言在直播中将会产生怎样的说服效果？主播语言特征是如何影响消费者购买意愿的？目前，关于电商直播的研究多集中于主播的自身特征，对该问题的理论解释相对较少。所以，本研究从带货主播语言风格出发，以 SOR 理论为基础，构建网络直播中主播语言风格对消费者购买行为影响研究模型，探究主播的语言特征如何影响消费者内在状态，从而提升其产品购买意愿，并基于该理论模型提出相应的策略。

二、文献综述

古希腊时期，辩论之术兴盛，雄辩家辈出，其中，修辞为其“七艺”课程之一，古希腊著名哲学家亚里士多德将修辞技巧分为三种：诉诸人格、诉诸逻辑、诉诸情感。近代关于说服的研究兴起于第二次世界大战期间，20 世纪 40 年代，霍夫兰将心理学实验引入传播学领域，对士兵进行军中说服，霍夫兰认为受众态度的变化有以下几个原因，包括传播者的特征、信息内容特征、说服的方法和技巧以及受众的属性。

关于语言策略在市场营销领域对说服效果的影响前人已经做了大量研究。过往研究证明，使用不同的描述词汇会影响消费者的需求，例如推销过程中销售员使用抽象或是具体的词汇会影响消费者需求。P. Grant（2016）在研究中发现，当信息接收者有理由特别信任消息来源或信息发出者时，吹嘘很容易被接受为消息来源专业知识的信号，从而增强说服力。Moore（2015）指出，解释性行为在不同的产品类型中有不同的帮助，解释性行为提升了消费者对被评论产品的态度预测能力，可以帮助其做出决策。Kronrod（2013）的研究验证了在广告和在线评论中，如果采用比喻性的语言会让消费者倾向于享乐性的选择且更容易调动受众的积极性。张丹丹（2019）发现线上具有一定粉丝数量的影响者在推荐过程中所采用的语言策略显著影响接受者态度与行为。韩箫亦等（2020）使用扎根理论研究网红自身特性对消费者内心情感的激发，将电商主播属性分为魅力属性、推荐属性、展示属性和互动属性。关于购物场景的语言风格，Sheth（1985）给出定义，销售人员的沟通风格是其与购买者交流时所选择的方式与仪式，将其分为自我导向型、任务导向型和互动导向型3种沟通风格。吴娜等（2020）已经证实在直播营销中沟通风格相似性正面影响消费者购买意愿。

除了口头语言以外，书面语言的语言风格同样会对消费者产生说服效果，齐托托等（2020）基于知乎 live 平台，通过抓取 live 产品信息的截面数据，将产品说服信息分为诉诸人格（可信度、独断性）、诉诸逻辑（论证结构性、论证清晰性）、诉诸情感（许诺性及逆向激励）3 类共 6 个变量，研究结果发现除了论证结构性，其余变量均对产品销量有正向影响。此外，书面语言的语言风格也会影响众筹融资成功率，王伟等（2016）基于 Kickstarter 对 128345 个项目进行实证分析，将众筹项目书通过关键词抽取的方法分为诉诸可信、情感、逻辑、夸张和回报 5 种语言风格，结果发现在不同的投资领域，不同的语言风格说服效果不同，众筹成功率受语言的说服性影响较大。

三、模型构建及研究假设

本文以 SOR 理论为基础，构建电商主播语言风格与消费者购买意愿模型，选取主播语言风格的客观性、专业性和互动性共同构成外部刺激变量，选取感知功利价值和感知娱乐价值作为消费者的内部状态，消费者在主播语言风格（客观性、专业性、互动性）的影响下，内部状态发生改变，进而影响购买意愿。研究模型如图 1 所示。

（一）电商主播语言风格对感知价值的影响假设

专业性是指电商主播以专业的视角和领域权威的解释来解读产品信息的特性，张丹丹（2019）在研究中将社交媒体影响者的语言特征分为专业性和非专业性，对于专家型的推荐者，在推荐中采用专业性的语言说服效果会更好；对于非专家型的推荐者，采用非专业性的语言说服效果会更

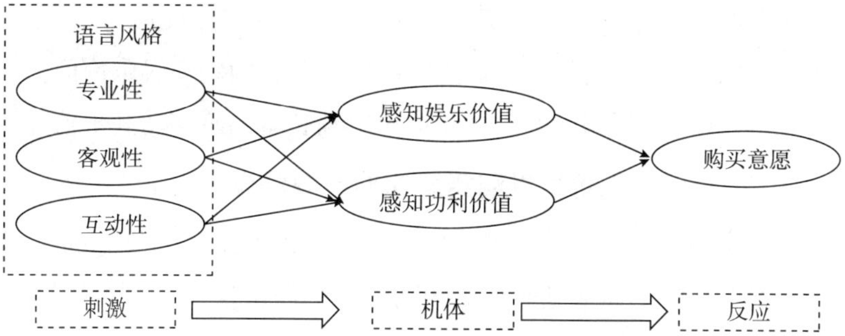

图 1　电商主播语言风格与消费者购买意愿模型

好。Ohanian（1991）认为具有专业知识的信息传播者比专业知识不足的传播者提供的信息更为重要和可信，更能够提升消费者的消费意愿。消费者在直播间观看主播介绍产品时，主播一般会对产品进行大量专业性的讲解。消费者对产品了解的进一步增加，不确定信息的逐渐减少，减少了消费者亲自去了解产品所需的时间和成本，从而能够提升感知功利价值。故提出假设：

H1a：主播语言风格的专业性正向影响消费者感知娱乐价值。

H1b：主播语言风格的专业性正向影响消费者感知功利价值。

客观性是指电商主播对所推荐的产品进行全面、真实评价的特性，不仅是介绍产品的优点，更能适当地介绍产品的缺点。一般来说，广告中几乎不会介绍其产品的缺点，但如果通过合适的方式来展示产品的缺点，则会使消费者认为“广告主说的是实话”，黄丽媛（2020）在研究公益电商直播时从信任的角度验证了两面信息对于直播说服效果具有正向作用。故提出假设：

H2a：主播语言风格的客观性正向影响消费者的感知娱乐价值。

H2b：主播语言风格的客观性正向影响消费者的感知功利价值。

互动性是交流过程中参与双方对交换信息过程的控制。Kelleher（2009）在研究中指出，在组织和大量个人互动的过程中，当个人更多通过博客等社群与组织交流时，会对其产品更加信任、满意和忠诚。韩箫亦等（2020）将直播电商中的互动分为互动有效性、互动及时性和互动兼顾性。此前有学者证实直播中的互动行为有助于增加消费者信任，但在刘洋等（2020）研究中，互动并不能减少消费者对产品的风险和不确定性感知，但互动性可以有效影响消费者感知愉悦。故提出假设：

H3a：主播语言风格的互动性正向影响消费者的感知娱乐价值。

H3b：主播语言风格的互动性正向影响消费者的感知功利价值。

（二）消费者感知价值对购买意愿的影响假设

众多关于感知价值理论的研究认为，感知价值是多元复杂的，不能用一维去概括，其中，最常见的为感知功利、享乐价值，此二者也被认为对购买者的购买意向有普遍显著影响。感知价值所发生作用的场景不只是在线下，在直播购物中，消费者也存在感知功利、享乐价值。

感知娱乐价值指人们在逛商场买东西时所感受的愉悦。Adelaar 等（2003）发现，在商场购物时，目不暇接的货物对购物者的愉悦情绪具有唤起作用，进而刺激消费者购买意愿。在互联网上，观看有趣的内容所产生的愉悦心情也能促使消费者购物。

除了感知娱乐价值以外，感知功利价值也对购物者的行为有着重要影响。Cai 等（2018）检验了享乐动机和功利动机同购物意向之间的关系，发现享乐动机与以名人为基础的意图正相关，功利动机与以产品为基础的意图正相关。Kim 等（2007）研究认为，感知功利价值也会影响消费者的回头率、满意度等。故提出假设：

H4a：消费者感知娱乐价值对购买意愿具有正向影响。

H4b：消费者感知功利价值对购买意愿具有正向影响。

（三）主播语言特征对消费者购买意愿假设

根据需求动机理论，消费者在购买商品时会受到主播推荐与直播间其他人言论或行为的刺激，在这种外部刺激下产生动机，最后做出是否购买的决策。黄丽媛在关于公益直播电商的研究中发现，两面提示比一面提示对消费者的说服效果更好，可以提高消费者对主播以及产品的信任，提升购买意愿；此前有学者利用网络社区平台，证明了网络社区和成员之间的互动通过多种效应对消费者网上购物产生影响；刘晓莉等（2016）基于图书馆微信公众号，验证了互动性和用户满意度之间存在正向关系，情感价值在其中起到中介作用。通过上述研究可以看出，电商主播语言风格的专业性、客观性和互动性对观众感知娱乐价值和感知功利价值具有深刻影响，会影响观众在线上的购物决策。故提出假设：

H5：感知娱乐价值在主播语言风格和消费者购买意愿的关系中存在中介效应。

H6：感知功利价值在主播语言风格和消费者购买意愿的关系中存在中介效应。

四、研究设计和实证分析

（一）问卷设计

本文采用调查问卷法收集数据，为了保证问卷的有效性，问卷问题皆采用前人所做出的成熟量表问卷，问卷基于被调查者最近一次观看直播带货的感受所提出。

（二）数据收集与样本描述

通过问卷星软件发放问卷207份，通过人工筛查剔除回答题项完全一致以及回答时间少于60秒的问卷，得到有效问卷190份，有效率为91.79%。

从描述性统计结果上看，参与调查问卷的63.68%为女性，36.32%为男性；年龄集中在18~25岁，占92.63%；教育程度集中在本科学历，占比为81.58%（见表1）。

表1　问卷样本描述性统计分析

基本特征	分类	样本数	百分比（%）
性别	男 女	69 121	36.32 63.68
年龄	18岁以下 18~25岁 26~40岁 40岁以上	0 176 8 6	0 92.63 4.21 3.16
教育背景	初中及以下 高中/中专/技校大学专科 大学本科 硕上及以上	0 6 7 155 22	0 3.16 3.68 81.58 11.58

续表

基本特征	分类	样本数	百分比（%）
电商直播了解程度	没有观看过	48	25.26
	观看过但没有下单购买	84	44.21
	观看过且下单购买	58	30.53

从直播电商观看经验来看，观看过电商直播的调查受众占 74.74%，其中有过下单经历的只占 30.53%，表明直播电商营销模式仍有较大上升空间，渗透率仍有待提高。

（三）信度效度分析

1. 信度分析

为确保问卷信度，对问卷题项进行测度，测量结果如表 2 所示。其中，主播语言风格专业性 3 个题项（Cronbach's Alpha =0.784）；主播语言风格客观性 3 个题项（Cronbach's Alpha = 0.845）；主播语言风格互动性 5 个题项（Cronbach's Alpha = 0.772）；消费者感知娱乐价值 3 个题项（Cronbach's Alpha =0.867）；消费者感知功利价值 4 个题项（Cronbach's Alpha =0.847）；消费者购买意愿 3 个题项（Cronbach's Alpha = 0.889），且所有的 6 个变量 Cronbach's Alpha 值皆在 0.7 以上，表明问卷整体以及各变量可信度和稳定性均较高。

表 2　信度检验结果

变量	项数	Cronbach's Alpha
主播语言风格专业性	3	0.784
主播语言风格客观性	3	0.845
主播语言风格互动性	5	0.772
消费者感知娱乐价值	3	0.867
消费者感知功利价值	4	0.847
消费者购买意愿	3	0.889
总问卷	21	0.929

2. 主播语言风格的效度分析

使用 SPSS25.0 进行电商主播语言风格的 3 个维度的 KMO 和 Bartlett 检

验，结果如表3所示。

表3 电商主播的KMO和Bartlett检验

KMO取样适切性量数		0.844
Bartlett球形检验	近似卡方	681.936
	自由度	55
	显著性	0.000

由表3知，KMO = 0.844 > 0.8，Bartlett球形Sig. < 0.001，表明电商主播语言风格的3个维度相关性较好，适合因子分析。

对语言风格相关的问题进行因子分析，得到总方差解释和旋转后的成分矩阵。结果如表4、表5所示。

表4 总方差解释

成分	初始特征值			提取载荷平方和			旋转载荷平方和		
	总计	方差百分比（%）	累计百分比（%）	总计	方差百分比（%）	累计百分比（%）	总计	方差百分比（%）	累计百分比（%）
1	4.644	42.220	42.220	4.644	42.220	42.220	3.025	27.498	27.498
2	1.645	14.952	57.172	1.645	14.952	57.172	2.309	20.987	48.485
3	1.211	11.012	68.184	1.211	11.012	68.184	2.167	19.699	68.184
4	0.675	6.140	74.324						
5	0.653	5.938	80.262						
6	0.547	4.977	85.239						
7	0.436	3.960	89.199						
8	0.405	3.684	92.883						
9	0.311	2.826	95.709						
10	0.259	2.352	98.062						
11	0.213	1.938	100.000						

注：提取方法为主成分分析法。

如表4所示，本研究采取主成分分析法对电商主播语言特征提取了3个公因子，第一个因子对自变量解释程度为27.498%，第二个因子为20.987%，第三个因子为19.699%，所有公因子对自变量的解释程度达到68.184%，总体上，原有变量的信息丢失较少，因子分析的效果较为理想。

由表5可以发现电商主播的因子分析所得到的维度与之前所设计的相符合，可以将电商主播的语言特征划分为专业性、客观性和互动性。

表5　旋转后的成分矩阵

	成分		
	1	2	3
1. 专业性问项1	0.329	0.731	0.203
2. 专业性问项2	0.163	0.841	0.035
3. 专业性问项3	0.168	0.794	0.137
4. 客观性问项1	0.799	0.295	0.136
5. 客观性问项2	0.755	0.363	0.175
6. 客观性问项3	0.760	0.079	-0.100
7. 客观性问项4	0.735	0.378	0.240
8. 客观性问项5	0.677	0.035	0.179
9. 互动性问项1	0.161	-0.015	0.874
10. 互动性问项2	0.231	0.142	0.834
11. 互动性问项3	-0.026	0.217	0.705

注：提取方法为主成分分析法。

3. “感知价值”的效度分析与检验

表6　“感知价值”的效度测量

KMO取样适切性量数		0.864
Bartlett球形检验	近似卡方	586.186
	自由度	21
	显著性	0.000

表7　“感知价值”旋转后的成分矩阵

	成分	
	1	2
在观看直播时，我感到很愉悦	0.870	0.139
我很享受观看电商直播的过程	0.823	0.353
在观看电商直播时，有时我会忘记自己的烦恼	0.812	0.315
通过观看电商直播，我可以获得丰富的产品信息	0.603	0.358
通过电商直播，我可以买到心仪的产品	0.285	0.878

续表

	成分	
	1	2
通过电商直播，我可以找到更适合自己的产品	0.243	0.852
通过观看电商直播可以提高购买效率	0.331	0.840

注：提取方法为主成分分析法。

根据表6和表7，感知价值的因子分析划分维度与之前所设计的相符合，可以将消费者的感知价值划分为感知娱乐价值和感知功利价值，调查问卷中的“感知价值”具有良好结构效度。

4. “购买意愿”的效度分析

表8 “购买意愿”的效度测量

KMO 取样适切性量数		0.720
Bartlett 球形检验	近似卡方	258.550
	自由度	3
	显著性	0.000

表9 “购买意愿”的成分矩阵

	成分
	1
我很可能从这个主播的直播间购买产品	0.932
未来我会考虑从这个主播的直播间购买产品	0.920
如果有机会，我打算从这个主播的直播间购买产品	0.865

注：提取方法为主成分分析法。

根据表8和表9，调查问卷中的“购买意愿”具有良好结构效度。

（四）相关性分析

对各变量进行相关关系检验，由表10可知，各变量之间存在显著相关，可以进行假设检验。

表 10　各变量相关性分析结果

		专业性	客观性	互动性	娱乐价值	功利价值	购买意愿
专业性	皮尔逊相关性	1					
	Sig.（双尾）						
客观性	皮尔逊相关性	0.529 **	1				
	Sig.（双尾）	0.000					
互动性	皮尔逊相关性	0.307 **	0.336 **	1			
	Sig.（双尾）	0.000	0.000				
娱乐价值	皮尔逊相关性	0.403 **	0.498 **	0.369 **	1		
	Sig.（双尾）	0.000	0.000	0.000			
功利价值	皮尔逊相关性	0.480 **	0.611 **	0.422 **	0.646 **	1	
	Sig.（双尾）	0.000	0.000	0.000	0.000		
购买意愿	皮尔逊相关性	0.421 **	0.488 **	0.420 **	0.665 **	0.714 **	1
	Sig.（双尾）	0.000	0.000	0.000	0.000	0.000	

注：* * 表示 1% 显著性水平。

（五）回归分析

由表 10 可知，各变量之间存在显著的线性关系，所以采用回归分析对变量间的关系进行进一步的定量研究。本文将采用回归分析对电商主播语言风格的 3 个维度和消费者感知价值及购买意愿之间是否存在因果关系进行研究。

此处通过回归分析验证电商主播语言风格和消费者感知娱乐价值之间的关系，回归结果见表 11。

表 11　电商主播语言风格和消费者感知娱乐价值的回归分析

模型	未标准化系数		标准化系数	t	显著性		
	B	标准错误	Beta			调整 R^2	F
（常量）	1.610	0.301		5.350	0.000		
专业性	0.432	0.083	0.403	5.209	0.000	0.156	27.134
（常量）	1.518	0.247		6.146	0.000		
客观性	0.533	0.079	0.498	6.786	0.000	0.242	46.054
（常量）	1.328	0.391		3.397	0.001		
互动性	0.460	0.098	0.369	4.697	0.000	0.130	22.062

由表 11 可知，电商主播语言风格的专业性对消费者感知娱乐价值的回

归系数是 0.403，显著性 <0.001，达到 F 检验要求，调整后 R^2 的值为 0.156，表明能够解释 15.6% 的因变量；客观性对消费者感知娱乐价值的回归系数是 0.498，显著性 <0.001，达到 F 检验要求；互动性对消费者感知娱乐价值的回归系数是 0.369，显著性 <0.001，达到 F 检验要求。故假设 H1a、H2a、H3a 得到验证。

以回归分析验证电商主播语言风格和消费者感知功利价值之间的关系，回归结果见表 12。

表 12　电商主播语言风格和消费者感知功利价值的回归分析

模型	未标准化系数		标准化系数	t	显著性		
	B	标准错误	Beta			调整 R^2	F
（常量）	1.590	0.274		5.802	0.000		
专业性	0.488	0.075	0.480	6.470	0.000	0.225	41.862
（常量）	1.429	0.214		6.672	0.000		
客观性	0.622	0.068	0.611	9.130	0.000	0.369	83.366
（常量）	1.354	0.362		3.735	0.000		
互动性	0.500	0.091	0.422	5.502	0.000	0.172	30.276

由表 12 可知，电商主播语言风格的专业性对消费者感知功利价值的回归系数是 0.480，显著性 <0.001，达到 F 检验要求，调整后 R^2 的值为 0.225，表明能够解释 22.5% 的因变量；客观性对消费者感知功利价值的回归系数是 0.611，显著性 <0.001，达到 F 检验要求，调整后 R^2 的值为 0.369，表明能够解释 36.9% 的因变量；互动性对消费者感知功利价值的回归系数是 0.422，显著性 <0.001，达到 F 检验要求，调整后 R^2 的值为 0.172，表明能够解释 17.2% 的因变量。因此假设 H1b、H2b、H3b 得到验证。

以回归分析验证感知价值和消费者购买意愿之间的关系，结果见表 13。

表 13　感知娱乐价值和消费者购买意愿的回归分析

模型	未标准化系数		标准化系数	t	显著性		
	B	标准错误	Beta			调整 R^2	F
（常量）	1.223	0.214		5.722	0.000		
娱乐价值	0.692	0.066	0.665	10.546	0.000	0.439	111.226
（常量）	0.800	0.221		3.613	0.000		

续表

模型	未标准化系数		标准化系数	t	显著性		
	B	标准错误	Beta			调整 R^2	F
功利价值	0.781	0.065	0.714	12.074	0.000	0.507	145.788

由表 13 可知，感知娱乐价值对消费者购买意愿的回归系数是 0.665，显著性 <0.001，达到 F 检验要求，调整后 R^2 的值为 0.439，表明能够解释 43.9% 的因变量；感知功利价值对消费者购买意愿的回归系数是 0.714，显著性 <0.001，达到 F 检验要求。因此假设 H4a、H4b 得到验证。

（六）感知娱乐价值和感知功利价值的中介作用

为验证感知娱乐、功利价值的中介作用，采用三步检验法，以逐步回归检验的方式进行验证。

1. 感知娱乐价值在主播语言风格和购买意愿之间的中介效应

表 14　感知娱乐价值中介效应检验表

变量	感知娱乐价值 M1	购买意愿 M2	购买意愿 M3
主播专业性	0.403		
主播专业性		0.421	
主播专业性			0.182
感知娱乐价值			0.592
调整后的 R^2	0.156	0.171	0.463
F	27.134	30.114	61.768
Sig.	0.000	0.000	0.000
主播客观性	0.498		
主播客观性		0.488	
主播客观性			0.208
感知娱乐价值			0.562
调整后的 R^2	0.242	0.232	0.468
F	46.054	43.679	62.963
Sig.	0.000	0.000	0.000
主播互动性	0.369		
主播互动性		0.420	

续表

变量	感知娱乐价值 M1	购买意愿 M2	购买意愿 M3
主播互动性			0. 202
感知娱乐价值			0. 591
调整后的 R^2	0. 130	0. 171	0. 471
F	22. 062	29. 999	63. 645
Sig.	0. 000	0. 000	0. 000

如表 14 所示，主播语言风格 3 个维度对感知娱乐价值、购买意愿，感知娱乐价值对购买意愿影响皆显著，同时模型 M3 中主播语言风格 3 个维度的回归系数分别为 0. 182、0. 208、0. 202，小于模型 M2 中主播语言风格 3 个维度的回归系数 0. 421、0. 488、0. 420，结果表明感知娱乐价值在主播语言风格和购买意愿间存在部分中介效应，所以假设 H5 成立。

2. 感知功利价值在主播语言风格和购买意愿之间的中介效应

表 15　感知功利价值中介效应检验表

变量	感知功利价值 M1	购买意愿 M2	购买意愿 M3
主播专业性	0. 480		
主播专业性		0. 421	
主播专业性			0. 101
感知功利价值			0. 666
调整后的 R^2	0. 225	0. 171	0. 511
F	41. 862	30. 114	74. 704
Sig.	0. 000	0. 000	0. 000
主播客观性	0. 611		
主播客观性		0. 488	
主播客观性			0. 082
感知功利价值			0. 664
调整后的 R^2	0. 369	0. 232	0. 507
F	83. 366	43. 679	73. 600
Sig.	0. 000	0. 000	0. 000

续表

变量	感知功利价值 M1	购买意愿 M2	购买意愿 M3
主播互动性	0.422		
主播互动性		0.420	
主播互动性			0.145
感知功利价值			0.653
调整后的 R^2	0.172	0.171	0.521
F	30.276	29.999	77.535
Sig.	0.000	0.000	0.000

如表 15 所示，主播语言风格 3 个维度对感知功利价值、购买意愿，感知功利价值对购买意愿影响皆显著，同时模型 M3 中主播语言风格 3 个维度回归系数分别为 0.101、0.082、0.145，皆小于模型 M2 中主播语言风格 3 个维度的回归系数 0.421、0.488、0.420，结果表明感知功利价值在主播语言风格和购买意愿间存在部分中介效应，所以假设 H6 成立。

五、结论与讨论

（一）研究结论与管理启示

本文通过问卷分析的方法结合感知价值理论和刺激—机体—反应模型揭示了电商主播语言特征与消费者购买意愿之间的关系，验证了本文提出的假设模型并得出以下结论。

在电商直播中，电商主播语言风格的专业性增强有助于提升感知娱乐和功利价值，而这两种感知价值在主播语言专业性影响观众购买意向的过程中又会起到部分中介作用，增强消费者的购买意愿。当电商主播了解更多该产品相关的内容时，能够减少购买者决策过程中的不确定性，帮助购买者进行决策。因此，电商主播也需要对自己的专业能力进行强化，在直播前对所要介绍的产品加以了解，以更专业的态度面向广大的消费者。

在电商直播中，电商主播语言风格的客观性增强有助于提升感知娱乐价值和感知功利价值，而此二者在主播语言客观性影响观众购买意向的过程中又会起到部分中介作用。当电商主播能够以客观的方式来推荐产品，而不是像以往推销员一样采用一面之词描述产品的优点而忽略缺点时，消费者会更加信任电商主播，增强购买意愿。电商主播要恪守自己的道德底线，坚持实事求是的态度，避免虚假宣传、盲目吹捧所推荐的产品。

在电商直播中，电商主播语言风格的互动性增强有助于提升感知娱乐价值和感知功利价值，而感知娱乐价值和感知功利价值在主播语言互动性影响观众购买意向的过程中又会起到部分中介作用，增强消费者购买意愿。主播与消费者的实时互动可以激发调动消费者的愉悦情绪，同时主播对于消费者所提出的问题能够及时加以解答，能够提高消费者的感知功利价值，提高购买效率、增强购买意愿。

（二）不足与对未来展望

本文通过实证分析验证了电商直播中主播语言风格对消费者购买意愿的影响，但同时存在一些局限与不足。

样本选取的局限性。本研究主要是通过线上来收取调查问卷，被试者的身份和年龄过于集中，同时普遍具有较高文化水平，不能真实反映现实情境下电商直播对消费者的影响，未来的研究应注重线上线下相结合的方式，扩大样本收取范围，提升样本代表性。

本研究采用调查问卷法，被调查者在填写调查问卷的过程中难免带有主观性，未来可以采用扎根理论对电商主播的语言风格进行进一步的调查研究，或者使用 Python 等软件爬取直播过程中的弹幕、礼物等情况，做进一步的研究。

实证分析方法较为单一，未来可以采用实验法来进行测量。同时实证分析中只采用 SPSS 简单分析了变量之间的线性关系，但实际情况可能更加复杂，在以后可以使用更加先进的分析工具，对变量之间关系进行更深入的探究。

参考文献

[1]韩箫亦,许正良．电商主播属性对消费者在线购买意愿的影响:基于扎根理论方法的研究[J]．外国经济与管理,2020,42(10):62－75.

[2]周永生,唐世华,肖静. 电商直播平台消费者购买意愿研究:基于社会临场感视角[J]. 当代经济管理,2021(1).

[3]刘凤军, 孟陆, 陈斯允,等. 网红直播对消费者购买意愿的影响及其机制研究[J]. 管理学报, 2020, 17(1):94-104.

[4]BELKNAP G M. Communication and persuasion: Psychological atudies of opinion change[J]. The American political science review, 1954, 48(2):600.

[5]SCHELLEKENS GABY A C, VERLEGH PEETER W J, SMIDTS A, et al. Language abstraction in word of mouth[J]. The journal of consumer research, 2010, 37(2):207-223.

[6]PACKARD G, GERSHOFF A D, WOOTEN D B. When boastful word of mouth helps versus hurts social perceptions and persuasion[J]. The journal of consumer research, 2016, 43(1):26-43.

[7]MOORE S G. Attitude predictability and helpfulness in online reviews: The role of explained actions and reactions[J]. The journal of consumer research, 2015, 42(1):30-44.

[8]KRONROD A, DANZIGER S. "Wii Will Rock You!" The use and effect of figurative language in consumer reviews of hedonic and utilitarian consumption[J]. The journal of consumer research, 2013, 40(4):726-739.

[9]张丹丹. 社交媒体影响者推荐对消费者购买意愿的影响研究:基于语言专业性的视角[D]. 西安:西安建筑科技大学,2019.

[10]WILLIAMS K C, SPIRO R L. Communication style in the salesperson-customer dyad[J]. Journal of marketing research, 1985, 22(4):434-442.

[11]吴娜, 宁昌会, 龚潇潇. 直播营销中沟通风格相似性对购买意愿的作用机制研究[J]. 外国经济与管理, 2020(8):81-95.

[12]齐托托,刘倩,王天梅,周洵. 知识付费产品描述语言风格的说服效应研究:知识生产者声誉的调节作用[J]. 南开管理评论,2020,23(5):159-170.

[13]王伟,等. 众筹融资成功率与语言风格的说服性:基于 Kickstarter 的实证研究[J]. 管理世界, 2016(5):81-98.

[14]黄丽媛．公益电商直播的说服效果研究[D]．杭州:浙江大学,2020.

[15]OHANIAN R. The impact of celebrity spokespersons perceived image on consumers intention to purchase[J]. Journal of advertising research, 1991, 31(1):46 –54.

[16]SMITH R E, SWINYARD W R. Information response models: An integrated approach[J]. Journal of marketing, 1982, 46(1):81 –93.

[17]喻昕, 许正良, YU,等．网络直播平台中弹幕用户信息参与行为研究:基于沉浸理论的视角[J]. 情报科学, 2017, 35(10):147 –151.

[18]KELLEHER T. Conversational voice, communicated commitment, and public relations outcomes in interactive online communication[J]. Journal of communication, 2009, 59(1):172 –188.

[19]TONG J. A study on the effect of web live broadcast on consumers' willingness to purchase[J]. Open journal of business and management (Irvine, CA), 2017, 5(2):19,280 –289.

[20]刘洋,李琪,殷猛．网络直播购物特征对消费者购买行为影响研究[J]. 软科学,2020,34(6):108 –114.

[21]贾晓锋．电商直播平台消费者购买及融入意愿研究[D]. 北京:北京邮电大学, 2019.

[22]DONOVAN R J,ROSSITER J R. Store atmosphere: An environmental sychology approach[J]. Journal of retailing, 1982, 58(1):34 –57.

[23]ADELAAR T, CHANG S, LANCENDORFER K M, et al. Effects of media formats on emotions and impulse buying intent[J]. Journal of information technology, 2003, 18(4):247 –266.

[24]KIM J, FIORE A M, LEE H. –H. Influences of online store perception, shopping enjoyment, and shopping involvement on consumer patronage behavior towards an online retailer[J]. Journal of retailing and consumer services, 2007, 14(2):95 –107.

[25]范晓屏．基于虚拟社区的网络互动对网络购买行为的影响研究[D]. 杭州:浙江大学, 2008.

[26]刘晓莉，张雷．高校图书馆微信公众平台互动性对用户满意的影响研究:感知价值的中介效应[J]．图书馆理论与实践，2016(6):94－98.

[27] WEN Z，YE B. Analyses of mediating effects：The development of methods and models[J]．Advances in psychological science，2014，22(5).

第二篇

在线移动营销

关于直播带货中主播对消费者购买意愿影响的研究

周　润

摘　要：短视频营销成为目前电商直播一个重要的发展方向。其中，带货直播成为商家和一些自媒体实现营销和商业价值变现的重要渠道，而网红主播则成为消费者线上购物中一个重要的指标和导向。本文将在目前短视频营销的背景下，从自媒体人即带货主播对消费者的影响的角度，采用问卷调查，进行数据测量分析，探究主播个人特质对消费者购买意愿的影响机制，并得出以下结论：个人魅力、优质内容、议价能力显著正向影响了消费者的认同，进而影响消费者的购买决策行为。

关键词：直播带货　优质内容　个人魅力　议价能力

一、引言

（一）研究背景

2020 年，受新冠疫情的影响，带货直播一时风靡，这种线上购物方式快速发展，大大提高了大众的认同度。这是一个正在蓬勃发展的行业，也是电商与直播的跨界联合。近几年快速发展的短视频平台为直播带货提供了良好的生存土壤，成为电商直播的一个热门发展方向。短视频利用了人们的碎片化时间，融入了人们生活，其中，一些有影响力的自媒体形成了自己独特的 IP（知识产权自媒体），产生了具有影响力的大主播，并通过与电商的联合，实现了其商业价值的变现，也促进了商家的短视频营销。主播在平台通过短视频的发布以及视频直播吸引消费者的注意力，获得流量的同时，通过视频讲解将视频观看者变为产品的消费者，进而影响了消费者的购买决策。在直播带货大火的今天，不论是网红大 V 还是明星、

"素人"，都在从不同的角度向消费者表达和介绍自己的消费态度，在使消费者产生一定认同后，改变其购买意愿或行为。消费者也会在网上购物前，去小红书、微博、抖音等平台做做"功课"，看看大家的"种草"情况。而本文主要将从平台营销者即平台主播的个人角度，用问卷调查法进行量表分析，探究主播个人对消费者购买意愿产生影响的过程。

（二）研究意义

1. 理论意义

直播带货的营销方式发展时间较短，目前的研究多从概念、现象、平台、主播角度进行分析，本文从主播—消费者之间的互动角度进行细化和研究，以问卷法所得的大样本数据，可以补充目前的直播带货文献，对直播带货领域的消费者行为进行观察和测量，有利于了解消费者行为，尝试考察直播带货中的消费决策机制。

2. 实践意义

直播带货是当下较火的营销方式之一，但由于发展时间较短，缺乏行业规范，要推动直播带货领域健康发展，实现消费升级，离不开对消费者的引导。主播是与消费者距离最近的营销者，可以从主播个人角度入手，强调主播在直播带货中发挥的重要作用，有利于提升主播专业能力，从多方面挖掘主播营销潜力，为品牌营销提供发展思路。

二、文献综述

（一）短视频营销

短视频主要依靠内容传播，在互联网上视频时长一般在 5 分钟以内。大多数情况下以秒为单位计数，许多视频会在 15 秒以内。与传统视频相比，短视频更便捷，即拍即传，随时分享，一部手机即可完成，每个人都可以成为内容创作者。

短视频在近几年获得了快速发展。快速的现代化节奏不仅让人们的时间变得更加碎片化，产生的心理压力也影响了幸福感的提升，并且随着信息的爆发式增加，在海量的信息中人们难以找到自己需要的信息，同时难以将注意力集中在有用信息上，短视频内容创作者进行了信息的整理和筛选，让人们有了学习和放松的平台，同时吸引人们的眼球。另外，短视频的爆火推动了自媒体的发展，丰富了新媒体的形式和内容。而短视频营销则是通过发布短视频，对消费者产生影响，从而在消费者脑海中建立相关心智与认知的一种社会化营销。目前短视频营销比较集中的平台有抖音、快手、小红书、微信、西瓜视频等。

短视频营销是电商发展的新方向，原本的电商营销是指电子商务营销，商家通过电商平台，向消费者提供产品与服务的电子网络营销活动。互联网的快速发展让营销的领域变广，一些电商在保留原有电商平台的基础上，发展了新的业务，一些非电商平台，也开始和电商行业相结合。例如内容平台抖音、快手，社交平台微博等，都开始步入电商营销，短视频营销开始火爆。

（二）直播带货

直播带货是在电商基础上发展起来的，是电商平台与短视频社交娱乐平台结合的产物。本质与传统营销并无差别，都是通过“促销员”来向用户介绍商品并直接面向“用户”的模式。

目前，关于直播带货的理论研究文献集中于含义、特征、机理、效应等方面，由于直播带货是一种新兴经济形式，关于直播带货的问题以及治理的研究文献也比较多。究其本质，直播电商依旧是围绕“人、货、场”三个核心要素，不同的是目前建构的是由“货到人”的沉浸式商业场景，进而同时满足消费者购物、社交和娱乐等多方面需求（王宝义，2021）。学者谭畅等（2018）认为直播营销就是通过视频平台，展示产品信息并在与消费者的互动交流中影响消费者的购买意愿的一种新型网络内容营销模式。对于直播带货的发展原因以及现状，沈宝钢（2020）认为，直播带货蓬勃发展的驱动因素主要为国家层面的鼓励、技术的革新、流量的助推、购物体验的升级、消费者心理的把握、社交渠道的拓宽，当前主要存在带货主播信用缺失、行业门槛模糊、监管薄弱、利益分配格局不均衡等问题。苗月新（2021）认为，直播带货尽管运作形式与传统促销模式有较大不同，却没有背离营销渠道以及促销交流方面的基本原则，仅是新媒体在线上的一个拓展，而直播者的身份、角色模糊，直播带货过程中的虚假宣传和价格操纵，是其面临的主要问题。

短视频平台为内容创作者提供了创造和分享平台，但在主播素质参差不齐以及行业规范不到位的情况下，直播带货也面临着发展问题。例如，数据造假、刷单、产品质量不合格等问题频发，针对新兴的直播带货行业出现的乱象，国家加大了监督和规范力度。2021 年 3 月，广州发布了《广州市电商直播“个十百千万”工程评定标准》，首次对网红主播制定了明确的政府认证标准。要对新兴行业进行规范，打造健康的生态环境，需要政府以及社会的共同努力。商家、多频道网络（MCN）机构、主播作为营销活动的主体，更应提升自身素质，本文就是从网红主播的角度，通过问卷调查法对数据进行分析，研究从主播个人能力到消费者意愿之间的影响过程和机制，希望能为直播带货的健康发展和品牌营销提供营销思路与启示。

（三）意见领袖——网红主播

网络红人（Influencer），是指通过某个事件或行为在网络上受到网民关注走红或长期持续输出专业知识而走红的人。事实上，网红主播就是网络上的意见领袖。董国平（2008）认为意见领袖就是指在存在消息不对称的市场环境中，了解更多的产品信息，被相关群体认同信任，并拥有影响该群体消费意愿能力的人。郭庆光（1999）认为，在他的人际传播网络中表现活跃，经常为他人提供建议并对他人产生影响的人就是意见领袖（Opinion Leader）。总的来说，关键意见领袖（KOL）就是具有更多产品信息资源，被相关群体信任并通过活跃的人际传播网络对其购买行为起着重要影响的人，在直播带货领域，具有重要影响力的网红主播就是关键意见领袖。

总而言之，当前对于直播营销的相关理论研究多集中在传统营销模式下消费者的购买因素、发展面临的问题、作用、平台营销等。在目前的网络营销模式下，其实消费者和市场环境都具有趋同性，要进行特色化营销，提升竞争优势，平台主播作为载体的营销作用应该更加重要，因此，本文希望从平台营销者也就是主播的角度，分析消费者的态度和行为，推动直播营销理论的发展。

三、模型假设

（一）消费者决策购买过程

爱德玛（AIDMA）法则是指导剖析传统客户购买行为的理论基础，它界定了消费者决策购买的几个阶段，即注意（Attention）、兴趣（Interest）、欲望（Desire）、记忆（Memory）、行动（Action）。随着网络购买经济的发展，网络购买的流行和消费者行为的改变让 AIDMA 法则难以适应如今的网络购买行为分析，由此有学者提出了新的消费者决策购买模型 AISAS 模型，也分为五个阶段，即引起关注、产生兴趣、主动搜索、采取行动、进行分享。

关注阶段需要唤起的来源，一般分为内外部两个部分。内部因素是指个人生理和心理上的因素，外部因素就是指产品的客观性能、包装等。在主动搜索阶段，信息来源可以分为两个部分：其一，个人来源，主要是生活中亲人朋友的分享；其二，可总结为公共来源，比如大众传媒、品牌或者网络红人等的一些宣传和分享。文中涉及的网红主播在这两个阶段无疑发挥着重要影响。

根据最新的研究，网络直播或者说电商的快速发展，对消费者的整个消费决策过程产生影响，在关注、兴趣、搜寻三个阶段，直播带货发挥着较大的作用。优质内容与一定的消费激励在关注环节发挥较重要的作用，个人魅力和互动在兴趣环节产生重要影响，最后对网红的信任则是搜寻环节的主要影响因子（刘平胜等，2020）。可以看到，与传统营销时代相比，基于互联网而发展的新营销存在很多不同，信息的共享让现在的购买决策可以有更多的信息获取渠道，在网上搜索就可了解到更多的产品信息，可以对产品进行全网络的对比，通过网评与社交分享，斟酌自己的购买选择。

基于消费者决策购买理论，本文提出了此次的理论研究模型，用以解释直播带货中，主播对消费者购买决策的影响机制。

本文认为，从主播角度而言，个人魅力、优质内容、议价能力、互动

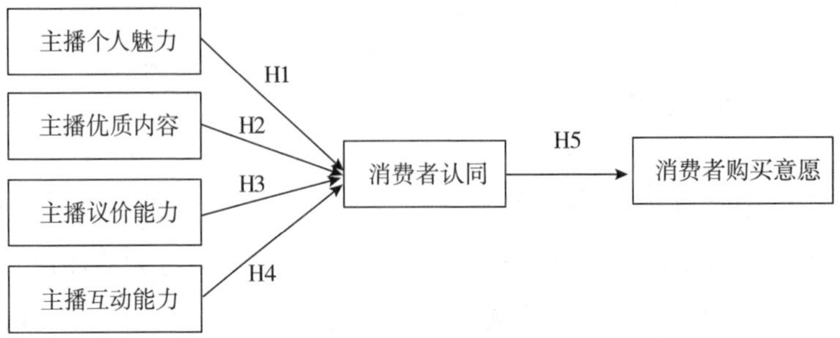

图 1　理论模型

关系对消费者认同有显著性的正向影响，而消费者认同又显著正向影响消费者的购买意愿，即消费者认同是主播个人对消费者购买决策产生影响的中介变量（见图 1）。认同感（Identification）是一个人内在认知的反映，会将认同的事件视作自身发生（Kagan，1958）。对于与自身认同一致的外部信息，人们会表现为积极的态度（Wheeler et al.，2005），与自身认同一致的信息使自我完善产生积极作用时，个体会表现趋同的行为意图（Tu et al.，2012）。本文所采用的消费者认同感的定义是孟陆、刘凤军等（2020）提出的。他们认为在直播带货领域，消费者认同是对直播网红个人特质及其态度的认同。

（二）主播的个人魅力对消费者购买意愿的影响

意见领袖理论认为个体特质在对消费行为的引导上，可以发挥重要作用。主播的外表、语言、才艺、性格等独特特征，成为个人“人设”被人们认识记忆，同时容易在线上传播，进而被特定粉丝视为意见领袖。意见领袖可以影响粉丝的态度和行为。埃莉诺（2007）等认为，网红具有差异化的竞争优势，在对消费者提供持续性内容输出时，对消费者的购买意愿产生影响作用。当主播向粉丝传达自己的消费观念时，粉丝极易产生兴趣，进而产生使用同款等的追随性行为。因此，网红个人魅力对消费者购买行为具有重要影响，即 KOL 依靠个人魅力吸引并形成了自己的粉丝群体，主播通过直播推荐产品影响粉丝的购买意愿和行为。因此笔者认为主播的个人魅力显著正向影响消费者的决策购买行为。

H1：主播的个人魅力与消费者购买意愿正相关。

（三）主播的优质内容对消费者购买意愿的影响

优质内容是指以短视频、直播、微信文章、小红书推荐等形式为用户创造的优质内容，其优质不仅是指主播发布的视频或者文字内容全面客观，也包括内容表达形式上的有趣。随着互联网的快速发展，市场信息数据的积累增长，消费者已经体验了信息过载带来的不便。信息多而零碎，且随着市场经济的发达，目前正处于产品泛滥且同质化的时代，消费者往往不知道选择哪一个产品。主播发布的优质内容不仅可以吸引人们的注意力，使其获得娱乐化享受；同时能为消费者挑选比较合适的产品，为消费者提供便利，获得消费者的依赖与支持。主播发布的优质内容正是在产品信息泛滥、消费者的营销倦怠背景下，以其有趣优质的内容吸引了消费者的注意力，为他们筛选产品信息，以其幽默风趣的语言、独具特色的视频风格获得消费者的喜爱和认同，即主播发布的优质内容与令消费者形成购买意愿显著正相关。

H2：主播的优质内容与令消费者形成购买意愿显著正相关。

（四）主播的议价能力对消费者购买意愿的影响

议价能力是指购买者的议价能力，购买者可以压价或者要求提供更高水平的产品或服务的能力。

可以发现，直播带货大火的原因离不开它超高的性价比。郑天财（2021）发现直播带货的产品大部分是日用品和化妆品等生活类产品，频繁出现与促销活动的结合则吸引了中低收入者的关注。注重产品性价比的直播购物与高端消费者的消费观念存在一定的冲突，因此，中低收入者会更加认可和接受这种直播带货模式。

主播由于其超强的带货能力，已经成为一个强势的渠道。比如主播李佳琦等，创下当天带货破亿的纪录，他们的销售额铸就了其对品牌的议价能力。有时网上也出现过一些品牌控诉李佳琦等主播给出的产品价格过低，使他们根本无法盈利的新闻。主播超强的议价能力，让粉丝获得了商品最低价。对于消费者而言，购买产品的成本除了金钱还包括时间、精力等。主播筛选了优质产品，给出了更优惠的价格，增强了粉丝对主播的喜爱和认同，对主播所推荐的产品更加认同，因此，主播的议价能力对消费者认同产生显著正向影响。

H3：主播的议价能力与消费者购买意愿显著正相关。

（五）主播的互动能力对消费者购买意愿的影响

在过去，消费者与传统营销人员之间的互动交流会受到现实条件的制约，信息不对称使他们的交流存在壁垒。如今，直播带货平台克服了地域限制，将商家与消费者在平台内会集；而科学技术的发展，让主播可以及时且一对多高效化与消费者交流，扩大了主播的社交和传播范围，实现共赢（王雪力，2020）。目前，在平台进行直播营销，消费者可以通过评论、弹幕、与主播联系等方式实现在线互动；主播在对自己的粉丝进行维护时，比如粉丝群的管理，与粉丝可以实现双向交流，从而让主播更好地了解粉丝的购买意愿以及消费需求；同时，通过平台，可以实现消费者之间的信息交流，让消费者获得更多的产品信息后可以对自身购买行为进行分析和衡量，这有利于消费者增强消费意识，提升对品牌以及产品的认同感。主播与粉丝的互动，使主播与消费者距离更近，和消费者的关系更加亲密，也正因为主播和粉丝之间形成了更加信任的关系，主播可以将曝光（公域流量）实现高转化（私域流量），因此，互动关系与消费者认同显著正相关。

H4：互动关系与消费者购买意愿显著正相关。

（六）消费者认同对其购买意愿的影响

消费者只会购买自己认同的产品，以往的研究表明，当消费者产生身份认同时，其购买意愿会受到正向影响。当消费者对主播产生认同，并成为主播粉丝时，主播在介绍消费理念以及推荐产品或服务时，粉丝基于对主播的信任，会更愿意去尝试，这也是为什么带货能力极强的大主播例如李佳琦，一句“买买买”，粉丝们就点击下单。因此，消费者认同与消费者购买意愿显著正相关。

H5：消费者认同与消费者购买意愿显著正相关。

主播的个人魅力、发布的优质内容、良好的议价能力与互动能力是粉丝认同他们的原因，并对消费者认同产生显著的正向影响，根据理论文献，消费者认同又对其购买决策产生影响，因此，笔者认为消费者认同是主播和消费者之间的传递枢纽，主播的个人特质使得消费者产生喜爱认同，进而对主播所传递的消费观念产生认同，影响了消费者的购买意愿，因此笔者认为，消费者认同在主播个人能力与消费者购买意愿之间起中介作用。

H6：消费者认同会中介主播个人魅力、发布的优质内容、议价能力、互动关系与消费者购买意愿之间的关系。

四、实证分析

（一）数据收集

本问卷一共涉及6个变量，自变量为主播个人角度的特质，包括个人魅力、优质内容、议价能力、互动关系；视频观看者的购买意愿作为问卷的因变量，消费者认同在4个自变量与因变量购买意愿之间起中介作用，是一个中介变量。当前的电商营销理论研究发展较快，本文在参考以往研究者量表的情况下，进行了此次的问卷设计。

问卷第一部分是对调查者个人基本情况的调查，除了常规的年龄、性别、收入等问题外，加入了网购频次的调查；第二部分是消费者购买影响因素的相关具体量表。对于6个变量的问卷设计，本文采用了李克特（Likert）5级量表，采用等距方式，每个变量均设计3个问项，用以提高问卷数据的可信度。量表对6个变量的量化如下：1～5分别对应调查者从“非常不同意”到“非常同意”的态度。测量量表如表1所示。

表1　测量量表

变量	题项	来源
个人魅力（*X*1）	Q1：网红主播的外表、语言、性格等个人魅力吸引我观看	刘凤军（2020）
	Q2：我想使用主播同款的产品	
	Q3：主播的推荐增强了我的购买意愿	
优质内容（*X*2）	Q4：主播会对产品做出全面的描述和专业的介绍	Ji－Won Moon（2001）
	Q5：直播带货时主播会提出个性化、专业化的建议	
	Q6：我很信任主播的介绍	

续表

变量	题项	来源
议价能力（X3）	Q7：主播推荐的商品给出了更优惠的价格	王雪力（2020）
	Q8：商品更便宜是我观看直播、购买产品的重要原因	
	Q9：我会等想要的商品在直播间上架后再购买	
互动关系（X4）	Q10：在观看直播带货时，我可以和主播互动交流	埃莉诺（2007）
	Q11：在观看直播带货时，我可以和其他观众互动交流	
	Q12：在观看直播带货时，我很喜欢这种互动交流的气氛	
消费者认同（Z1）	Q13：我很赞同主播的消费观点	元明顺（2010）
	Q14：相较于其他产品，我认为主播推荐的产品可能会更适合我	RIO（2001）
	Q15：相较于其他品牌，我更认同主播推荐的产品品牌	
购买意愿（Y1）	Q16：我愿意购买主播推荐的产品	谭华青（2007）
	Q17：他改变了我对该产品的看法	宋思根（2004）
	Q18：我愿意向别人分享主播推荐的商品	

（二）数据分析

1. 描述性统计

本研究通过问卷星程序进行问卷的设计、发放和收集，收回 229 份问卷，去掉不符合调查要求的问卷后，有 201 份有效问卷，回收有效率为 87.8%。在 201 份有效问卷内，女性 127 人，占比 63.2%，男性 74 人，占比 36.82%，女性占比较高；年龄集中在 18 ~ 30 岁，占比 56.7%，31 ~ 48 岁的占比 36.32%，网络购物呈现年轻化特征；月收入 2000 ~ 4000 元占比最大，达到 49.3%，4000 ~ 8000 元占比 37.8%，96.1% 的被调查者月收入在 8000 元以下，高收入者较少进行网络购物；97% 的调查者进行过线上网购，网购平台多集中于淘宝、京东、抖音、拼多多，购买的商品多为服饰、日用品、化妆品、美食；99% 的调查者看过主播推荐产品的直播或者短视频，符合调查要求。

在 SPSS 软件上对问卷答案进行数据可靠性分析，对 6 个变量进行信度检验，每个变量含有 3 个问项，结果如表 2 所示，左上、右下对角线上的数据是克隆巴赫数值，下面的是各变量的相关系数。可以看到克隆巴赫数值均高于 0.7，问卷可信度较好，但变量间相关系数较高，可能存在多重共线性，需要进一步分析。

表2　各变量相关及信度分析

变量	个人魅力	优质内容	议价能力	互动关系	消费者认同	购买意愿
个人魅力	0.784					
优质内容	0.789 **	0.708				
议价能力	0.860 **	0.837 **	0.722			
互动关系	0.826 **	0.823 **	0.770 **	0.738		
消费者认同	0.848 **	0.824 **	0.828 **	0.772 **	0.783	
购买意愿	0.881 **	0.844 **	0.841 **	0.818 **	0.876 **	0.770

注：* * 表示1%显著性水平。

2. 回归分析

以主播的互动关系、议价能力、优质内容、个人魅力等个人特质作为预测变量，消费者购买意愿作为因变量进行回归分析。

表3　主播个人特质对消费者购买意愿的解释程度分析

模型	R	R^2	调整后 R^2	标准估算的错误
1	0.916[a]	0.840	0.836	1.09632

注：a 为预测变量（常量），互动能力、议价能力、优质内容、个人魅力。

表4　主播各特质对消费者购买意愿的影响

模型		未标准化系数 B	未标准化系数 标准错误	标准化系数 Beta	t	显著性	共线性统计 容差	共线性统计 VIF
1	（常量）	-0.081	0.383		-0.213	0.832		
	个人魅力	0.476	0.067	0.462	7.127	0.000	0.194	5.142
	优质内容	0.338	0.068	0.304	5.008	0.000	0.222	4.512
	议价能力	0.195	0.082	0.178	2.387	0.018	0.193	5.168
	互动能力	0.102	0.061	0.098	1.677	0.095	0.239	4.187

首先，由表3可知，调整后的 R^2 等于0.836，解释力较强，即主播个人魅力、优质内容、议价能力、互动关系是消费者产生购买意愿的主要原因；其次，主播各因素的多重共线性诊断值均小于10，不存在多重共线性，满足做回归分析的前提条件；最后，主播的个人魅力、优质内容和议价能力的显著性水平均 <0.05（见表4），且对消费者购买意愿产生显著的正向影响，H1、H2、

H3 得证；互动能力的显著性水平大于 0.05，H4 未能得证。

H4 未能得证即主播的互动关系对消费者购买意愿不存在显著性的影响，但笔者在研究文献时，发现学者普遍认同互动可以正向影响消费者购买意愿。因此，假设不成立的原因，可能是样本数量较少，代表性不够；也有可能是过度的互动导致消费者倦怠心理。具体原因需要分析。

使用 SPSS 对消费者认同和消费者购买意愿二者做回归分析，如表 5 所示。

表 5　消费者认同对消费者购买意愿的解释程度分析

模型	R	R^2	调整后 R^2	标准估算的错误
1	0.876[a]	0.767	0.766	1.31222

注：a 为预测变量（常量），消费者认同。

表 6　消费者认同对消费者购买意愿的影响

未标准化系数			标准化系数	t	显著性	共线性统计	
模型	B	标准错误	Beta			容差	VIF
1（常量）	2.124	0.390		5.450	0.000		
消费者认同	0.842	0.033	0.876	25.581	0.000	1.000	1.000

由表 5 可知，调整后的 R^2 为 0.766，说明消费者认同可以解释 76.6% 的消费者购买意愿。p 值 $=0<0.05$，且 B 值为 0.842，因此消费者因为主播个人特质而产生的消费者认同，可以对消费者的购买意愿产生积极影响，H5 可以满足，消费者认同与消费者购买意愿显著正相关。

3. 中介效应分析

以主播个人因素作为自变量，包括个人魅力、优质内容、议价能力、互动能力。以消费者认同作为中介变量，消费者购买意愿作为因变量作中介效应分析，利用 SPSS 软件进行分析。

表 7　SPSS 中介效应分析

未标准化系数				标准化系数	t	显著性
模型		B	标准错误	Beta		
1	（常量）	-0.081	0.383		-0.213	0.832
	个人魅力	0.476	0.067	0.462	7.127	0.000
	优质内容	0.338	0.068	0.304	5.008	0.000

续表

模型		未标准化系数 B	标准错误	标准化系数 Beta	t	显著性
	议价能力	0.119	0.068	0.113	1.745	0.083
	互动能力	0.102	0.061	0.098	1.677	0.095
2	（常量）	0.064	0.361		0.178	0.859
	个人魅力	0.345	0.068	0.335	5.090	0.000
	优质内容	0.228	0.067	0.205	3.396	0.001
	议价能力	0.063	0.065	0.060	0.965	0.336
	互动能力	0.098	0.057	0.094	1.711	0.089
	消费者认同	0.289	0.056	0.300	5.135	0.000

由表7可知，加入消费者认同作为中介变量后，个人魅力与优质内容对消费者购买意愿的影响依旧显著，议价能力对消费者购买意愿的影响p值由0.083变为0.336，变化较大，互动能力对消费者购买意愿的影响变化不大。为了更好地分析消费者认同的中介作用，利用SPSSAU软件进行辅助分析（见表8）。

表8　SPSSAU中介效应分析

项	c 总效应	a	b	a×b 中介效应	a×b (95% BootCI)	c 直接效应	检验结论
个人魅力⇒消费者认同⇒购买意愿	0.476**	0.45**	0.289**	0.131	0.040～0.224	0.345**	部分中介
优质内容⇒消费者认同⇒购买意愿	0.338**	0.382**	0.289**	0.11	0.031～0.180	0.228**	部分中介
议价能力⇒消费者认同⇒购买意愿	0.119	0.195*	0.289**	0.056	-0.005～0.135	0.063	完全中介

续表

项	c 总效应	a	b	a×b 中介效应	a×b (95% BootCI)	c 直接效应	检验结论
互动能力⇒消费者认同⇒购买意愿	0.102	0.014	0.289**	0.004	-0.049~0.058	0.098	中介作用不显著

注：*表示 $p<0.05$；**表示 $p<0.01$。

因此，消费者认同在主播个人魅力、优质内容、议价能力与消费者购买意愿中起着中介作用，对互动能力与消费者认同的中介作用不明显，H6部分满足。

综上所述，在本文的研究假设中，主播的互动关系与消费者认同显著正相关不成立（H4），H6部分成立，即消费者认同会中介主播个人魅力、议价能力、优质内容与消费者购买意愿之间的关系，其余假设皆成立。

五、研究结论与启示

根据问卷数据的分析，本文的研究结论如下：个人魅力、优质内容和议价能力均对消费者认同产生显著的正向影响，即主播的个人魅力越大，消费者认同感越强；主播发布的视频内容越优质，消费者认同感越强；主播推荐的产品价格低是消费者更认同的原因；消费者越认同主播，越愿意购买主播推荐的产品，即消费者认同与消费者的购买意愿显著正相关；消费者认同会中介个人魅力、优质内容、议价能力对消费者购买意愿的影响。

本文在借鉴关于网络红人以及带货主播的研究文献的基础上，通过消费者决策购买模型，研究了主播对消费者决策购买的影响。应当看到，主播的个人魅力、优质内容以及议价能力是影响消费者购买决策的重要因素。2017—2019年国内直播电商数量年平均增长率超过100%，大量的主播进入了主播带货领域，活跃主播人数超过40万。但实际上，主播素质参差不齐，负面事件的频发不仅损害了消费者的权益，也影响了直播带货行业的发展。应更加注重对主播个人的培育，提升其专业能力，强化直播内容，打造主播特色，提升消费者认同感，促进直播带货的成效显现。

随着国民收入的增加和经济的快速发展，消费者的消费观念正慢慢地发生变化，消费者对产品和服务的要求变得更加多样化和个性化。可以看到，在直播带货发展的初始阶段，用户对价格敏感度较高，产品价格是重要的参考因素。随着直播带货行业快速发展，主播、明星、各类机构公司都涌入市场，当市场逐渐趋于饱和，经过市场优胜劣汰后保留下来的必定是行业中水平较高、更加专业化的营销主体，直播电商的常态化以及专业化，也意味着人们必将采用更加理性的态度来面对直播带货。除了价格，消费者可能还会关注品牌、设计、服务、个性化定制等更多购买因素，这也要求推销员“主播”有更严格的选品态度以及优质视频内容，保持对消费者市场关注，才能更好地满足消费者的显在的和潜在的需求，建立和提升消费者认同感，提升主播带货能力。

参考文献

[1]王宝义. 直播电商的本质、逻辑与趋势展望[J]. 中国流通经济，2021,35(4):48－57.

[2]谭畅,贾桦,杜港,蒋丹. 浅析网络直播的定义、特点、发展历程及其商业模式[J]. 现代商业,2018(19):165－168.

[3]沈宝钢. 直播带货商业模式探析及其规范化发展[J]. 理论月刊，2020(10):59－66.

[4]苗月新. 直播带货的营销动因、主要问题及对策[J]. 中国市场，2021(5):123－124.

[5]董国平. KOL 很忙[N]. 医药经济报，2008－01－23 (5).

[6]郭庆光. 传播学教程[M]. 北京:中国人民大学出版社，1999.

[7]刘平胜，石永东. 直播带货营销模式对消费者购买决策的影响机制[J]. 中国流通经济,2020,34(10):38－47.

[8]KAGAN, J. The concept of identification[J]. Psycholoogical review, 1958, 65(5).

[9]WHEELER, S C, PETTY, R E, BIZER, G Y. Self – schema matching and attitude change:Situation and disposition determinants of message elaboration [J]. Journal of consumer research, 2005,31(4):787 –797.

[10] TU, K A, ZHANG, Y. A short 8 – Item scale for measuring consumers' local – global identity[J]. International journal of research in marketing, 2012, 29(1):35 –42.

[11]孟陆,刘凤军,陈斯允,段珅. 我可以唤起你吗 ——不同类型直播网红信息源特性对消费者购买意愿的影响机制研究[J]. 南开管理评论,2020,23(1):131 –143.

[12]郑天财. 网红经济下消费者购买倾向分析[J]. 商场现代化,2021(4):20 –22.

[13]元明顺. 品牌个性、消费者真实自我与品牌态度[J]. 商业研究,2010(3):37 –41.

[14]王雪力. 基于分层回归分析的网红直播带货对消费者购买意愿的影响研究[J]. 甘肃科技纵横,2020,49(11):76 –80.

[15]谭华青. 消费者决策风格差异的心理分析与营销策略探讨[J]. 科技信息,2007(9):230.

负面在线评论对网络零售业产品销量的影响研究

袁　敏

摘　要： 随着网络零售市场的发展和完善，网络购物已成为消费模式的主流，在线评论在消费者的购买决策中扮演着重要角色。在实际网购情境下，消费者更倾向于参考负面评论和商家回复内容来做决定，而不是参考占很大比例的正面评论。本文以京东产品的评论信息为研究对象，从负面在线评论和线上服务补救两个方面入手，将负面在线评论分为产品、服务、物流 3 个方面，将商家回复划分为道歉、归因、补偿 3 种形式，探讨这些因素对产品销量的影响。实证研究结果表明，负面在线评论与产品销量显著负相关，不同的负面评论对销量有不同的影响，线上服务补救与产品销量显著正相关，同时显著削弱负面评论对产品销量的负面影响。

关键词： 负面在线评论　网络零售业　线上服务补救　商家回复

一、引言

（一）研究背景

近年来，随着消费需求和消费行为的改变，网购成为主流消费模式。根据 CNNIC 发布的第 47 次《中国互联网络发展状况统计报告》，截至 2020 年 12 月，我国网络零售市场交易规模达 11.76 万亿元，同比增长 10.9%，网民数量达 9.9 亿，互联网普及率达 70.40%。可见我国网购用户与日俱增，用户基础和规模非常大。

由于消费者在网购时无法亲身经历、体验，很多不确定风险也随之而来。此时，在线评论成为消费者做出购买决策的主要参考来源，大多数消费者倾向于在在线评论系统中浏览历史买家的评论，以决定是否购买该产品。在线评论是消费者对购买的产品及其使用价值所发表的评价和反馈（姚欢书，2019）。在线评论有正负面之分，正面评论占总评论的比重更大。但在实际的网络购物情境中，好评率高不代表消费者的购买意向就强。相反，消费者更注重占比很小的负面评论（黄蕾，2017）。

在线评论加速了信息的传播，一方面使商家能够和顾客进行更多的沟通和交流，另一方面给商家带来了很多潜在风险（苏哲，2019）。正面的在线评论对商家的经营绩效自然有利，而负面的在线评论会损害商家形象，降低现有顾客和潜在顾客的购买欲望。商家对服务失败所进行的快速回应，会使消费者的不满情绪得到缓和（Celso Augusto de Matos 等，2009）。张艳辉等（2017）通过研究淘宝网评论数据得出，卖家回复会对评论有用性产生积极作用。因此，在面对服务失败时，商家如果能够及时并且合理应对，就有可能将危机转化为商机，对于商家口碑和形象的提升也有积极作用。

那么，负面在线评论和线上服务补救对产品销量有何影响？不同的负面评论对产品销量的影响有何不同？服务补救能否削弱负面评论对销量的负向影响？基于此，本文选取京东商城作为网络零售业的主要平台及数据来源，探究负面在线评论和服务补救对网络零售业经营绩效的影响机制。

（二）研究意义

1. 理论意义

以往研究大多是通过情境假设等方法，从买方视角出发，研究负面评论对消费者购买意愿的影响（巩文玲，2019；陈雪，2020），或探讨商家回复对于消费者购买决策的影响（黄蕾，2017；杨雅慧，2019），很少有研究通过二手数据分析论证商家回复的影响效果。项群娟和杨小凤（2020）通过天猫商城的二手数据论证了线上评论对网络零售业经营绩效的影响，以评论长度作为调节变量，但未涉及服务补救的相关研究。苏哲（2019）以饿了么外卖平台的二手数据论证了线上服务补救的调节效果，但仅局限于外卖行业，网络零售业未涉及。同时，关于服务补救的文章大多是从顾客重购意向、顾客忠诚度等视角出发（包文瑜，2018），以商家回复为形式的服务补救这一角度涉及较少。本研究以京东商城为例，探究负面评论和商家回复对产品销量的影响，丰富了网络零售业服务补救的研究内容。

2. 实践意义

本文基于负面在线评论和商家的服务补救对网络零售业经营绩效的影响机制进行研究，以负面在线评论和商家回复信息作为直接数据来源，探究京东商城产品销量的影响因素。有助于网络零售平台的商家认识到负面在线评论的重要性，并及时进行回复，针对不同类型的负面评论采用何种补救策略更有效，进而有针对性地改进自身的产品和服务，吸引更多的消费者。本研究的成果能够帮助网络零售商家对在线评论的运营进行改进，并通过商家回复功能减少因服务失误带来的损失，提高经营绩效。

（三）研究思路与方法

首先，通过了解和梳理国内外相关文献，并对已有的相关理论成果进行总结，为实证研究提供理论依据，建立模型并提出假设。其次，选取合适的变量，通过八爪鱼采集器采集符合要求的京东商城产品的评论数据。最后，运用 SPSS23 软件对所收集的数据进行统计分析，验证假设是否成立，并根据实证结果提出建议和策略。

二、文献综述

（一）相关理论

1. 前景理论

前景理论又称“展望理论”，由 Kahneman 和 Tversky 于 1979 年提出。即当人们面临风险和不确定性时，对风险的偏好与接受程度是不一样的，其决策过程也不完全理性。据此理论，人们对待收益和损失的态度是不同的，一般而言，个体对于损失的敏感度要远高于对收益的敏感度。当消费者做出购买决策时，他们往往会更加注重潜在的风险损失，而不是可能获得的收益。

网购的不确定性给消费者也带来了更多的风险，因此，大多数消费者会通过参考历史买家的在线评论来获取产品的真实信息。在线评论根据其极性的不同，可以分为正负两种。根据前景理论，正面评论意味着收益，而负面评论意味着损失，所以消费者会对负面评论更加看重（杨阳，2019）。同时，负面信息的可靠性更强，直接影响着消费者的决策结果（Ahluwalia 等，2000）。

2. 服务补救理论

Gronroos（1988）首次将服务补救定义为服务提供者所采取的反应和行动。Hart 等（1990）认为服务补救是为了降低顾客利益损失，寻找方法与策略让他们重新建立对企业的信赖。Zeithaml（1996）基于顾客感知视角，提出当企业提供的服务质量比顾客的容忍度更低时，企业应该采取策略来应对这种风险。

韦福祥（2002）提出服务补救是商家为了降低对顾客利益造成的损失而做出的补救反应。陈忠卫和董晓波（2005）认为狭义的服务补救是企业采取的补救行动，而广义上则直接影响着企业战略。彭军锋和景奉杰（2006）指出服务补救是对顾客利益造成损害后的补偿。

服务补救理论已经被越来越多地运用于企业服务管理，以帮助企业更好地处理服务失败，而服务补救也直接影响着企业绩效。偶发性或无法避免的服务失败都在消费者的可承受范围，但企业所采取的应对措施则直接影响着消费者满意度（Del Rio - Lanza，2009）。因此，服务补救对企业而言至关重要。本文主要基于服务补救理论，探讨线上服务补救对产品销量的影响以及对负面评论和产品销量之间的调节影响。

（二）负面在线评论的相关研究

1. 负面在线评论的概念

负面在线评论是一种负面网络口碑。Richins（1983）将其定义为消费者通过互联网发布的，可被大众获得的，有关产品、服务或厂家的负面评价。铁翠香（2011）指出网络媒体的负面口碑传播可能导致品牌危机事件的发生，这将损害消费者与品牌之间的关系。黄蕾（2017）则将负面在线评论定义为消费者在购物网站或其他第三方平台表达对某一产品或服务的负面看法。巩文玲（2019）将其定义为已购产品消费者在购物平台的评论专区发布的关于诋毁产品或营销组织的表述，会给产品和品牌造成伤害。

由于商家采取各种手段刷好评，产品评论专区往往会出现清一色的正面评论，而负面评论很难被大众看到。李宏和张翠（2013）对B2C、C2C网站研究发现，差评只占总评论的1%左右，而好评和中评占总评论的99%。虽然网络零售平台中大多数产品的评论是正面的，但消费者往往更依赖少量的负面评论做出购买决策。

2. 负面在线评论对销量的影响

Chatterjee（2001）发现，负面评论比正面评论影响大，与销量显著负相关。Chevalier和Mayzlin（2006）发现，极端差评比极端好评影响更大，与消费者的购买决策和产品销量显著负相关。李健（2012）将在线评论分为正负面两种类型，并以亚马逊手机为研究对象，证实负面评论对手机销量有负面影响。杨扬（2015）以在线影评为研究对象，发现一星级的负面评论与票房收入显著负相关，其影响力比五星级的正面评论大。尽管学者间的关注点存在差异，但结果都表明负面在线评论对产品销量具有负向影响。

3. 负面在线评论的类型

负面在线评论虽然得到了学界的广泛关注与研究，但是由于研究对象的不同，负面在线评论的分类也不尽相同（见表1）。

表1　负面在线评论类型

学者	研究对象	分类结果
李宏等（2013）	C2C网站负面在线评论	态度、物流、产品
李琪等（2015）	网络零售业负面评论	产品质量、服务
喻亦爽（2016）	淘宝网服装类负面在线评论	尺码、色差、质量、物流、客服
黄桁（2016）	对以上负面在线评论的分类进行整合	服务、产品
苏哲（2019）	饿了么外卖平台负面评论	产品、服务、配送

根据上述学者的分类，本文以京东商城的评论信息为数据来源，根据已有的文献总结，并结合京东商城负面评论的特点，将负面评论分为产品、服务、物流三方面来探讨其对销量的影响作用。

（三）商家回复的相关研究

1. 商家回复的概念

商家回复也称为商家反馈，是服务补救的形式之一，以帮助商家弥补服务失败，树立良好形象。元文娟（2011）认为商家回复是商家对在线评论进行的反馈，其反馈的信息能够被历史买家、潜在消费者和评论者看到。商家对负面评论的及时回复和有效处理，能够弥补服务失误所带来的损失，也可能成为商家服务失败后一种扭转口碑的有效途径。

2. 商家回复对销量的影响

元文娟（2011）证实了商家回复会对消费者和潜在消费者满意度、销量产生积极影响。李爱国等（2016）论证了商家回复的及时性和质量对负面评论与销量有显著的调节作用。莫启钧（2016）证实在线评论的数量及企业回复质量对旅游产品的销量具有积极影响。阳欣（2020）论证了商家回复率、回复内容长度与旅游产品销量正相关，而回复时间间隔与销量负相关。

3. 商家回复的类型

目前，在网络购物领域对商家回复的研究还很少。近几年，国内对商家回复的研究集中在内容层面。根据陶晓波（2013）的研究，商家回复主要包括两个方面：感性反馈和理性反馈。李宏和张翠（2013）将商家回复分为道歉、拒绝承担责任、主动承担责任、解释、承诺 5 类。魏如清（2017）把商家回复方式分为归因和补偿两类。一般情况下，这种分类方式可以涵盖在线商家的所有回复方式。

总的来说，关于商家回复的研究大多是从消费者角度出发，主要有以下几个方面：①通过实验法和问卷调查法，探讨商家回复对消费者购买决策的影响；②通过实证分析法，探讨商家回复数量和质量对产品销量、消费者购买意愿的影响。同时商家回复对销量的影响研究多集中于旅游、外卖行业，网络购物领域的相关研究较少，因此本文将进一步探究商家回复对网络零售平台产品销量的影响，并结合网络零售行业的特点，将商家回复内容划分为道歉、归因、补偿 3 个方面。

三、研究模型及假设

与正面信息相比，消费者通常更关注负面信息。消费者在浏览在线评论时，会被其他买家给出的好评说服而购买该产品，反之其他买家给出的差评会让消费者对所购产品产生怀疑。因此，本文将负面在线评论分为产品、服务、物流 3 个方面，将商家回复分为道歉、归因、补偿 3 个维度，来分析不同的负面评论对产品销量的不同影响，以及不同的回复方式对负面评论和销量之间负面影响的调节作用。本研究针对的是负面评论中的差评，不对差评与恶意差评作具体分类。

（一）模型构建

大量学者的研究表明，负面在线评论会对产品销量产生负面影响，而服务补救会正向影响产品销量，并调节负面评论与销量的负向关系。人们在做购买决策时，会将在线评论作为第三重要的信息来源，而前两个最受信赖的信息来源则是家人和朋友。因此，关于负面在线评论及商家回复的研究十分重要。本文以京东网购平台为数据来源，试图研究负面在线评论和线上服务补救对销量的影响作用。模型如图 1 所示。

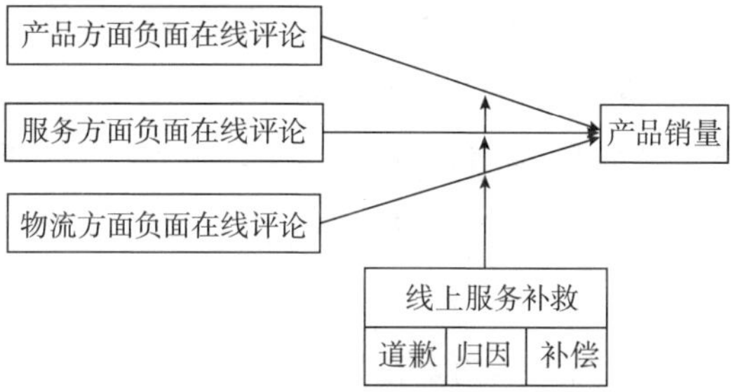

图 1　研究模型

（二）假设提出

1. 负面在线评论对产品销量的影响

潜在消费者通过网络零售平台可以看到其他已买过产品的消费者对产品或商家做出的评价，这影响着他们的决策判断。同时，评论对未来销量具有很大的影响，也深刻影响着产品和品牌（Dellarocas 等，2007）。相较于正面评价，负面评价更让人印象深刻（Chevalier and D. Mayzlin，2006），而负面评论对消费者的购买决策、对销量的影响通常也是负面的。

为进一步研究不同类型的负面评论对销量的影响差异，本文将网络零售平台的负面评论划分为产品、服务、物流 3 个方面。在网络购物中，产品质量是消费者关注的核心点，而卖家服务和物流只是影响消费者购买过程的体验，产品相较于其他两方面问题对于消费者来说是更为重要的（李琪、阮燕雅，2015）。因此，为了研究网络购物情境的负面在线评论对销量的影响是否显著，提出以下假设：

H1：负面在线评论与产品销量负相关。

H1a：产品方面的负面评论与销量显著负相关，对销量的负向影响大于其他两种负面评论。

H1b：服务方面的负面评论与销量显著负相关。

H1c：物流方面的负面评论与销量显著负相关。

2. 线上服务补救对产品销量的影响

服务补救给顾客带来的满意效果会给企业带来有利条件，从而形成良好的声誉（Gelbrich 和 Roschk，2011）。面对服务失败，商家对负面评论的回应态度影响着消费者的情绪体验，而有效的服务补救甚至会使消费者感到满意，从而重建对商家的信任（Mostafa 等，2015）。所以，服务补救对于赢得不满意顾客的青睐和维持顾客关系非常重要（Hyounae Min 等，2015）。因此，为了研究在网购中商家的服务补救对销量的影响作用是否显著，提出以下假设：

H2：线上服务补救与产品销量正相关。

3. 线上服务补救对产品方面负面评论与销量的调节影响

当顾客遭遇相同程度的服务失败时，不同的补救策略对顾客的影响是不同的。道歉策略在服务失败处于低水平时能缓和顾客的不满，而补偿策略具有最佳的补救效果（McDougall 和 Levesque，2000）。因此，本文认为在网络零售市场，消费者关注的核心是产品质量，所以当出现和产品有关的服务失败时，补偿型的服务补救策略对产品方面的负面评论更有效。为了验证这一看法，提出以下假设：

H3：补偿型策略能显著削弱产品方面的负面评论对销量的负面影响。

4. 线上服务补救对服务方面负面评论与销量的调节影响

Boshoff 等（1998）以航空公司为研究对象，证实了道歉 + 赔偿的补救策略效果更好，顾客满意度也明显高于其他措施。对服务业而言，顾客更注重服务的好坏；但对于网络零售行业而言，消费者更注重产品的质量好坏，卖家的服务只影响其购物体验，不是消费者关注的核心。因此，本文认为在服务方面失败的情况下，道歉型的服务补救策略补救效果更好。为了验证这一看法，提出以下假设：

H4：道歉型策略能显著削弱服务方面的负面评论对销量的负面影响。

5. 线上服务补救对物流方面负面评论与销量的调节影响

McDougall 和 Levesque（2000）的研究同样指出，物流方面的服务失败与商家自身原因无关，向顾客说明缘由就能够缓和他们的负面情绪。因此，本文认为对于物流方面的服务失败，由于并不涉及商家自身原因，而是第三方物流平台的时效性影响了产品的收揽、配送等，从而进一步影响到消费者的购物体验，商家采取归因的补救策略更有效。为了验证这一看法，提出以下假设：

H5：归因型策略能显著削弱物流方面的负面评论对销量的负面影响。

四、变量设计

（一）自变量的衡量

1. 负面在线评论

总评论数和负面评论数可以通过数据采集获得。但是，负面评论数越多，销量也可能就越大，服务失败发生的概率越大。在这一点上，销量和负面评论会相互影响。因此，为了控制这种情况，以负面评论占比（negative）来对自变量进行衡量，用负面评论数除以总评论数即可得到。

在对负面评论进行分类时，当一条负面评论包含两种以上的负面信息时，分别计入两个以上方面的负面评论。

2. 线上服务补救

为了验证服务补救对销量的影响是否显著，以商家回复的数量（remedy）来衡量，通过数据处理即可获取。

在对服务补救内容进行分类时，基于经济人假设，当商家回复内容包括两种以上信息时，以补偿 > 归因 > 道歉的优先级来计算各补救措施的数量。例如“非常抱歉，产品在运输过程中由于受到挤压而损坏”包含了道歉和归因两种信息，仅作为归因型补救进行计算。商家回复内容分类如表2所示。

表2　商家回复内容分类

负面评论类型	商家回复内容	服务补救类型
产品	您好！给您带来不好的体验我们深感抱歉	道歉
	如果您使用手机的环境温度过低，可能会出现触摸屏不灵敏问题，这是受屏幕器件本身的物理特性影响	归因
	麻烦您联系客服为您补发耳机	补偿
服务	您好！很抱歉给您造成困扰	道歉
	关于您反馈的客服问题，可能是当时咨询客户较多，客服接待量较大，没有来得及回复您	归因
	您可以联系店铺客服小姐姐帮助申请价保退回差价	补偿
物流	对于您反馈的物流快递包装问题，向您表示诚挚的歉意	道歉
	由于该款机型购买客户多、订单数量多，导致没能及时为您发货	归因
	这边给您无理由退货了，运费已赔付至原支付账户	补偿

（二）因变量的衡量

本文选取京东产品的月销量（sales）作为因变量。由于无法从京东网直接获取产品销量的有关信息，本文运用京东第三方平台博士店长网，通过产品的 SKU（最小存货单位）查询产品近 30 天的销量，作为因变量进行研究。

（三）调节变量的衡量

将自变量和调节变量相乘后的交互项代入模型，检验调节效应的显著性。先将 3 种负面评论的占比分别乘以该类型负面评论的不同商家回复方式占比，得到 9 个交互项，再将交互项代入模型进行检验。

（四）控制变量的选取

本文主要研究负面在线评论和商家回复对产品销量的影响，由于数据获取难度较大且笔者数据采集能力有限，影响产品销量的因素无法全部获取。本文仅将产品价格、评论时距作为控制变量引入模型。

产品价格（price）：指采集京东产品时的实时价格。

评论时距（time）：指获取数据的时间与发表首条负面评论时间的差。

建立多元线性回归模型如下：

$$sales = \beta_0 + \beta_1 \times negative + \beta_2 \times remedy + \beta_3 \times negative \times remedy + \beta_4 \times price + \beta_5 \times time + \varepsilon$$

五、实证分析

（一）数据来源

在当前中国电子商务市场，京东商城有着庞大的注册用户，使用频率高且消费者评价较高，是中国较大的互联网购物平台之一。京东商城产品种类丰富，有着大量的用户评论信息，符合本研究的数据需求。同时，与淘宝网相比，在京东商城消费者只有在有过购买行为后才能发表评论，刷好评或恶意差评的现象在一定程度上小于淘宝网，评论数据更真实，适合作为本文的研究对象。

本文运用八爪鱼采集器采集所需的二手数据。它是一款网页采集软件，能够从不同的网页获取大量数据，且用时较短。本文收集了京东商城 200 个产品的评论信息，共 35632 条负面在线评论，其中经商家回复的负面评论 30895 条。

（二）信度与效度分析

本文采用 SPSS23 对收集的二手数据进行统计分析。本文对 2 个自变量、1 个因变量、2 个控制变量以及分类后的自变量和调节变量进行信度检测。如表 3 统计结果所示，Cronbach's α 值为 0. 868，大于可接受的信度标准 0. 7，表明所收集数据的信度水平较高。

表 3 可靠性统计

克隆巴赫 Alpha	项数
0.868	11

如表 4 所示，衡量数据效度水平的 KMO 值为 0.675，接近可接受的效度标准 0.7，巴特利特球形检验的显著性水平 $p<0.05$，表明所收集数据的效度水平较合理。

表 4 KMO 和巴特利特检验

KMO 取样适切性量数		0.675
巴特利特球形检验	近似卡方	5530.656
	55	自由度
	0.000	显著性

（三）描述性统计分析

本文对样本数据进行描述性统计分析，从整体上了解样本数据的大致特征，如表 5 所示。

表 5 描述统计量

变量	个案数	最小值	最大值	平均值	标准差
产品价格	200	9.9	10099	2006.049	1814.558
评论时距	200	20	2108	488.57	422.8587
产品月销量	200	20	53200	5893.74	7684.944
负面评论数量	200	6	987	178.16	192.733
产品方面负面评论数量	200	6	876	154.48	170.489
服务方面负面评论数量	200	0	86	17.9	16.554
物流方面负面评论数量	200	0	78	11.08	13.129
商家回复数量	200	3	987	170.76	189.917
道歉型补救数量	200	0	349	44.61	53.908
归因型补救数量	200	0	779	114.56	132.781
补偿型补救数量	200	0	77	11.55	16.894
有效个案数（成列）	200				

如表 5 所示，在因变量方面，在所选取的京东商城产品中，产品月销量的均值为 5893.74，最小值为 20，最大值为 53200，标准差为 7684.944，

说明选择的产品范围较广，涵盖了京东商城大部分产品。在自变量方面，负面评论数量的均值为178.16，标准差为192.733，最大值为987，最小值仅为6。在负面在线评论中，关于产品方面的负面在线评论数最多，最大值为876，而最小值仅为6；关于物流方面的负面评论最少，最大值为78，而最小值为0。说明商家的评论数各不相同，负面评论数占比不大，不同类型的负面评论也有较大的差异。在线上服务补救中，商家回复数量最大值为987，即对所有的负面在线评论都进行了回复，而最小值为3，对于出现的差评仅回复了3条，说明商家在差评的回复方面也有较大差异。同时，商家回复所采取的策略中，道歉型补救最大值为349，最小值为0；归因型补救最大值为779，最小值为0；补偿型补救最大值为77，最小值为0，说明商家对于差评的回复方式存在较大差异，大多数商家倾向于归因型补救，而补偿型措施使用较少。在控制变量方面，产品价格的分布区间为[9.9，10099]，标准差为1814.558，均值为2006.049，说明消费者在京东商城购买产品的价格不一，消费水平各不相同；而评论时距的分布区间为[20，2108]，标准差为422.8587，均值为488.57，说明京东商城中负面在线评论的生成时间差异较大，较多的产品评论时间都很长。

（四）相关性分析

本文采用皮尔逊双侧系数检验法，来观察各变量之间的相关关系，如表6所示。

表6　Pearson 相关性分析

变量	产品月销量	产品价格	评论时距	道歉数量	归因数量	补偿数量	产品评论数量	服务评论数量	物流评论数量
产品月销量	1								
产品价格	0.035	1							
评论时距	-0.30**	-0.141*	1						
道歉型补救数量	0.314**	-0.206**	0.375**	1					
归因型补救数量	0.526**	0.025	0.137	0.733**	1				
补偿型补救数量	0.329**	-0.151*	0.274**	0.746**	0.753**	1			
产品评论数量	0.471**	-0.08	0.264**	0.863**	0.957**	0.801**	1		

续表

变量	产品月销量	产品价格	评论时距	道歉数量	归因数量	补偿数量	产品评论数量	服务评论数量	物流评论数量
服务评论数量	0.476**	0.098	0.278**	0.743**	0.821**	0.704**	0.830**	1	
物流评论数量	0.395**	0.012	0.316**	0.759**	0.722**	0.692**	0.756**	0.793**	1

注：N=200，*、**分别表示5%、1%显著性水平。

从表6的相关性结果来看，在控制变量中，价格与销量的相关性不显著，而评论时距与销量间显著相关。线上服务补救的3种回复方式都与产品销量间显著正相关。负面评论的3种类型都与产品销量有显著的相关性。但由于负面评论数量和销量的相互作用，即可能存在负面评论数量越多销量越大的情况，因此相关性分析结果显示不同类型的负面评论数量和销量之间的相关系数为正，在后面的回归分析中将用占比的形式控制这种情况。

（五）回归结果分析

1. 主模型回归分析

在对模型的研究中，首先对主效应进行回归分析。为了提高回归分析模型的拟合程度，将产品月销量、产品价格和评论时距取自然对数处理。将负面在线评论占比、商家回复数量作为自变量，将产品价格、评论时距作为控制变量，将产品月销量作为因变量，再将不同类型的负面评论分别代入模型，然后进行回归分析。数据结果如表7所示。

表7　主效应检验结果

变量	模型1	模型2	模型3	模型4	模型5
控制变量					
产品价格	-0.056	-0.031	-0.05	0.031	-0.02
评论时距	-0.387***	-0.47***	-0.475***	-0.455***	-0.479***
自变量					
商家回复数量		0.744***	0.725***	0.664***	0.727***
负面评论占比		-0.36***			
产品评论占比			-0.378***		

续表

	模型 1	模型 2	模型 3	模型 4	模型 5
服务评论占比				-0.248***	
物流评论占比					-0.147***
R^2	0.147	0.725	0.728	0.667	0.638
调整后 R^2	0.129	0.705	0.71	0.642	0.617
F	8.379	37.64	41.634	26.467	30.125

注：因变量为产品月销量，***表示0.1%显著性水平。

表7回归模型的结果显示，在模型1中，将控制变量代入模型，调整后的 R^2 为0.129，说明控制变量对因变量的解释程度为12.9%。F值为8.379并且整体显著，说明选取的控制变量一定程度上能较好地拟合。但产品价格对销量的影响不显著，而评论时距对销量的影响显著。

在模型2中，将自变量商家回复数量和负面评论占比代入模型，调整后的 R^2 为0.705，说明自变量对因变量的解释程度为70.5%。F值为37.64并且整体显著，说明模型拟合程度较高。同时，负面评论占比的显著性水平 $p<0.05$，说明负面在线评论与产品销量间显著负相关。由此说明，在以京东商城为例的网络零售业，负面评论对产品的月销量具有显著的负向影响，H1得到验证。商家回复数量的显著性水平 $p<0.05$，说明服务补救和产品销量间显著正相关。由此说明，在以京东商城为例的网络零售业，商家对负面评论进行有效回复能提高产品销量，即服务补救的数量越多，产品的销量越大。H2得到验证。

在模型3、模型4和模型5中，分别将3种类型的负面评论占比代入模型，结果显示3种类型的负面评论都对销量有着显著的负向影响。在相同的显著性水平下（$p<0.001$），产品评论占比的系数最大，说明产品方面的负面评论对销量的影响最大，H1a、H1b、H1c均得到验证。

在稳健性检验中，本文改用负面评论与正面评论比例作为自变量，替换负面评论占比，将负面评论和正面评论比例及商家回复数量代入模型，来衡量主效应是否显著，结果如表8所示。

表 8　稳健性检验结果

	模型 1
变量	产品销量
产品价格	-0.033
评论时距	-0.47 ***
负面评论和正面评论比例	-0.361 ***
商家回复数量	0.746 ***
R^2	0.724
调整后 R^2	0.705
F	37.606

注：＊＊＊表示 0.1% 显著性水平下显著。

如表 8 所示，将负面在线评论占比替换成负面评论和正面评论比例后，负面评论和正面评论比例的显著性水平 $p<0.05$，说明负面在线评论仍然显著负向影响产品销量。同时，商家回复数量的显著性水平 $p<0.05$，说明商家回复仍然显著正向影响产品销量，这与前文的研究结论一致。所以，可以认为本文的结论是稳健的。

2. 线上服务补救的调节作用分析

为了探究服务补救的调节作用，首先将各类负面评论数量计算出来，然后计算出各类负面评论中道歉、归因、补偿型的商家回复数量，并计算出各自的比例。将 3 种类型的负面评论占比和 3 种形式的服务补救占比的交互项代入回归模型进行检验，得到以下结果（见表 9）。

如表 9 所示，与产品有关的负面在线评论，其负面评论占比和归因型补救占比的交互项正向影响产品销量，且具有显著的调节作用（$p<0.05$），所以归因型补救能削弱产品负面评论对销量的负向影响，而道歉和补偿型补救无法减少这一负向影响。由此说明，在网络零售平台，面对产品方面的负面在线评论，归因型的服务补救更有效，H3 没有通过检验。

与服务有关的负面在线评论，其负面评论占比和 3 种形式补救占比的交互项均正向影响产品销量，且调节作用均显著（$p<0.05$），所以 3 种形式的服务补救均能减少服务负面评论对销量的负向影响。但在相同的显著性水平下（$p<0.001$），道歉型和归因型补救的标准化系数均为 0.305，而

补偿型补救的标准化系数为 0. 268，说明道歉型和归因型服务补救的补救效果更好。由此说明，在网络零售平台，商家在面对服务方面的负面在线评论时，道歉型和归因型的服务补救更有效，H4 得到验证。

表 9　调节效应检验结果

变量	模型 1	模型 2	模型 3
产品价格	-0. 209 ***	-0. 09	-0. 042
评论时距	-0. 282 ***	-0. 466 ***	-0. 414 ***
产品负面评论占比	-0. 396 ***		
产品负面评论占比×道歉型补救占比	-0. 144		
产品负面评论占比×归因型补救占比	0. 297 *		
产品负面评论占比×补偿型补救占比	0. 073		
服务负面评论占比		-0. 414 ***	
服务负面评论占比×道歉型补救占比		0. 305 ***	
服务负面评论占比×归因型补救占比		0. 305 ***	
服务负面评论占比×补偿型补救占比		0. 268 ***	
物流负面评论占比			-0. 257 *
物流负面评论占比×道歉型补救占比			0. 306 **
物流负面评论占比×归因型补救占比			0. 292 ***
物流负面评论占比×补偿型补救占比			0. 279 ***
R^2	0. 368	0. 474	0. 522
调整后 R^2	0. 324	0. 437	0. 486
F	8. 336	12. 888	14. 421

注：因变量为产品月销量，*、**、***分别表示 5%、1%、0. 1% 显著性水平。

与物流有关的负面在线评论，其负面评论占比和 3 种形式补救占比的交互项均正向影响产品销量，且调节作用均显著（$p<0.05$），所以 3 种形式的服务补救均能减少物流负面评论对销量的负向影响。但在相同的显著性水平下（$p<0.001$），归因型和补偿型策略的标准化系数分别为 0. 292、0. 279，说明归因型补救策略比补偿型策略的补救效果更好。由此说明，在网络零售平台，商家在面对物流方面的负面在线评论时，归因型服务补救更有效，H5 得到验证。

六、研究结论与建议

（一）研究结论

本文利用八爪鱼数据采集器、SPSS 等软件，并以京东商城的产品评论信息作为数据来源，探讨了网络零售业的负面评论和服务补救对产品销量的影响，研究结论如下：

负面在线评论对产品销量具有负面影响。虽然负面评论在总评论中的占比很小，不到1%，但消费者往往更重视产品的负面评价，这对他们的购买决策会产生很大的影响。同时，淘宝、京东、天猫商城等电商平台存在着刷好评的现象，清一色的好评反而会让消费者对产品产生怀疑，信息容易失真，往往极少数的负面评论才能给消费者提供真实的参考价值。对商家而言，负面评论比正面评论更重要，应该及时进行有效回复和处理。

不同类型的负面评论对销量的影响是不同的。产品负面评论对销量的影响最大，而物流负面评论影响最小。所以，商家应在保证物流时效性的基础上，多注重产品方面的负面评论，根据差评内容有针对性地改进产品的不足之处，进一步提高产品质量，但同时不能忽略服务水平的提高。

线上服务补救对产品销量具有正向影响。本文主要是以商家回复负面评论的数量来衡量服务补救对销量的影响作用，体现了商家管理消费者评论的积极性。但在对商家回复内容分析时发现，商家的回复态度也存在很大差异。有的商家较为敷衍，虽然对负面评论进行了回复，但都运用同样的话语，毫无针对性可言；有的商家甚至都不回复；只有少部分商家做了针对性回复。由此看出，很大一部分商家的服务补救还做得不到位，而服务补救对产品销量有着直接影响，商家应该给予重视，有针对性地进行改善。

不同类型的补救策略对负面评论与销量间的负向影响具有不同的调节作用。与产品有关的负面评论，仅归因型补救策略的调节作用显著，而其他两种策略虽然有缓解作用但并不显著，这与以往线下服务补救的相关研究结论不同。究其原因，可能是在网络零售平台，用户对于商家的服务失败所感知的不满情绪更加强烈，与自己所购买的商品相比，商家的道歉和补偿（如补差价、赠送京豆、赠送 E 卡等）也不会使用户感知太大的获利。同时，本文获取的评论信息以家电、数码产品为主，一部分消费者可能由于使用不当造成产品方面的问题，商家更多采取解释的方式进行回复，以向消费者说明产品使用中存在的问题。与服务有关的负面评论，3 种补救策略均有显著的调节作用，但道歉型和归因型补救策略比补偿型补救策略更有效；与物流有关的负面评论，3 种补救策略调节作用均显著，但归因型补救策略更有效。所以，商家在对不同类型的负面评论进行回复时，要有针对性进行回复，选取恰当的策略，提高服务补救的效果。

（二）管理启示与建议

随着 Web2.0 时代的到来，在线评论系统的重要性日益凸显。消费者能够通过在线评论系统分享自己的购物体验和心得，平台商家能够根据消费者发表的评论对产品和服务进行改进，这对网络零售商家的运营也提出了更高的要求。本文根据实证分析结果，为商家提供一些有针对性的策略与建议。

加强对负面在线评论的关注，对出现的问题进行针对性改进。商家要及时厘清出现负面评论的原因，并对其进行归类和有效改进。由于产品方面的负面评论对销量的负向影响大，所以商家应加大品控力度，严格生产把关，减少残次品流入市场的概率，提高产品的质量，以增强消费者的品牌信任度。而对于服务方面的负面在线评论，商家要完善服务体系，提高客服人员的服务质量和水平，做好售后服务。对于网络零售平台而言，物流也是不可忽视的重要因素，物流的时效性也影响着消费者的购物体验，商家一方面要加强和第三方物流公司的合作，另一方面也要加强对所售产品物流的实时监控，确保物流的时效性，给消费者提供完善的物流保障。

善于运用在线评论系统，及时进行回复补救。根据研究结果，商家的回复补救对产品销量具有积极影响，因此商家对负面评论的回复十分重要。但笔者在对商家回复内容进行收集和处理时发现，恶意差评的现象也层出不穷。某些负面评论，不管商家如何进行补救，个别消费者依然会给予差评。此时，若商家不对该条评论进行回复，潜在消费者并不知道差评的缘由，反而会认为是商家的补救不到位所致；但若是商家及时进行回复，并将恶意差评做了解释与说明，反而会给潜在消费者留下良好的印象，从而有助于及时挽救品牌形象。

采取多元化补救策略，针对不同类型的负面评论选取恰当的补救措施进行回复。根据研究结果，产品方面的负面评论采取归因型补救策略才有效；与服务有关的负面评论，采取道歉型和归因型补救策略效果更好；与物流有关的负面评论，则是归因型补救策略更有效。但对于网络零售商家而言，目前已存在的补救策略仍然很单一，平台商家应进一步探索新的补救方法，以降低消费者的感知风险，提高企业的经营绩效。

（三）研究局限与展望

本文探讨了负面在线评论和线上服务补救对产品销量的影响，尽管有一定发现，但在数据收集和自身专业能力上有所欠缺，还存在一些不足。

首先，由于京东产品的评论信息仅显示 100 页（共 1000 条），在收集负面评论信息的时候只选取了负面评论数在 1000 条以下的产品，涉及的产品范围较小，对于很多热门产品不具有代表性，也没有对恶意差评进行区分和排除。同时，仅收集了京东单一平台 200 个产品的数据，样本量较少，也没有对产品进行性质和类别的划分，对其他行业或相关零售平台并不普遍适用。在对不同类型的商家回复信息进行采集时，可能存在人为主观上的偏差，导致分类不准确。其次，由于负面评论信息会随着时间的变化而变化，本研究未考虑负面在线评论对销量影响的滞后性，在收集数据时选取的仅是当前时间段的信息，不能反映产品销量变化的情况。最后，本文选取的变量相对来说容易获取和量化，例如负面评论占比、商家回复数量等，没有将同负面评论内容和商家回复内容有关的情感属性考虑在内，研究的结果可能不具有普适性。同时，本文仅从服务补救视角入手，没有考虑到负面评论对消费者的影响，对于消费者而言，差评比好评更具有可信度；研究视角较为单一。

因此，未来的研究可以从以下几个方面完善：①获取多维度数据，引入更多影响销量的因素，对差评和恶意差评作进一步分类。将负面在线评论的时滞性考虑在内，在获取数据时选取滞后几期的数据进行研究。②对负面在线评论及商家回复的内容进行深入挖掘，研究负面评论和商家回复的情感倾向对产品销量的影响。与好评相比，消费者对差评会产生更强的信任感，未来研究可以从这一视角切入，研究不同性质的评论对消费者感知信任的影响。③扩大样本量，收集更多负面评论数据，进一步探究不同平台销量的影响因素。

参考文献

[1]2020年中国互联网络发展状况统计报告[R]. CNNIC,2018.

[2]姚欢书. 负面在线评论及商家回复补救对消费者购买意愿的影响研究[D]. 长春:吉林大学,2019.

[3]黄蕾. 网络差评的不同回复方式对消费者购买决策的影响[D]. 天津:天津大学,2017.

[4]苏哲. 负面评论对商家销售绩效的影响研究[D]. 南京:南京大学,2019.

[5]CELSO AUGUSTO DE MATOS,CARLOS ALBERTO VARGAS ROSSI, RICARDO TEIXEIRA VEIGA,et al. Consumer reaction to service failure and recovery: The moderating role of attitude toward complaining[J]. Journal of services marketing,2009,23(7).

[6]张艳辉,李宗伟,赵诣成. 基于淘宝网评论数据的信息质量对在线评论有用性的影响[J]. 管理学报,2017,14(1):77-85.

[7]巩文玲. 体验型产品负面在线评论及商家回复信息对潜在消费者品牌态度的影响研究[D]. 大连:东北财经大学,2019.

[8]陈雪. 在线评论形式对消费者购买意愿影响研究[D]. 合肥:合肥工业大学,2020.

[9]杨雅慧. 在线负面评论回复策略对潜在消费者购买意愿影响研究[D]. 长沙:湖南师范大学,2019.

[10]项群娟,杨小凤. 线上评价对网络零售经营绩效的影响分析:基于评论长度的调和效应[J]. 商业经济研究,2020(24):75-78.

[11]包文瑜. 线上服务补救对顾客满意、重购意向影响的研究[D]. 蚌埠:安徽财经大学,2018.

[12]KAHNEMAN, TVERSKY. Prospect theory: An analysis of decision under risk[J]. Econometrica,1979,47(2).

[13]杨阳. 负面在线评论对消费者购买意愿的影响[D]. 南京:东南大学,2019.

[14]ROHINI AHLUWALIA,ROBERT E, BURNKRANT,H. RAO UNNAVA. Consumer response to negative publicity: The moderating role of commitment[J]. Journal of marketing research,2000,37(2).

[15]GRONROOS C. Value – driven relational marketing from produces to resources and competences [J]. Jounal of marketing management,1988,13(5):407 –419.

[16]HART C W,HESKETT J L,SASSER W E. The profitable art of service recovery[J]. Harvard business review,1990,68(4).

[17] VALARIE A, ZEITHAML, LEONARD L BERRY, A. PARASURAMAN. The behavioral consequences of service quality[J]. Journal of marketing, 1996,60(2).

[18]韦福祥. 对服务补救若干问题的探讨[J]. 天津商学院学报,2002(1):24 –26.

[19]陈忠卫,董晓波. 服务补救理论述评[J]. 中外企业家,2005(4):86 –91.

[20]彭军锋,景奉杰. 关系品质对服务补救效果的调节作用[J]. 南开管理评论,2006(4):8 –15.

[21]DEL RIO – LANZA. Satisfaction with service recovery:Perceived justice and emotional responses[J]. Journal of business research,2009,62(8):775 –781.

[22]RICHINS MARSHA L. Negative word – of – mouth by dissatisfied consumers: A pilot study[J]. Journal of marketing,1983,47(1).

[23]铁翠香. 负面网络口碑对消费者品牌评价的影响:基于第三变量的理论模型[J]. 电子政务,2011(12):60 –66.

[24]李宏,张翠. 基于国内电子商务网站负面评论的内容分析[J]. 电子商务,2013(7):12 –13 +23.

[25]CHATTERJEE P. Online reviews: Do consumers use them? [J]. Advances in consumer research,2001,28(1):129 – 133.

[26]JUDITH, CHEVALIER,DINA MAYZLIN. The effect of word of mouth on sales: Online book reviews[J]. Journal of marketing research,2006,43(3).

[27]李健. 在线商品评论对产品销量影响研究[J]. 现代情报,2012,32(1):164 – 167.

[28]杨扬. 网络口碑对体验型产品在线销量的影响:基于电影在线评论面板数据的实证研究[J]. 中国流通经济,2015,29(5):62 – 67.

[29]李琪,阮燕雅. 有用性无差异的在线产品质量评论和服务水平评论对消费者网上购买意愿的不同影响研究[J]. 经济问题探索,2015(1):16 – 22.

[30]喻亦爽. 负面在线评论内容对服装销量的影响研究[J]. 对外经贸,2016(4):124 – 126.

[31]黄桁. 负面在线评论回复方式对潜在消费者购买意愿的影响研究[D]. 武汉:华中农业大学,2016.

[32]元文娟. 面向在线用户评论的管理反馈实证研究[D]. 哈尔滨:哈尔滨工业大学,2011.

[33]李爱国,邓召惠,毛冰洁. 在线负面评论对体验型产品销量的影响:基于商家回复视角[J]. 商业研究,2016(7):138 – 144.

[34]莫启钧. 用户评论及企业回复对在线旅游产品销量的影响研究[D]. 上海:华东理工大学,2016.

[35]阳欣. 在线评论及商家回复对旅游产品销量的影响研究[D]. 广州:暨南大学,2020.

[36]陶晓波. C2C 网络零售环境下负面评价信息的反馈策略研究[J]. 北京工商大学学报(社会科学版),2013,28(1):70 – 74.

[37]魏如清. 双边平台环境下用户生成内容对在线购买的影响机制研究[D]. 北京:北京交通大学,2017.

[38]DELLAROCAS, ZHANG, N F. AWAD. Exploring the value of online product reviews in forecasting sales: The case of motion pictures [J]. Joumal of interactive marketing,2007, 21 (4):23 – 45.

[39] GELBRICH K. , Roschk H. A meta - analysis of organizational complaint handling and customer responses [J]. Journal of service research, 2011, 14(1): 24 - 43.

[40] MOSTAFA R B, LAGES C R, SHABBIR H A, THWAITES D. Corporate image a service recovery perspective [J]. Journal of service research, 2015, 18(4): 468 - 483.

[41] HYOUNAE MIN, YUMI LIM, VINCENT P. MAGNINI. Factors affecting customer satisfaction in responses to negative online hotel reviews: The impact of empathy, paraphrasing, and speed [J]. Cornell hospitality quarterly, 2015, 56(2): 223 - 231.

[42] GORDON H G. MCDOUGALL, TERRENCE LEVESQUE. Customer satisfaction with services: Putting perceived value into the equation [J]. Journal of services marketing, 2000, 14(5).

[43] CHRISTO BOSHOFF, JASON LEONG. Empowerment, attribution and apologising as dimensions of service recovery [J]. International journal of service industry Management, 1998, 9(1).

App 图标色彩饱和度对消费者选择的影响研究

张梦茹

摘　要：目前，移动端应用软件（App）市场蓬勃发展。面对竞争日趋激烈的移动端 App 市场，如何让消费者自动地下载 App，对于 App 开发者而言尤其重要。大量的视觉营销的研究已经说明视觉元素对消费者行为具有影响，但是对于移动应用产品的视觉线索的相关研究还未得到充分的关注。故此，本文主要探讨 App 图标的视觉元素之色彩饱和度对消费者选择的影响，并进一步探讨不同类型 App（温暖型 vs. 能力型）、不同应用平台（Android vs. iOS）、不同受众个人特征（性别 vs. 年龄 vs. 专业）对色彩饱和度与消费者行为的关系的调节效应。在梳理了感官营销与色彩饱和度等相关文献的基础上进行直接效应和调节效应的相关假设，进一步通过收集平台二手数据以及问卷调查数据分析来验证上述研究假设。本文研究结果表明：①App 图标色彩饱和度会对消费者选择起到正向的影响作用；②平台类型对色彩饱和度与消费者选择间的关系有正向或负向的调节作用；③不同年龄段的群体对于色彩饱和度与消费者选择间的关系都有正向或负向的调节作用，但 App 类型、受众性别以及专业并不会对色彩饱和度与消费者选择的关系产生调节作用。本文的研究结果理论上扩展了色彩饱和度与消费者选择二者关系的边界条件，同时将色彩饱和度的相关研究拓展到了 App 图标，在实践上为现实营销情境中 App 设计开发选择颜色提供借鉴。

关键词：色彩饱和度　感官营销　消费者选择　平台类型　个人特征

一、引言

（一）研究背景

1. 实践背景

互联网技术是当今科技时代的重要产物，随着互联网技术的不断发展，移动智能终端也成为渗透人们日常生活的重要工具，发挥日常伴随功能，同时影响了现代人的生活方式和审美取向，成为当前我们沟通、交流、吸取信息的不二之选。而应用软件（Application，以下简称 App）也在移动智能终端的发展过程中与后者的发展保持一致，向着多样化方向持续更新，诸多应用软件已经满足了当前用户大部分的使用需求。在这种背景条件下，市场对于 App 开发者提出了更高的要求，要求 App 开发者在开发过程中贯穿创新意识，迅速在第一时间抓住用户眼球，使用户能够在不计其数的同类 App 中对 App 开发者所开发的应用软件“一见倾心”。“一见倾心”事件往往只会发生在用户对 App 有着极强好感度的情况下，想要提高用户对 App 的好感度，就必然要调动用户的感官活动，使其在获得视觉新鲜感的同时，对 App 产生下载意图。换言之，App 图标所包含的视觉元素扮演着重要的角色。视觉信息传达能调动用户的视觉，色彩和图形往往是用户所注意到的第一线索，在实时接收信息的过程中，人的色感在前 20 秒内为 80%。颜色是一个品牌的重要感官印记，尤其是在 App 的标志上。图标可以用简洁的方式代表品牌的形象。LOGO 的视觉设计稍有改变就足以成为社会热点新闻。例如，支付宝 App 曾对其图标中使用的蓝色进行微调，引发了一个热门新闻话题。

2. 理论背景

在感官营销领域，颜色对消费者行为的影响一直是研究热点之一。Grossman（1999）发现部分营销工作者经常咨询拜访专业的色彩顾问，帮助他们设计或确定与产品相匹配的颜色，从而对消费者产生最佳的吸引效果。目前关于颜色的研究，通常分为 3 个维度。尽管各种模型为这些维度提供了不同的概念，但 HSV（色调、饱和度、亮度）模型更为常见。

Cheema 等（2013）认为现存的关于颜色的市场营销研究大都集中在色调的影响上，而对于颜色的其他两个维度（饱和度和亮度）的研究相对较少，且关于亮度在营销情境中的应用研究较为匮乏，无法为本文的研究提供理论支撑。虽然许多已有研究得出，显眼的色彩能够促成消费者的选择，但仍然有不同的声音认为过高饱和度的色彩会使得人们感知危险信号，进而降低人们对该产品购买的可能性。故而，本研究围绕色彩饱和度这一变量对消费者选择行为进行研究，并提出 3 个调节变量探索二者关系的边界条件。

（二）研究意义

本文聚焦于探索移动应用软件色彩饱和度对消费者选择的影响，以明晰在移动互联时代，移动应用的视觉元素与使用群体之间的关联性。笔者认为 App 图标色彩饱和度的高低会影响消费者的决策。具体来说，使用高饱和度色彩的 App 图标可以拉近与消费者的心理距离，进而增强消费者选择该产品的偏好，促成消费者的选择。其研究意义主要体现在理论和实践两个方面。

1. 理论意义

在理论意义方面，第一，本研究从色彩饱和度这一角度去探索消费者行为的变化，能够丰富颜色方面的相关研究。众所周知，颜色是视觉元素中非常重要的组成部分。消费者在挑选商品时，色彩的刺激往往会对消费者行为产生影响。Grossman（1999）发现许多营销从业者会经常咨询专业的色彩顾问，来帮助他们确定产品适合的颜色，希望借此对消费者产生最佳的吸引效果，但吴靓（2020）在关于饱和度和消费者的研究中提出高饱和度色彩也有可能引发消费者的危险感知，从而降低其选择倾向。本文有关边界条件的探索对这一分歧有着弥补的作用。第二，通过梳理文献可知有关视觉色彩的研究是感官营销的热点，但是基于移动应用的 App 的色彩研究还较少，本文针对 App 图标的色彩进行研究有助于补充在移动应用产品的背景中感官营销的相关研究。第三，在 Elliot（2015）提出的色彩 HSL 模型中，对色调与亮度都已经进行了大量探讨。在饱和度方面，Robert 等（2017）主要关注饱和度与生理唤醒的关系，以及由此对产品基本物理性能的影响，而相对来说忽视了色彩饱和度的象征意义。本研究则突出了色彩饱和度这一元素在营销情境中的作用，并希望能够借此补充饱和度与感官营销间关系的空缺。

2. 实践意义

在实践意义方面，第一，本文对 App 图标色彩饱和度进行相关探索有助于当下的移动应用软件图标的设计。好的 LOGO 视觉设计不仅能吸引消费者的眼球，还能提升其对品牌方的整体评价。好的 LOGO 视觉设计不仅能给消费者带来更高的审美价值和更好的感官享受，还能够激发消费者积极的情感体验。图标视觉设计能传递品牌方产品的功能。当消费者可以从图标视觉设计中感知品牌具体的风格时，图标视觉设计将有效地改变消费者的决策，这可能与外形设计的审美体验无关，甚至也不受语言文字信息描述的影响，本研究可以为图标的视觉设计提供建设性意见。第二，本研究的发现有利于这些应用开发商充分利用受众群体对于色彩饱和度偏好的不同来提高产品的竞争力，具体而言，这些营销人员可以针对所开发应用 App 的类型（温暖 vs. 能力）以及目标群体的类型去设计图标的色彩饱和度，寻找最合适的方案。

（三）研究方法

本文主要是实证研究，希望通过使用色彩饱和度来控制被调查群体的其他维度，从而探讨图标色彩饱和度如何影响消费者的选择。故本研究需要从前人的研究出发，探讨图标色彩饱和度影响消费者偏好的可能作用机制，然后进行相关数据分析，根据数据分析的结果来验证所提出的假设。因此，本研究需要采用文献研究法、实验法和问卷调查法对理论模型与假设进行探究。具体实施方法如下：

1. 文献研究法

关于色彩饱和度对消费者选择作用的探讨需要色彩以及感官营销等方面的相关理论支持，这样才能提出符合本文研究目的的假设。因此，为顺利开展研究，首先应当从文献阅读与整理入手，积累有关感官营销以及色彩饱和度的相关文献，提出色彩饱和度影响消费者行为的作用路径，并提出图标色彩饱和度影响消费者选择的假设。

2. 实验法

本研究从 iOS 和 Android 应用商店平台获取 App 排行榜第一手数据信息。主要探索 App 图标色彩饱和度对消费者选择的影响，并检验 App 的类型（温暖 vs. 能力）以及平台类型（Android vs. iOS）在这一关系中的调节作用；在数据分析方面，本研究通过相关分析、线性分析等方式，利用统计软件 SPSS 24.0 处理收集到的实验数据。

3. 问卷调查法

本文通过问卷将被试者进行分类，研究不同的年龄、性别以及所学专业类别的被试与消费者选择是否会产生关系。在实证研究与数据分析方面，本文将利用统计软件 SPSS 24.0 处理收集到的第一手问卷数据以及二手平台数据。分析方法主要包括相关分析、线性回归分析等。

（四）研究框架

基于前文提出的问题，本研究将深入探讨移动应用软件 App 图标色彩饱和度对消费者选择的影响。在理论方面，在网上图书馆以及中国知网等平台查阅色彩饱和度及消费者选择相关研究文献，旨在通过梳理、整合文献，厘清色彩饱和度和下载行为之间的关系，总结当前现有的有价值的相关心理与行为理论，并梳理图标色彩饱和度对消费者行为的影响的内在机制。通过理论整合，提出假设和理论模型。

实证方面，本研究将采用问卷调查法和二手数据分析法来探究色彩饱和度与消费者选择的关系。具体来说，研究一，验证 App 图标色彩饱和度对消费者选择的基本效应，并进一步检验 App 的类型以及所在平台对此效应的影响；研究二，从收集到的问卷数据中探索个人特征对本文假设一效应的影响。

本研究一共分为 6 个部分。第一部分为引言，说明研究背景、意义、方法、框架。第二部分为文献综述，针对现有相关文献做出评述。第三部分是理论假设与模型构建部分，探讨图标色彩饱和度消费者选择影响的基本效应以及各个调节变量对这一基本效应的作用。第四部分介绍了本文中实验的设计与程序。第五部分是实证数据分析部分，主要是来验证相关假设。第六部分是本研究的讨论与总结部分，对于本文研究过程中仍存在的不足之处做出详尽阐述，并提出未来展望。图 1 为技术路线图。

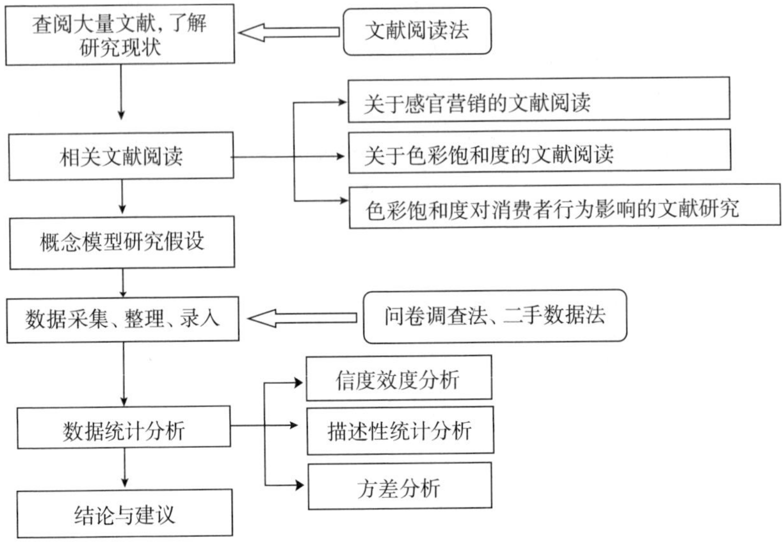

图 1　技术路线图

二、文献综述

（一）感官营销

科瑞斯纳（1999）指出，作为一种具有代表性的营销方式，感官营销本质上就是消费者的感官体验，它的作用是通过影响消费者的感官体验，提高消费者对产品的偏好。钟科等（2016）认为感官营销的重要性还体现在其能够影响企业品牌形象，提高企业营销水平，通过优化传统营销策略，满足消费者联想需求，从而使得消费者更乐意购买企业所提供的消费产品，使得企业的销售成交量大幅度提升。感官营销以消费者的品牌忠诚为目标，通过创造和改变消费者的感官体验，给消费者留下感官印记，并缩短消费者与品牌间的距离，确保消费者需求能够得到满足，使得消费者产生品牌联想，从而进一步提高消费者对产品的认知深度，进而实现营销目的。钟科等（2016）研究发现感官营销的理论源于欧美，在国外已形成了一套全面、系统的理论体系，并已应用于日常营销、品牌知名度建设以及销售和促销。营销人员能通过改变消费者的感官体验来影响他们潜意识中产生的购买决策。产品包装的形状、产品的气味、产品的质地和手感都存在改变消费者对产品质量和品牌个性的感知的可能性，从而影响消费者的态度和行为。例如，苹果公司希望通过消费者在触摸其设计的包装盒时能够感受到苹果公司产品的独特性。著名的咖啡品牌星巴克也是如此，为了给消费者创造良好的嗅觉体验，星巴克大胆地利用了非开放空间吸收消解外部异味，并且明确规定工作人员不能使用香水，从而在店内营造浓郁的咖啡香气，让这种香气能够给消费者带来良好的感官体验，因此，消费者将会在头脑里形成更为深刻的品牌认知印象，并将星巴克与咖啡香气画等号，使得消费者产生了品牌联想。

潘海利等（2017）提出，在短时间内人类获取信息的主要方式是通过视觉获取即时性信息。眼睛不仅是人类了解外部世界的器官，马克思主义理论还认为眼睛是实现人化自然的前提条件。人通过眼睛，通过视觉获取信息，使得外部世界从“与我无关”的自然界转化为“与我有关”的实践界，这一实现人化自然的过程充分说明了视觉感知对于人生存、生活的重要意义。如果缺少视觉感知，那么人们将与外界呈隔离状态，也就无所谓提高认知深度，也就无所谓满足自身感官需求。消费者行为学研究发现，意识只是冰山一角，无意识才是调动人感官、思维的重要心理因素，无意识最为突出的特点即它的发生时间远比意识早，人们在接纳未曾见到过的新鲜事物时，首先做出的是无意识反应，如观察眼前事物的形状或颜色，然后才是有意识地对其进行进一步的深入分析，也即感性先于理性。Turley（2000）认为无意识不要求人们动用自己的逻辑思维能力，而是纯粹依赖于人的视觉器官、听觉器官来感知外界社会。Ettis（2017）通过视知觉学习（Visual Perceptual Learning）概念指出，内隐学习的最突出特征即其非注意性。消费者的消费心理和行为受到多方面因素的影响，包括空间特征、颜色等物理特征。国内外学者也敏锐地发现了这一点，并开展了诸多的相关研究，留下了丰富的理论成果，绝大多数学者对视觉感官意识大多是无意识这一论断充分肯定。

综上可知，感官营销作用于消费者的感官体验，作为直观性较强的营销方式，能够用最快的速度改变消费者感官体验，从而提升消费者品牌联想能力，同时它获得的效果具有长期性，诚如上文所举案例，星巴克的成功实践实际上正是感官营销手段的一次成功实践，使得消费者将咖啡香气自动与星巴克品牌画等号，从而潜移默化地影响了消费者的消费倾向，获得了消费者的认可。因此，我们认为感官营销的发展是大势所趋，感官营销在树立鲜明的品牌形象的同时，对营销人员的专业素养提出了更高的要求，要求营销人员积极接纳营销新理念、营销新风格，从而使营销手段的多样性得以保障，通过电影植入广告、电视广告等，综合运用不同的营销手段满足消费者不同的感官需求，从而实现提升企业营销水平的效果。在移动互联网时代，移动端的 App 的图标所包含的视觉线索会直接影响到消费者对品牌的印象，在消费者还只是看到 App 的图标时，其所携带的视觉信息会先入为主地传达到消费者脑中。本文着重从视觉层面的感官营销来探究移动设备消费者的偏好变化，希望能够扩展视觉营销的相关研究。

（二）色彩饱和度

Elliot 等（2012）通过研究颜色心理学认为颜色与情感间存在着息息相关的紧密联系。颜色饱和度是颜色空间模型的一个维度。直观地说，它指的是色彩的亮度。在感官营销和心理学领域，大多数研究集中在 HSV 和 HSL 的空间模型。这两种颜色空间模型从 3 个维度来表示一种特定的颜色：色调、饱和度和亮度。

Elliot（2015）认为颜色是影响消费者行为的一个重要因素。在消费者的决策中，商品本身的色彩特点和环境的色彩线索都会对其具体行为产生影响。在感官营销中，色彩信息的讨论属于视觉营销的范畴。视觉营销是研究产品外观因素怎么去影响消费者反应的集合。这些外观因素包括消费者与商家互动过程中的所有视觉信息。具体体现在色彩相关的研究上，包括产品包装、线下店铺环境色彩搭配、广告色彩搭配、网页背景色彩、字体色彩，甚至销售人员的服装色彩。色彩这一元素在视觉营销中的重要性，一方面源于现实生活中色彩信息具有普遍性，另一方面源于人类自身的认知结构，使人们在感知外部环境时受到色彩信息的极大影响。钟科等（2016）通过心理学的视觉研究发现，人类视觉首先会捕捉到所感知物体的空间特征和颜色信息。

关于消费者对颜色反应的作用机制，大多数研究集中在色彩与情感的关系上。钟科等（2016）发现在设计产品时，其某些视觉特征会引起观察者特定的情绪。黄静等（2018）将唤醒分为两类：一个是状态性唤醒，另一个是情景唤醒。前者指的是消费者长时间的高觉醒，后者指的是消费者对特定刺激的觉醒。视觉刺激引起的觉醒属于后一类。比如，红色设计的出现被认为是为了刺激消费者的觉醒，相关研究发现，有蓝色装饰的商店比有红色装饰的商店更容易开展营销活动，因为蓝色让人觉得轻松，而红色则让消费者感觉紧张。电生理学的相关理论支持这一点：Cheema 等（2013）发现红色包装的酸牛奶比蓝色包装的酸牛奶更能吸引消费者，而且皮肤的电反应更强。Trope 等（2006）也发现红色餐盘会降低消费者对垃圾食品的摄入量，因为产品的红色外观会高度唤醒消费者，使消费者感知危险并产生警觉。实际上，几乎所有消费者的决策过程都会受到唤醒程度的影响。

Elliot（2015）发现，目前对色彩有关的心理效应的探索中，相对而言，许多研究者更多关注的是色调信息，而相对忽略了饱和度因素。潘海利等（2017）发现，目前探索色彩在营销中的作用时，研究者大多认为高饱和度是一种感官刺激，以改善消费者反应变化引起的生理唤醒，或者只是探讨饱和度在基本认知评价中的作用，包括 Lee 等（2014）发现的饱和度对消费者信息加工的影响，以及饱和度对重量、体积等物理性质的基本影响，而较少关注饱和度的象征意义；然而，实际上色彩饱和度的象征意义对于我们探索现实营销情境的消费者行为具有非常重要的意义，在移动互联时代，色彩饱和度的象征意义对营销的作用更值得我们去深入了解。

（三）色彩饱和度对消费者行为的影响研究综述

在消费者的决策中，产品本身的色彩特点和环境所包含的色彩线索都会产生一些影响作用。在感官营销中，对于色彩消息的讨论属于视觉营销的范畴。视觉营销是研究产品外观因素怎么影响消费者反应的集合。这些外观因素还包括消费者与商家互动过程中的所有视觉信息。具体到色彩研究，包括产品包装、线下店铺环境色彩搭配、广告色彩搭配、网页背景色彩、字体色彩，甚至销售人员所穿的服装的色彩。色彩这一元素在视觉营销中的重要性，一方面源于实际营销情境色彩信息的普遍性，另一方面源于人类自身的认知结构，使人们在感知外部环境时受到色彩信息的极大影响。Lee 等（2014）认为，色彩饱和度不可避免地会对消费者产生影响，高饱和度具有唤起消费者情绪的作用。黄静等（2018）针对于此提出这种情绪上的警觉会让人远离高饱和度的产品，降低自身对其的偏好，进而不去选择这一类的产品。而这一看法与色彩饱和度能够提高消费者选择的可能性这一看法明显不一致。

针对饱和度与消费者行为间关系相关研究中产生的不同看法，本文提出了 App 类型、应用平台类型以及个人特征这 3 个调节变量，深入探究二者关系的边界条件。

（四）文献评述

综合上述相关文献内容我们可以发现以下两点不足。

第一，色彩饱和度对消费者行为的影响的相关观点目前还存在分歧，有人认为高饱和度会拉近与消费者之间的距离，促成消费者的选择；但也有人认为高饱和度会引起人内心的感知威胁，降低选择的可能性。目前尚缺乏明确的边界条件去明晰二者间的区别，所以本研究提出了具体的 3 个变量来弥补这一不足。

第二，在移动互联网时代，移动端的 App 的图标所包含的视觉线索会直接影响消费者对品牌的印象。但目前有关色彩饱和度的研究更注重具体的品牌或是店铺陈列等线下实体，对于线上移动端应用的色彩饱和度研究并不十分重视。本文着重从视觉色彩层面的感官营销来探究移动设备消费者的偏好变化，希望能够扩展视觉营销的相关研究。

三、研究假设与模型

（一）研究假设

1. 色彩饱和度对消费者偏好的影响

潘海利等（2017）通过研究发现，心理形象实际上正是个体在未曾经历的事物刺激之下产生的类似于想象的心理过程，这种刺激往往来源于事物的图片描述、文字描述等。高饱和度也能提高消费者的情绪唤起。张腾霄等（2013）发现除了危险的刺激，饱和度高的颜色在某些情况下也代表奖励。高饱和度的颜色通常是成熟水果的颜色。在求偶过程中，一些动物的色彩饱和度不仅能警示对手，还能展现自我，吸引异性。色彩在视觉营销中的重要性，一方面源于色彩信息的普遍性，另一方面源于人类的认知结构，使人们在感知外部环境时受到色彩信息的极大影响。而在感官营销领域，Elliot（2015）认为类似于饱和度这样的视觉线索对消费者的具体行为的影响是不可忽视的。

具体到本研究的情境，消费者在选择 App 时，会感受到其图标色彩带来的情绪唤醒。故此，可提出假设：

假设 1：App 图标色彩的高饱和度特征正向影响消费者偏好。

2. App 类型对色彩饱和度与消费者选择关系的调节作用

费显政等（2020）基于温暖维度对 App 类型进行划分，认为 App 类型包括温暖型和能力型，二者特征鲜明，前者给人带来温暖，后者给人带来自信感。温暖型可以与消费者间产生相对更近的心理距离，从而提高被选择的可能性。能力型的产品则因为自身所带有的竞争性而产生相对较远的心理距离，从而降低被选择的可能性。App 类型会调节色彩饱和度与消费者选择之间的关系，具体而言，消费者在选择温暖型 App 产品时，高饱和度的图标色彩能够带来情绪唤醒，拉近与消费者的心理距离，能力型 App 则反之。故此，可以提出假设：

假设 2：App 类型会调节色彩饱和度与消费者选择间的关系。具体来说，与能力型 App 相比，温暖型 App 条件下色彩饱和度对消费者选择的正向影响更为显著。

3. 平台类型对色彩饱和度与消费者选择关系的调节作用

本研究拟分别从 Android 和 iOS 两个应用平台收集应用排行榜数据，但是，在现实情境中，Android 和 iOS 这两个移动系统存在很大的差异。这两个平台所面对的目标群体、设备的设计与开发、传达的理念，再具体到这两个系统携带的移动应用商店中的 App 种类都存在着巨大的差异。而这些差异存在于实际的营销活动中，且是不能被忽视的，它们都可能会造成不同的手机消费者接触 App 时所看到的颜色有偏差，这一偏差在本研究中是需要被考虑的，所以需要对两个平台类型进行探讨。除此之外，前文我们已经发现饱和度与消费者行为关系的研究存在着分歧，这一分歧需要我们去设置调节变量将之区分开来。故此，可以提出假设：

假设 3：平台类型会调节色彩饱和度与消费者选择间的关系。具体来说，与 iOS 平台相比，Android 平台中色彩饱和度对消费者选择的正向影响更为显著。

4. 个人特征对色彩饱和度与消费者选择关系的调节作用

不同消费者个人存在不同的特征，每个个体会因为性别、兴趣、工作、成长经历等不同因素而影响到自身的行为，而由于各自特征的不同，在消费者产生具体行为时又会出现不同的反应。通过前文的文献梳理，我们已经得知作为视觉元素的色彩会正向或负向地影响消费者的选择。具体到本文的研究，消费者迥异的个体特征会引发其面对不同饱和度图标选择的差异。本研究发放了线上问卷收集被试者的信息，并且在问卷中设置了性别、年龄、所学专业类别这 3 个个人特征，希望能够更进一步探索 App 图标色彩饱和度与消费者选择之间的边界条件。故此，提出以下假设：

假设 4：个人特征会调节色彩饱和度与消费者选择间的关系。

假设 4a：性别会调节色彩饱和度与消费者选择间的关系。具体来说，与男性相比，色彩饱和度对女消费者选择的正向影响更为显著。

假设 4b：年龄段会调节色彩饱和度与消费者选择间的关系。具体来说，与“90 后”和“00 后”相比，对于“95 后”而言，色彩饱和度对消费者选择的正向影响更为显著。

假设 4c：专业会调节色彩饱和度与消费者选择间的关系。具体来说，与理工科消费者相比，对于文科消费者而言，色彩饱和度对消费者选择的正向影响更为显著。

（二）假设模型

根据前文所建立的研究假设，我们可以构建相关的假设模型如下。

模型设计以色彩饱和度为自变量，消费者选择为因变量，App 类型（温暖型 vs. 能力型）、平台类型以及个人特征（性别、年龄、专业）为调节变量（见图 2）。

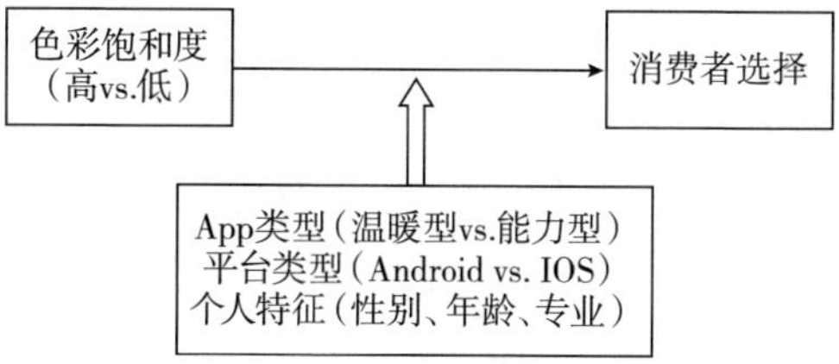

图 2 假设模型

四、研究方法

（一）研究设计与程序

本文通过收集 Android 和 iOS 两个应用平台的 App 排行榜前 50 名 App 数据信息，并根据色彩饱和度以及 App 类型划分数据并进行二手数据分析，检验当前 App 市场的实际数据是否与本文假设相符。同时，通过设计问卷来收集相关数据，要求被试者在不同饱和度色彩的 App 图标中进行选择，来测试消费者在移动设备上对不同类型 App 的色彩偏好。通过问卷发放收集 112 份被试数据，且数据来源多为在校大学生。问卷中设置了性别、年龄以及所学专业 3 个可以直接明显区分被试群体的调节变量，并根据 App 类型（温暖型 vs. 能力型）选择了对应 App 图标，并相应地调节图标的色彩饱和度以供选择。针对温暖型 App 友好、亲切的特征，我们选择了天气预报、视频、社交这 3 个种类的 App 进行测试；针对能力型 App 自信、竞争的特征，我们选择了健身以及学习教育这两个种类的 App 进行测试。

（二）变量的测量

1. 图标色彩饱和度的测量

对 App 图标色彩饱和度高低的测量。问卷对温暖型和能力型共 5 种 App 选择了各自最具代表性的 App 图标，并将各个 App 图标利用 PS 调色软件调整色彩饱和度，分为高色彩饱和度、未变化饱和度、低色彩饱和度3个选项供被试者选择。

2. 消费者选择的测量

所收集的二手数据中消费者选择的测量主要是根据 Android 和 iOS 应用平台各类别 App 的排名，排名越高代表下载量越高，通过排名来判断消费者对这类 App 的偏好。在问卷调查中，我们在同类型 App 中设置 3 个不同色彩饱和度的图标让被试者进行选择，同一类型的 App 中某一色彩饱和度的图标被选择最多则代表它最受被试者的偏爱。

3. 个人特征的测量

本文有关个人特征的测量是从问卷调查体现的。本文所收集的 112 份问卷数据基本上来自在校大学生，而这类群体可以从年龄、性别以及所学专业这 3 个标准入手划分为几个不同的小群体，本文对个人特征的测量主要就从这 3 个标准入手。

五、实证分析与结果

（一）信度分析与效度分析

1. 信度分析

本文从 Android 和 iOS 两个系统的应用平台收集到各自排前 50 名的 App 信息，App 的排名是依据所对应的下载量排序的，这些排名信息可以在一定程度上反映现实生活中消费者对各类 App 的选择。

本文所设计的问卷是为了探索个人特征这一变量对色彩饱和度与消费者选择的关系的调节效应，希望能够根据问卷数据结果得出 3 个调节变量（性别、年龄、专业类别）是否会对主效应产生其他影响。此问卷主要通过问卷星软件在微信朋友圈、微信群与 QQ 群发布收集，共收集了 112 份有效问卷，主要人群为在校大学生，因为这一群体对移动端 App 的使用度与接受度更高，所以这一群体对于本文研究 App 图标有着更强的象征性意义。

2. 效度分析

本文的效度分析是针对所设置的问卷数据信息进行的（见表 1）。

表 1　问卷数据效度分析

名称	因子载荷系数			共同度（公因子方差）
	因子 1	因子 2	因子 3	
性别	-0.063	-0.112	-0.752	0.581
所学专业类别	0.056	-0.024	0.79	0.628
请在以下 3 个天气预报 App 图标中选择一个你偏好的	0.839	-0.02	0.092	0.713
请在以下 3 个视频 App 图标中选择一个你偏好的	0.832	-0.007	0.059	0.697
请在以下 3 个社交 App 图标中选择一个你偏好的	0.798	-0.015	0.023	0.638
请在以下 3 个运动健身 App 图标中选择一个你偏好的	0.02	0.784	0.116	0.628
请在以下 3 个学习教育 App 图标中选择一个你偏好的	0.166	0.839	-0.028	0.732
在选择特定功能的 App 时，其图标色彩是否会影响你的偏好	0.338	-0.67	-0.025	0.564
特征根值（旋转前）	2.244	1.813	1.124	-
方差解释率（%）（旋转前）	28.045	22.658	14.053	-
累计方差解释率（%）（旋转前）	28.045	50.703	64.757	-
特征根值（旋转后）	2.183	1.781	1.216	-
方差解释率（%）（旋转后）	27.292	22.261	15.204	-
累计方差解释率（%）（旋转后）	27.292	49.553	64.757	-
KMO 值	0.622			-
巴特利特球形检验	171.415			-
df	28			-
p 值	0			-

由表 1 可以看出，3 个因子分别为 27.292%、22.261% 和 15.204%，旋转后的累计方差解释率为 64.757%，大于 50%，说明可以有效提取因子。因子负荷系数验证了因子（维度）与研究项目的对应关系与预期的一致性，说明量表具有效度。

（二）描述性统计分析与相关分析

1. 描述性统计分析

本研究在 Android 平台以及 iOS 平台所收集的 App 排行榜数据以直接的数量体现。Android 平台排行榜前 50 位的 App 中，温暖型 App、能力型 App 数量分别为 26 个、8 个；iOS 平台排行榜前 50 名 App 中，温暖型 App、能力型 App 数量分别为 27 个、8 个。具体可见表 2 与表 3。

表 2　Android 平台前 50 名 App 图标选用情况

	Android 应用图标使用情况			
	高		低	
	数量（个）	百分比（%）	数量（个）	百分比（%）
温暖型	26	86.67	4	13.33
能力型	8	40.00	12	60.00

表 3　iOS 平台前 50 名 App 图标选用情况

	iOS 应用图标使用情况			
	高		低	
	数量（个）	百分比（%）	数量（个）	百分比（%）
温暖型	27	72.97	10	27.03
能力型	8	61.54	5	38.46

本研究在问卷调查中的被试者共 112 人，所获得的问卷信息均有效，被试者样本的基本信息如表 4 所示。

表 4　被试者样本基本信息

样本属性	选项	样本数	百分比（%）
性别	男	51	45.54
	女	61	54.46
年龄	“90 后”	23	20.54
	“95 后”	54	48.21
	“00 后”	35	31.25
所学专业类别	文史科类	63	56.25
	理工科类	49	43.75

由表 4 可知，从性别来看，男女比例相当；在年龄层面，“95 后”和“00 后”占比较大，“95 后”占 48.21%，“00 后”占 31.25%；专业方面，56.25% 为文史科类，还有 43.75% 被试者为理工科类。

为了确定问卷数据分布是否存在异常，我们进行描述性统计，描述性统计就是对各变量的最小值、最大值、均值、方差、标准差、峰度、偏度等进行统计，然后通过结果分析数据分布是否异常，是否需要调整模型（见表 5）。

表 5　问卷信息描述统计

	样本量	最小值	最大值	平均值	标准差
性别	112	1.000	2.000	1.545	0.500
年龄	112	1.000	3.000	2.107	0.715
所学专业类别	112	1.000	2.000	1.438	0.498
天气预报 App 图标选择	112	1.000	3.000	2.313	0.698
视频 App 图标选择	112	1.000	3.000	2.232	0.723
社交 App 图标选择	112	1.000	3.000	2.393	0.662
运动健身 App 图标选择	112	1.000	3.000	1.813	0.789
学习教育 App 图标选择	112	1.000	3.000	2.018	0.805

由表 5 可知，问卷数据中无异常值，我们可直接对问卷调查数据进行应用。

2. 相关分析

本文的相关分析主要是针对所收集的问卷数据中个人特征与其所选择 App 图标进行。

表 6　问卷数据中温暖型相关分析

Pearson 相关——标准格式			
	天气预报 App 图标选择	视频 App 图标选择	社交 App 图标选择
性别	-0.105	-0.029	-0.135
年龄	0.113	0.714 *	0.158
所学专业类别	0.602 *	0.141	0.020

注：* 表示 $p<0.05$，* * 表示 $p<0.01$。

如表 6 所示，天气预报 App 图标选择与性别、年龄两项间相关系数值

分别是 -0.105、0.113，均接近于0，并且p值均大于0.05，意味着天气预报App图标与性别、年龄不相关。但天气预报App与专业类别的相关系数为0.602，并且p值小于0.05，二者间呈较为显著的正相关。

同样，视频App图标选择同性别和专业类别两项间未呈现显著性，但其与年龄的相关系数为0.714，并且p值小于0.05，二者间呈较为显著的正相关。而社交App图标与性别、年龄、所学专业类别共3项间均不相关。

表7　问卷数据中能力型相关分析

Pearson 相关——标准格式		
	运动健身 App 图标选择	学习教育 App 图标选择
性别	-0.15	-0.069
年龄	0.04	0.59*
所学专业类别	0.513*	0.625*

注：* 表示 $p<0.05$，** 表示 $p<0.01$。

由表7可知，运动健身App图标与性别、年龄两项间相关系数分别是 -0.15、0.04，均接近于0，意味着运动健身App图标与性别、年龄间均不存在相关关系。运动健身App图标和所学专业类别间的相关系数值为0.513，并且p值小于0.05，说明运动健身App图标与所学专业类别间显著正相关。

学习教育App图标与性别间的相关系数值为 -0.069，接近于0，说明学习教育App图标与性别间并不相关。学习教育App图标同年龄与所学专业间的相关系数值分别为0.59、0.625，并且p值均小于0.05，说明学习教育App图标与年龄、专业类别间都显著正相关。

（三）假设效应检验

1. 色彩饱和度对消费者选择的影响作用检验

以色彩饱和度为自变量，对应App数量为因变量，对在平台所收集的App数据信息以及问卷数据信息进行单因素方差分析，方差分析结果如表8、表9所示。

表 8　色彩饱和度与消费者选择的方差检验（平台数据）

	Ⅲ类平方和	自由度	均方	F	显著性	平均值（M）	标准差（SE）
修正模型	1738594.254[a]	1	1738594.254	49.118	0.000		
截距	3084537.414	1	3084537.414	87.142	0.000		
饱和度	1738594.254	1	1738594.254	49.118	0.000		
温暖型	–	1	–	–	0.000	341.22	22.663
能力型	–	1			0.000	46.73	23.503

注：a. 预测变量为饱和度、温暖型、能力型。

表 9　色彩饱和度与消费者选择的方差检验（问卷数据）

	Ⅲ类平方和	自由度	均方	F	显著性	平均值	标准差
修正模型	31204.129[a]	1	31204.129	0.574	0.040		
截距	8399539.209	1	8399539.209	154.459	0.000		
饱和度	31204.129	1	31204.129	0.574	0.040		
温暖型	–	1	–	–	0.040	23.13	0.698
能力型	–	1			0.040	18.13	0.789

注：a. 预测变量为饱和度、温暖型、能力型。

基于平台数据的分析结果如表 8 所示，与能力型 App 相比（平均值 $M = 46.73$，标准差 $SE = 23.503$），消费者更多选择温暖型 App（平均值 $M = 341.22$，标准差 $SE = 22.663$），且二者存在显著差异（$F = 49.118$，$p < 0.001$）。基于问卷调查数据的分析结果如表 9 所示，与能力型 App 相比（平均值 $M = 18.13$，标准差 $SE = 0.789$），消费者更多选择温暖型 App（平均值 $M = 23.13$，标准差 $SE = 0.698$），且二者存在显著差异（$F = 0.574$，$p < 0.05$）。综上可见，App 图标色彩饱和度对消费者的选择存在显著正向影响。因此，本文假设 1 得以验证。

2. App 类型的调节效应检验

在上文的方差分析当中，已知 App 色彩饱和度对消费者选择的影响显著，接着，本研究采用回归分析方法，以 App 类型（温暖型 vs. 能力型）为调节变量，检验其对色彩饱和度与消费者选择关系的调节效应，具体结果见表 10。

表 10　App 类型调节效应分析结果

模型		未标准化系数		标准化系数	t	显著性
		B	标准误差	Beta		
1	（常量）	827.539	57.402		14.417	0.000
	饱和度	-212.481	35.921	-0.431	-5.915	0.000
	类型	-229.436	35.331	-0.473	-6.494	0.683
2	（常量）	1473.392	132.211		11.144	0.004
	饱和度	-697.356	96.998	-1.413	-7.189	0.064
	类型	-699.972	94.268	-1.442	-7.425	0.642
	交互项 1	339.860	64.238	1.614	5.291	0.727

从表 10 可知，两个模型的 p 值都是大于 0.05 的，即 App 类型对于色彩饱和度和消费者选择间的关系的调节作用并不显著，无法验证本文的假设 2。

3. 平台类型的调节效应检验

我们以平台类型（Android vs. iOS）为分类条件，分组检验其调节效应对色彩饱和度与消费者选择的影响。

表 11　平台类型调节效应分析结果

模型		未标准化系数		标准化系数	t	显著性
		B	标准误差	Beta		
1	（常量）	827.539	57.402		14.417	0.000
	饱和度	-212.481	35.921	-0.431	-5.915	0.000
	平台	-229.436	35.331	-0.473	-6.494	0.000
2	（常量）	1473.392	132.211		11.144	0.000
	饱和度	-697.356	96.998	-1.413	-7.189	0.000
	平台	-699.972	94.268	-1.442	-7.425	0.000
	交互项 2	339.860	64.238	1.614	5.291	0.000

从表 11 可知，两个模型的 p 值都是小于 0.05 的，即平台类型对于色彩饱和度和消费者选择间的关系的调节作用显著，可以进一步通过两个平台的数据的简单效应分析结果验证本文的假设 3。

表 12　Android 平台简单效应分析结果

模型		未标准化系数		标准化系数	t	显著性
		B	标准误差	Beta		
1	（常量）	0.250	0.109		2.294	0.026
	平台	0.515	0.132	0.490	3.895	0.000

由表 12 可知，Android 平台类型的标准化系数 $\beta = 0.490$，概率 p 值近似于 0，小于给定的显著性水平 α（$\alpha = 0.05$），即在 Android 平台，色彩饱和度对消费者选择的影响较为显著。

接下来，我们再对 iOS 平台的数据进行回归分析。

表 13　iOS 平台简单效应分析结果

模型		未标准化系数		标准化系数	t	显著性
		B	标准误差	Beta		
1	（常量）	0.667	0.115		5.802	0.000
	平台	0.105	0.137	0.109	0.763	0.449

由表 13 可知，iOS 平台类型的回归分析表中我们可以看出，对应的概率 p 值为 0.449，大于显著性水平，即在 iOS 平台，色彩饱和度对消费者选择的影响并不显著。

4. 个人特征的调节效应检验

我们以问卷数据所设的个人特征（性别、年龄、专业）为分类条件，分组检验其调节效应对色彩饱和度与消费者选择关系的影响。

（1）性别的调节效应

表 14　性别的调节效应分析结果

模型		未标准化系数		标准化系数	t	显著性
		B	标准误差	Beta		
1	（常量）	634.237	70.809		8.957	0.000
	饱和度	-285.001	40.856	-0.578	-6.976	0.000
	性别	-3.102	7.856	-0.033	-0.395	0.694

续表

模型		未标准化系数		标准化系数	t	显著性
		B	标准误差	Beta		
2	（常量）	660.400	140.736		4.692	0.000
	饱和度	-304.774	100.532	-0.618	-3.032	0.003
	性别	-7.915	23.690	-0.083	-0.334	0.739
	交互项1	3.634	16.864	0.067	0.215	0.830

由表14可知，两个模型的p值都是大于0.05的，即消费者性别对于色彩饱和度和消费者选择间的关系的调节作用并不显著，无法验证本文的假设1a。

（2）年龄的调节效应

表15　年龄的调节效应分析结果

模型		未标准化系数		标准化系数	t	显著性
		B	标准误差	Beta		
1	（常量）	647.756	73.187		8.851	0.000
	饱和度	-284.503	40.809	-0.577	-6.972	0.000
	年龄	-0.519	0.794	-0.054	-0.653	0.015
2	（常量）	704.068	157.217		4.478	0.000
	饱和度	-329.911	119.322	-0.669	-2.765	0.007
	年龄	-1.455	2.445	-0.152	-0.595	0.013
	交互项2	0.753	1.858	0.140	0.405	0.020

由表15可知，两个模型的p值都是小于0.05的，即消费者年龄对于色彩饱和度和消费者选择间的关系的调节作用显著，可以进一步通过问卷所收集的数据验证本文的假设4b。本文在问卷中设置的年龄选项包括“90后”“95后”“00后”3个，接下来根据这3个具体的年龄类别进行分析检验。

1）“90后”的简单效应分析

表16　“90后”的简单效应分析结果

模型		未标准化系数		标准化系数	t	显著性
		B	标准误差	Beta		
1	（常量）	2.08	0.547		3.803	.000
	“90后”	-0.032	0.196	-0.024	-0.163	0.871

从表 16 中我们可以看出对应的概率 p 值为 0.871，明显大于 0.05，即在消费者为“90 后”的条件下，色彩饱和度对消费者选择的影响并不显著。

2）“95 后”的简单效应分析

表 17　“95 后”的简单效应分析结果

模型		未标准化系数		标准化系数	t	显著性
		B	标准误差	Beta		
1	（常量）	3.193	0.607		5.26	0.000
	“95 后”	-0.684	0.214	-0.439	-3.196	0.003

从表 17 中我们可以看出对应的概率 p 值为 0.003，明显小于 0.05，即在消费者为“95 后”的条件下，色彩饱和度对消费者选择的影响作用是显著的。

3）“00 后”的简单效应分析

表 18　“00 后”的简单效应分析结果

模型		未标准化系数		标准化系数	t	显著性
		B	标准误差	Beta		
1	（常量）	1.74	0.59		2.972	0.005
	“00 后”	-0.113	0.208	-0.081	-0.542	0.59

从表 18 中我们可以看出对应的概率 p 值为 0.59，明显大于 0.05，即在消费者为“00 后”的条件下，色彩饱和度对消费者选择的影响并不显著。

（3）专业类别的调节效应

表 19　专业类别的调节效应

模型		未标准化系数		标准化系数	t	显著性
		B	标准误差	Beta		
1	（常量）	550.119	72.077		7.632	0.000
	饱和度	-288.070	40.476	-0.584	-7.117	0.000
	专业	12.846	8.610	0.122	1.492	0.139
2	（常量）	397.613	154.064		2.581	0.011
	饱和度	-171.651	111.563	-0.348	-1.539	0.127
	专业	40.090	25.808	0.382	1.553	0.124
	交互项 3	-20.657	18.450	-0.371	-1.120	0.266

从表 19 可知两个模型的 p 值都是大于 0.05 的，即消费者所学专业类别对于色彩饱和度和消费者选择间的关系的调节作用并不显著，无法验证本文的假设 4c。

六、研究结论与讨论

（一）研究结论

本研究证实了本文中的假设 1，色彩高饱和度的 App 图标设计可以让消费者更倾向于选择，二者间的关系存在的边界条件在本文中也得到一定程度的展现。同时，本文为探究色彩饱和度与消费者选择二者关系的边界条件，设置了 3 个调节变量，在实证分析部分已经体现。

根据研究分析结果可知，当 App 类型（温暖型 vs. 能力型）作为色彩饱和度和消费者选择二者间的调节变量时，其调节作用并不显著，故而本文中的假设 2 无法得到验证，这可能是由于消费者自身的个人喜好的不同以及 App 类型划分较为单一而出现的结果。

当平台类型（Android vs. iOS）作为色彩饱和度和消费者选择两者关系的调节变量时我们可以看到，在 Android 应用平台，这一调节作用相较于 iOS 平台而言更为显著，即本文中的假设 3 得到验证。

当个人特征（性别 vs. 年龄 vs. 专业）作为色彩饱和度与消费者选择这一关系中的调节变量时我们可知，年龄是这 3 个个人特征中唯一对色彩饱和度和消费者选择的关系具有显著调节作用的变量，具体可见当消费者为“95 后”时，色彩饱和度对消费者选择的影响最为显著，而当消费者为“90 后”与“00 后”时，这一影响并不显著，这可能是由于“95 后”的被试数据相较而言更为丰富。同时，由数据分析结果可知，消费者的性别以及所学专业并不会使色彩饱和度对消费者选择的影响更为显著，这可能是由于我们所分的专业类别并不足够具体，仅分为文史类与理工类，从而使数据结果并不具备说明性。

（二）研究贡献

本研究的理论贡献主要包含以下两点。

第一，本文进一步探索了色彩饱和度对消费者选择的影响这一效应中的边界条件，明确了不同 App、不同应用平台以及不同消费者在这一效应中发挥的调节效用，对于有关色彩饱和度与消费者行为间的研究分歧进行了补充，同时拓展了对移动应用软件图标外观的研究探讨。

第二，丰富了在移动互联网背景下有关 App 的感官营销的相关研究，还拓展了对 App 图标外观设计的探讨。在图标外观设计上，前人的研究集中于其大小、形状、字体等因素，而对图标色彩的探讨仍然需要丰富。本研究通过探讨 App 图标色彩饱和度对消费者偏好的影响，拓展了对移动应用软件图标外观的研究探讨。

本研究的实践价值主要在于以下两点。

第一，当前互联网市场变化日新月异，因此，互联网企业的竞争也日趋激烈，如今，用户的娱乐需求、认知需求已经在诸多 App 的加持下得到了满足。当前市面同质化 App 相对较多，因此，App 市场中，用户已经掌握了具有压倒性质的主动性，如何想方设法吸引用户注意力也成为当前 App 开发者苦苦思索的核心问题。网络世界是由大数据技术、云端存储技术等共同编织而成的虚拟世界，信息数据往往呈碎片化状态，铸就了消费者节奏较快的选购习惯，因而，App 开发者必然要考虑到通过视觉元素来提高用户对 App 的关注度，通过图标色彩饱和度来达到吸引消费者注意力、影响消费者偏好的效果，使企业能够获得较强的可持续发展能力和竞争能力。

第二，企业应当结合消费者真实需求情况，对消费者偏好进行详尽掌握，确保能够根据消费者需求实现 App 图标色彩的优化设计，确保 App 图标色彩能够吸引不同类型的消费者，从而提升企业的市场份额。

（三）研究局限与未来展望

本研究从 App 图标色彩饱和度入手，探索了 App 色彩饱和度在消费者选择不同类型 App 时对消费者偏好的影响。但是，本研究仍存在不足之处，主要如下。

第一，本文应用费显政等的“App 四分法”对收集的 App 进行分类，但当下各种移动应用五花八门，功能类型存在交叉，应该需要更加全面、更多类型的 App 分类法。

第二，本文主要探索了 App 图标色彩饱和度对消费者选择产生影响这一关系中的边界条件，却忽视了色彩饱和度这一自变量对消费者行为这一因变量产生影响的中间作用机制以及中介条件。

第三，本文所涉及的调查对象主要为学生，针对这一群体的分类标准也较为有限，而移动互联网时代的消费者的数量是十分庞大的，故而本研究所得到的结果并不具有广泛的说明性。

针对研究中所包含的各种不足之处，未来有关的研究可以从以下 4 个方面进行更深入地挖掘与拓展。

第一，未来的研究可以根据具体研究情况设定更加具体的 App 分类法则，为有关移动应用的研究提供更加具有说服力的依据。

第二，未来有关色彩饱和度与消费者行为关系的研究可以着重于二者关系的中介条件，例如心理距离、感知威胁等。

第三，未来的研究可以选择更为多样的消费者群体来补充已有研究中群体数量的不足，并希望能够在我国的实际营销环境中进行实地试验研究。

第四，在日常生活中，颜色的三个维度并不是单独存在的，而是复杂地相糅合。在未来的研究中，可以从更具体的移动应用分类中去探索 App 图标色彩给消费者带来的影响，并希望能从色彩的 3 个维度（色调、亮度、饱和度）的叠加效应进行探索，以便对生活实践做出贡献。

参考文献

[1] GROSSMAN R P, WISENBLIT J Z. What we know about consumers' color choices[J]. Emerald group publishing limited, 1999, 5(3): 1453 – 1478.

[2] RAJESH BAGCHI, AMAN CHEEMA. The effect of red background color on willingness – to – pay: The moderating role of selling mechanism[J]. Journal of consumer research, 2013, 39(5): 111 – 121.

[3]L W TURLEY,RONALD E. MILLIMAN. Atmospheric effects on shopping behavior[J]. Journal of business research,2000,49(2): 12 –18.

[4]KILLINGER K M,CALKINS C R,UMBERGER W J, et al. Consumer visual preference and value for beef steaks differing in marbling level and color [J]. Journal of animal science,2004,82(11):1 –25.

[5]钟科,王海忠,杨晨. 感官营销战略在服务失败中的运用:触觉体验缓解顾客抱怨的实证研究[J]. 中国工业经济,2014(1):114 –126.

[6]SAÏD ABOUBAKER ETTIS. Examining the relationships between online store atmospheric color, flow experience and consumer behavior[J]. Journal of retailing and consumer services,2017(37): 37 –70.

[7]钟科,王海忠,杨晨. 感官营销研究综述与展望[J]. 外国经济与管理,2016,38(5):69 –85.

[8]潘海利,黄敏学. 用户三元情感关系的形成与差异化影响:满意、依恋、认同对用户行为的交互补充作用[J]. 南开管理评论,2017,20(4):16 –26 +72.

[9]ANDREW J. ELLIOT,MARKUS A. MAIER. Color – in – context theory[J]. Advances in experimental social psychology,2012(45):248 –258.

[10]ELLIOT ANDREW J. Color and psychological functioning:A review of theoretical and empirical work[J]. Frontiers in psychology,2015(6):31 –41.

[11]LEE HYOJIN,DENG XIAOYAN,et al. Monochrome forests and colorful trees: The effect of black – and – white versus color imagery on construal level [J]. Journal of consumer research,2014,41(4): 1040 –1048.

[12]黄静,王正荣,杨德春,刘洪亮. 色彩营销研究:回顾与展望[J]. 外国经济与管理,2018,40(10):40 –53.

[13]BAR – ANAN YOAV,LIBERMAN NIRA,TROPE YAACOV. The association between psychological distance and construal level:Evidence from an implicit association test[J]. Journal of experimental psychology general,2006,135(4):656 –664.

[14]BAR – ANAN YOAV,LIBERMAN NIRA,TROPE YAACOV,et al. Automatic processing of psychological distance:Evidence from a Stroop task[J].

Journal of experimental psychology general,2007,136(4):362 – 377.

[15] YAACOV TROPE, NIRA LIBERMAN, CHERYL WAKSLAK. Construal levels and psychological distance: Effects on representation, prediction, evaluation, and behavior[J]. Journal of consumer psychology,2007,17(2): 1013 – 1029.

[16]蒋多,何贵兵. 心理距离视角下的行为决策[J]. 心理科学进展,2017,25(11):1992 – 2001.

[17]李雁晨,周庭锐,周琇. 解释水平理论:从时间距离到心理距离[J]. 心理科学进展,2009,17(4):667 – 677.

[18]王阳,牟兵兵,宛小昂. 空间距离与产品属性对消费者选择偏好的影响[J]. 心理与行为研究,2015,13(4):534 – 540.

[19]车诚,罗卫朋,戚晓琳. 空间和社会距离对虚拟社区在线口碑效价的影响[J]. 软科学,2017,31(4):117 – 121 + 144.

[20]陈海贤,何贵兵. 心理距离对跨期选择和风险选择的影响[J]. 心理学报,2014,46(5):677 – 690.

[21]NI HUANG, GORDON BURTCH, YILI HONG, et al. Effects of multiple psychological distances on construal and consumer evaluation: A field study of online reviews[J]. Journal of consumer psychology,2016,26(4):87 – 101.

[22]黄俊,李晔,张宏伟. 解释水平理论的应用及发展[J]. 心理科学进展,2015,23(1):110 – 119.

[23]王财玉,雷雳,吴波. 伦理消费者为何"言行不一":解释水平的视角[J]. 心理科学进展,2017,25(3):511 – 522.

[24]张腾霄,韩布新. 红色的心理效应:现象与机制研究述评[J]. 心理科学进展,2013,21(3):398 – 406.

[25]费显政,肖登洋. 移动端应用软件图标的触觉心象对消费者偏好的影响研究[J]. 管理世界,2020,36(7):153 – 171.

[26]AURELIA SCHULTE – HOLIERHOEK, LUZ VERASTEGUI – TENA, ROBERT P G, et al. Sensory expectation, perception, and autonomic nervous system responses to package colours and product popularity[J]. Food quality and preference,2017(62):54 – 61.

[27]刘寿鑫,龙伟,李炎炎,程鸿. 融合彩色模型空间的非线性低照度

图像增强[J]. 四川大学学报(自然科学版),2021,58(1):57 - 64.

[28]芦林燕,王豫倩. 多媒体网页中视觉图像色彩增强模型设计[J]. 自动化与仪器仪表,2020(2):193 - 196.

[29]王卉,胡志刚. 人机交互界面中的背景色彩饱和度设计研究[J]. 明日风尚,2017(1):33.

[30]吴靓. 鲜艳的热情:LOGO 饱和度对品牌消费者关怀形象的影响[D]. 南京:南京大学,2020.

[31]刘敏. 色彩饱和度与展示位置的一致性对产品评价的影响研究[D]. 南京:南京大学,2020.

第三篇

数字营销案例

基于自反性的参与者身份演化为平台创造价值过程的研究
——以滴滴出行为例

于浩阳

摘　要： 随着互联网技术的发展，我国数字化交互平台的参与群体呈现多样化的发展趋势，提供物变得复杂，平台边界越来越模糊化，很多平台已经兼具工具性和娱乐性。为探讨数字化交互平台的不同使用者为平台创造价值的过程机制和价值内涵，以及数字化平台参与者的不同客户旅程类型（平稳旅程与黏性旅程）的影响因素，本研究以滴滴出行的主要参与者，即司机和乘客为主要研究对象，以过程理论化为主要研究方法，对相关参与者展开深度访谈，通过引导参与者的反思与回忆收集纵向旅程数据，分析参与者的身份演化、价值创造的过程以及参与者的旅程类型，发现参与者通过身份演化为平台创造价值的过程机制，拓展了企业价值的内涵，为身份演化理论的现实意义提供线索。本研究发现，身份一致的程度会导致不同的客户旅程类型，一致程度高的参与者的客户旅程是忠诚循环，一致程度低的参与者的客户旅程是涉入螺旋。

关键词： 数字化交互平台　身份演化　递归自反性　实践连续性　平稳旅程　黏性旅程

一、绪论

随着互联网技术的发展，商业模式的不断创新，越来越多的数字化交互平台产生，新的商业形式获取价值的过程是怎样的？与传统的企业价值有什么区别？新时代背景下客户旅程的形式与影响因素等未知的又亟待解决的问题促使本研究命题的产生。

（一）研究背景

随着5G技术、大数据、人工智能、移动互联网、云计算、物联网、区块链等新兴技术的应用和普及，人们生活在万物互联的数字化背景中，使营销学中的提供物（Offerings）不再是传统意义上的“成品”，而是转变为更广泛的人工制品、人员、过程和界面的组合，即数字化交互平台（Digitalized Interactive Platforms，DIP）。这类提供物虽然“具有”传统意义上的价值，但更多的是构成了通过互动创造价值的“手段”。考虑到DIP产品边界模糊化和内容复杂化的问题，参与者的客户旅程以何种形式进行，平台如何进行旅程设计，参与者又为平台创造了哪些价值，成为本文主要的研究内容。

（二）研究问题

本文在数字化交互平台的背景下，利用所收集的数据和过程理论化方法对两个研究问题展开探究。首先，从递归自反性理论出发，探索参与者通过身份演化为平台创造价值的过程和价值内涵，以社会文化角度的价值—身份演化作为起点，以递归自反性理论作支撑形成价值创造的过程机制，连接身份与价值。其次，在收集的纵向客户旅程数据的基础上，分析数字化交互平台背景下参与者的客户旅程与传统的“客户旅程”之间的区别、形式和影响因素。

二、文献回顾

（一）DIP数字化交互平台

随着相关研究的发展，营销学中的提供物不再单指商品，而是转变为更广泛的人工制品、人员、过程和界面的组合，即数字化交互平台（DIP）。例如，智能手机/手表、优步和爱彼迎、百度地图、抖音等以各种方式将硬件、传感器、数据存储、微处理器、软件和连接性相结合的智能互联产品。与传统产品相比，DIP产品有以下几方面的优势和不同：①DIP产品为新功能、更高的可靠性、更高的产品利用率以及跨越和超越传统产品界限提供了指数级扩展的机会。②DIP 产品提供了丰富的新价值创造和增长机会。③DIP 产品正在改变为客户创造价值的方式、公司竞争的方式以及竞争本身的界限。这些转变将直接或间接地影响每个行业。④DIP 产品的能力不断增强，不仅重塑了行业内的竞争，而且拓展了行业边界。数字化交互平台与传统的企业在形式、客户参与方式以及企业价值方面都存在显著的区别，因此，借鉴数字化交互平台的相关研究，对于在该背景下探索参与者为平台创造的价值与传统的企业价值创造路径的不同具有指导意义。

（二）身份相关理论

数字化交互平台从某些层面来讲仍然是企业，具有特定的社会属性以及特殊的社会身份。企业身份源于组织身份，Jo Hatch 和 Schultz（1997）指出企业身份与组织身份之间的关系，他们认为企业身份与其所在的意义符号文化相嵌合，这是企业身份在组织层面的意义。有研究概括企业身份的构成因素包括企业核心价值观、经营原则、组织战略使命愿景、领导力、行业、规模、历史、生命周期、竞争地位、原产国、典型雇员等。企业身份自身更多的部分是受领导力的影响，更重视外部的可视化形象，例如消费者、买方企业、供应商、政府对于该企业核心特征的看法、情绪、评价，即感知身份。本文的平台身份主要指参与者对平台的感知身份。李纯青、张海丽等（2015）归纳整理了有关企业身份的研究，发现其集中在企业身份构成要素、身份构建、身份传播这 3 个方面。身份构成要素的研究已经趋于成熟，但目前对于身份演化作为文化消费理论的价值创造部分的研究还相对较少。

（三）递归自反性理论

消费旅程被视为一种实践或一系列实践的持续参与，通过这些实践，一个人可以学习、成长和改变。这些进步的身份项目营造了一个拓展的环境，人们依靠各种资源和更广泛的社会结构为自己和他人创造价值。自反性以递归的方式体现在消费过程，即递归的自反性，并通过自反性结果（模仿、改进、想象和调和）以各种方式持续融入实践，促进价值创造的延续，即实践的连续性（沉浸、适应、创新和解散）。简言之，递归自反性驱动实践的连续性，通过提供增强消费体验的机会和促进身份项目的演变，促进消费者在消费旅程的价值创造。该理论是本研究的主要理论依据，研究所形成的参与者为平台创造价值的过程机制主要参考了递归自反过程以及实践持续形式，是递归自反性理论在为平台创造价值方面的适用研究。

（四）忠诚循环与涉入螺旋

客户体验管理研究越来越关注客户体验旅程在多个服务周期的长期演变。一个占主导地位的平稳旅程模式使客户的生活更轻松，一种可预测体验的循环模式随着时间的推移建立客户忠诚度，也称为忠诚度循环。另一种黏性旅程模式使客户的生活变得激动人心，不可预测的体验的循环模式随着时间的推移增加了客户的涉入度，在这里被概念化为涉入螺旋。但笔者认为平滑旅程模式非常适合于帮助完成工作的工具性服务，而黏性旅程模式则非常适合于冒险娱乐服务。忠诚循环的特征包括为客户提供平稳、一致的客户体验，客户初次购买成本较高，经过初次的触发后经历考虑与对比评价，达成高度慎重的初次购买，购后客户经历了初次的消费体验，经过初始的服务周期之后，再次触发，所经历的初次消费体验促成了再次购买的行为，多次的触发、重复购买以及消费体验构成了后续服务周期，直到遇到忠诚衰减事件，客户转向其他品牌，这个过程就是完整的平稳旅程。

涉入螺旋的主要特征包括为客户提供变化、过山车式的不一样的体验，顾客初次进入是由于好奇，进入的成本较低，随时可以进入或退出，经过初级服务计划之后，完成初始服务周期，在后续的服务周期体验时好时坏，过山车式的体验促成了一次性购买，增加经历涉入与计划升级，直到发生健康问题或福利问题，客户选择退出终止涉入螺旋。这个过程就是完整的黏性旅程。

笔者认为，在数字化交互平台时代，工具性和娱乐性的边界已经模糊化，例如抖音短视频平台，有使用抖音以工具性为主的，如直播带货、记录生活；也有以娱乐性为主的，如打发时间、了解和跟随娱乐趋势。所以参与者对于某一固定的平台形成不同客户旅程（平稳旅程与黏性旅程）的原因并不能简单地用平台工具性和娱乐性概括。

三、研究方法

（一）研究对象选择

本研究以数字化交互平台为主要研究背景，考虑到平台规模、平台稳定性、身份独特性、参与者旅程以及为平台创造价值的显性，特选择滴滴出行这一平台。以“让出行更美好”为使命的滴滴出行是领先的一站式移动出行和本地生活服务平台，提供出租车召车、网约车、顺风车、公交、共享单车、共享电单车、代驾、汽车服务、配送、货运及物流、社区团购和金融等多元化服务。滴滴为车主、司机及骑手提供了灵活的工作机会。以人工智能技术推动智慧交通创新，共同解决全球交通、环保和就业问题。持续致力于提升用户体验，创造社会价值，建设安全、开放、可持续的未来移动出行和本地生活服务新生态。基于滴滴出行的特征与要研究的主要问题，本研究主要选取了网约车与顺风车相关业务的参与者，包括网约车与顺风车司机、乘客。

（二）数据收集

围绕主要的研究问题与研究对象，研究者对滴滴网约车、顺风车司机和乘客进行开放式或半结构式访谈，询问他们的客户旅程或者说使用经历。我们以自反性为焦点进行了采访，鼓励受访者深入思考自己内心的反应与变化，并讲述关于自己经历的深刻故事。我们随机选择样本，要求他们解释其作为参与者的个人身份演化。为保证研究的信度与效度，我们还收集了滴滴出行相关的评论、新闻以及事件，研究者也亲自现场观察注册成为一名滴滴司机，也作为乘客使用滴滴出行。我们对访谈形成的录音数据进行文字转换，包括访谈、评论以及新闻事件文本字数共计十万余字，数据来源的详情如表 1 所示。多方面的信息来源形成了“三角测量”或“三角验证”，保证研究结果更有说服力和可信性。

表 1　数据来源

数据来源	个数	字数
访谈滴滴乘客	16 人	39405 字
访谈滴滴司机	21 人	58321 字
评论	120 条	3516 字
新闻报道	15 条	5344 字

（三）数据分析

本研究遵循过程理论方法，该方法主要用于发现过程中的变化，并探索变化背后的原因以及价值。递归自反性理论的研究就采用了过程理论化方法，由于自反性的不易测量，本研究也主要依靠被访者的自我反思以及叙事展开研究，依靠对滴滴出行这一数字化交互平台的个人理解，对访谈数据进行初步的处理，其中一些故事集中在断断续续的时间节点，而另一些则发生在很长的时段。研究者对收集到的数据进行了稳定性和变化性编码。本研究着重于确定自反性是否或何时出现在滴滴参与者的主轴叙事中，以及自反性如何影响与实践的持续接触。在访谈和自然观察之间进行研究，以获得对自反性的深刻理解。自反性是消费旅程中持续创造价值的基础，研究提取数据中的特定事件，描述了特定的自反性发生和结果。通过调查各种事件中的自反性，能够捕捉消费旅程中的稳定性和变化，以验证数字化交互平台背景下的价值创造过程，探索不同客户旅程的影响因素。

四、研究发现

围绕研究问题与研究对象，对不同参与者的价值创造过程和客户旅程影响因素进行分析。研究发现在自反性理论视角下，不同的参与主体从身份演化到价值创造的过程具有一致性。参与主体经过不断的自我反思产生不同的自反性结果，进而产生不同的实践形式，一系列实践形式构成的客户体验旅程为参与者的身份演化提供机会的同时，为企业创造了卓越的价值。另外，研究发现身份的一致程度是同一类参与主体形成不同的客户旅程的影响因素。

（一）身份演化与价值创造

首先，连接参与者身份演化与为平台创造价值的部分是参与者根据自反性结果形成的不同类别的实践形式。其次，价值创造体现在一系列实践构成的客户旅程中，在数字化平台背景下，客户旅程表现为参与者作为平台用户和潜在用户，在关注和使用平台的过程中参与者为平台创造的价值，这与传统的企业价值有明显的区别。关于价值创造过程的研究拓展了递归自反性理论的适用范围，丰富了价值创造的主体，更新了该背景下价值的内涵。

用户接触平台的瞬间身份校准就开始了，接触平台所形成的感知身份可能是最简单的好与坏，但随着认识的逐渐加深，感知身份会逐渐形成一些身份标签。在该研究背景下，从积极的角度看，滴滴出行被乘客感知为网上叫车方便快捷，系统提供排队、精准定位、合理导航和安全保障的费用明晰的数字化网约车平台，是连接出行需求和闲置车辆的撮合平台，被司机感知为向驾驶员提供就业机会的行业龙头企业，为市民出行提供方便的企业，还是配置汽车资源的背后“大手”。从消极角度看，滴滴出行有时也被乘客感知为有安全隐患的、耗时久、定位不准确的出行平台，也会被司机感知为佣金克扣严重、压榨式劳动、捆绑销售的不良企业。感知身份的形成与个人的经历、身份息息相关。

形成感知身份后参与者主体会产生自身身份与感知身份的比对，即主体的思考，“我也是这样的，我想成为这样的，我拒绝成为这样的人，我是适合的，我是赞成的”。身份是一个多维的动态结构，通过递归循环的自反，参与者将相关的因素吸纳为或排斥出自己的身份。

根据自反性理论，身份一致会产生 3 种自反性结果，即模仿、改进、想象，而身份不一致会导致两种自反性结果：想象与调和。本研究发现自反性理论同样适用于数字化交互平台背景下的参与者行为解释。

身份为大学生的乘客没有经济来源，往往追求方便快捷、便宜的出行服务。“快和性价比确实是我追求的，但是一个人逛，旅游这块我做得比较少”。“就因为我现在上学，可能一个人出去的时候比较多，对一个人来说，拼车方便，等待时间比较短，而且比较划算”。“便宜，而且在疫情期间不愿意乘坐公交车，觉得那样风险比较大”。

在收集的访谈数据中，滴滴出行调整营销策略后，优惠券的减少发放或者乘车成本的提高，使大学生用户感知的滴滴出行身份与大学生身份产生不一致性，这会对后续的实践连续性产生影响。

“我花的都是爸妈的血汗钱，图方便快捷，结果滴滴出行这么贵”。这种身份不一致的认识进而导致调和和想象，调和者觉得花父母的钱是不合适的，选择不再使用滴滴；也有人选择这次使用滴滴出行，在其他方面节省开支。而想象者会考虑如何弥补父母，兼职赚钱或者是为爸妈准备礼物。在滴滴出行推出低价版的青菜拼车时，大学生乘客似乎又获得了身份一致，在多次使用之后，慢慢享受使用滴滴出行的方式，或者适应拼车时陌生的乘客坐在一起。各种各样的实践形式构成了该群体的客户旅程，在这个旅程中除了多次打车在滴滴出行平台产生的费用贡献之外，还会产生向他人推荐、客户忠诚度、增加客户涉入和加快用户规模增长的价值。

身份为上班族的乘客，赶时间、方便、服务专业是上班族的诉求，他们需要这样的滴滴出行来强化自己的身份，确实也得到了这样的体验。

“一是它相对于公交车来说是比较方便，而且不会出现拥挤的情况，给人的舒适度是很高的。二是网约车可以直接从你的始发地到目的地，不像地铁或者公交车需要步行一段时间才能坐车，非常方便的。可能与当前身份有关系，如果以后工作了，可能会选择专车多一点，毕竟专车的服务态度，或者说舒适度可能会更好一点，这个是我选择网约车的一些原因”。

滴滴平台经过不断的完善、开展人员培训，为乘客提供的服务越来越规范，所以上班族在出行时大多会选择快车与专车，几乎不选择拼车。另外，上班族多会购买滴滴出行的会员，在这个过程中，对于专车和快车甚至优享的身份与上班族的一致，产生了改进、模仿和想象。

“我虽然是一个上班族，但是有一段时间工作地离家比较近，十几分钟，直接使用滴滴。因为是上班族，来回上下班的费用可以报销，所以使用滴滴打车软件时，用的是滴滴的企业版，它最方便的一点就是可以把你的行程实时地同步到我们公司的报销平台，这样我报销的时候也不需要开票，只要把我的行程选择‘以后’就可以直接点击报销了，比较方便。”

遇到打不到车或者经济能力有限的情况等与原身份相矛盾的情况，调和就会出现，进而产生的实践形式就有可能是解散或创新，比如使用拼车、放弃打车、选择其他出行方式等。

“滴滴有一个加价的方式，如果加价是在我可以接受的范围我会选择继续等待，但是如果加价的价格很高，我可能选择去高德平台或者曹操出行等其他的平台，或者说如果周边有共享汽车，我也会选择用共享汽车这种方式出行”。

身份为滴滴司机的参与者，自由、舒适、稳定、温馨、高回报和有成长的工作是其身份诉求，滴滴是否被感知为相似的身份，与司机本身也有很强的关系。无业的杨某表示选择滴滴最大的原因就是滴滴有较自由的时间安排，就是因为热爱自由，有强烈的自尊心，所感知的滴滴身份能够强化杨某这一身份，因此杨某成为一名全职的滴滴司机，持续的实践为滴滴创造了卓越的价值。

“我不用按时上下班，比如说我白天累了就休息，晚上上班，或者晚上上班了，白天休息，或者家里临时有什么事情，我可以灵活安排自己的时间”。

张某表示自己一直喜欢开车，也非常喜欢拉乘客去风景优美的地点，身份的一致性会导致张某沉浸在这份工作中，重复这项实践活动，为平台的乘客提供愉悦的服务，使平台在乘客群体产生良好的口碑与忠诚度。

“其实我比较喜欢开车，我的乐趣就是能接个比较偏的单，尤其是想去南边、想去山里面、去河边，我开着车就感觉很舒服，心情也舒畅，就爱看风景，从小就喜欢坐车，很奇怪，有时候我一个人能开很远，七八十公里、100 公里。开着车不论有没有顾客，就感觉很开心，就是转一转，看看风景。”

李某作为一名全职司机，对开车姿势有一些见解。这是李某在意识到身份一致性后，以改进为驱动的适应，李某意图改进优化身份所产生的身体机能的适应，坐姿的调整使李某能更长时间地为滴滴、为乘客提供服务。

“我觉得开车的姿势很重要，尽量调整自己的姿势，让自己保持一个最轻松的状态。我开车，一般喜欢把座椅调得低一点，然后靠背稍微往后靠一点，这样靠在座椅上，脖子其实在这里垫着，也不会疼，肩膀可能有点疼，腰疼我还没有感觉到。发现有的人不知道为什么习惯那样坐直了，即便是一只手在开车，但是这样的坐姿很容易累。”

司机高某表示自己察觉了身份矛盾性，平台对油价上涨没有一定的反应，并且增加了佣金的成本，矛盾难以调和，促使高某终止了关于滴滴的客户旅程。

“像现在就不怎么跑滴滴了，因为现在油价也涨了，平台对价位也没有调整，平台扣得也比较多。我以后可能就不跑了，也不会跑别的平台，纯粹就是不跑了，我身心疲惫。”

当参与者身份与平台身份一致时，人们将以相同的方式进行消费，即他们的身份在很大程度上是由平台身份塑造的，并且实践的实施将以类似的方式反复进行。当身份与主导身份不一致（身份错位）时，一个人被迫做出选择。我们发现，当有多个相互竞争的身份集聚到一个人意识的最前沿时，或者当平台身份本身发生变化时，参与者就很难决定是否或以何种方式继续从事一项实践，因此，调和和想象具有不确定性，尤其是想象在研究数据上或者现实生活中出现较少。

综上，本研究提出了参与者身份演化为平台创造价值过程的模型图，如图 1 所示。该模型说明了身份演化后会产生身份一致与失调的结果，身份的一致与失调会引导参与者产生递归的自反，通过自反，参与者吸收或排斥相关的身份对参与者的身份演化提供可能，自反性的结果同时会驱动参与者产生一系列实践行为，也就是实践连续性，这一系列的实践行为构成了参与者的客户旅程。在旅程中，由于客户旅程类型的差异，参与者为平台创造的价值也有所不同，分别表现为口碑、重复购买、客户忠诚、用户数量激增、客户投入增加。该模型表明了参与者身份演化为平台创造价值的过程机制，同时发现了在数字化交互平台背景下价值的新内涵。表 2 说明了该模型中相关的基本概念。

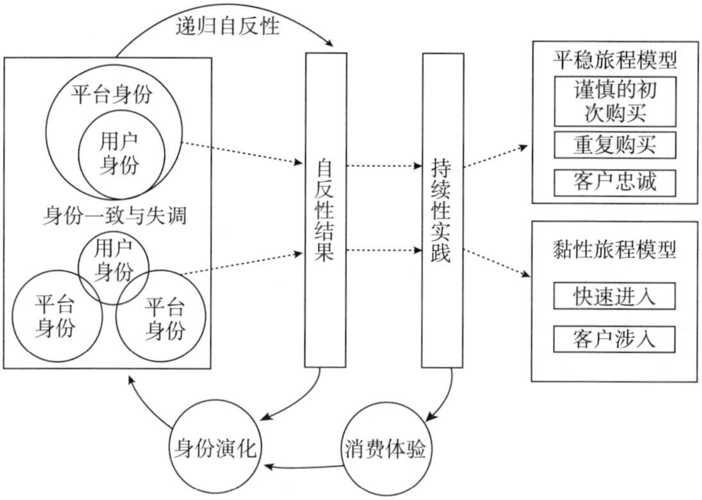

图 1　参与者身份演化为平台创造价值过程模型

表 2　参与者身份演化为平台创造价值过程模型的基本概念

概念	定义
平台身份	在本研究中主要指客户感知的平台身份
用户身份演化	随着时间的推移，用户身份演化发展
身份校准与失调	客户意识到企业的存在时，会不自觉地将自己身份与企业身份进行比对
自反性结果	客户对身份比对后产生的结果，属于内在世界的思想
持续性实践行为	持续地从事实践活动
平稳旅程模型	强调客户体验一致性、轻松性和可预测性的客户旅程
谨慎的初次购买	经过慎重考虑与评价的初次购买
重复购买	也称回购，经过谨慎的初次购买后再次购买
客户忠诚	客户对企业的情感依赖与维护
黏性旅程模型	强调客户体验不一致性、轻松性和不可预测性，保持客户兴奋的客户旅程
快速进入	指进入或参与到企业活动过程，成本较低和步骤简单，能够快速地融入
客户涉入	客户投入时间、精力、体力等参与一项活动

（二）影响忠诚循环与涉入螺旋的原因分析

如图 1 所示，价值创造过程的明晰，使得不同客户旅程的影响因素也逐渐显现，在探索客户旅程影响因素的过程中，与传统的工具性、娱乐性划分客户旅程标准不同，本次研究以滴滴司机及滴滴出行这一数字化交互平台为主要研究分析对象。在本次研究的司机样本中，既有全职滴滴司机也有兼职滴滴司机，年龄为25～57岁，跨度较大，身份多种多样，司机的客户旅程的类型被归纳为忠诚循环、涉入螺旋和混合式旅程，本研究旨在探索忠诚循环与涉入螺旋两种客户旅程不同的影响因素，因此混合式客户旅程不作为本研究的重点。

王某虽然是兼职司机，仍有明确的目的，增加收入是该司机的主要目的，平台也确实为他提供了部分收入，所以该平台对于他来讲主要是工具性平台。但在使用平台的过程中，派单具有随机性，对于以劳动赚钱为目的的王某来讲，平台为其提供了过山车式的体验，接单金额的大小直接影响了他的体验。由于王某无法频繁拒绝派单，所以他对接下来派单产生了期望，做梦梦到平台为他连着派单都是去机场或者郊区的远单，过山车式的体验和对远距离单子的期望使他不断地接单、跑单，投入的时间和精力不断增加。关于客户旅程的结束，王某表示由于兼职，时间和体力成为其结束使用滴滴的主要原因。

“平时就是下班跑一跑，成本比较低，只要注册一下就行了，成为滴滴的兼职司机主要是为了增加一点额外的收入。现在不怎么跑了，因为油价也涨了，平台对价位也没有调整，平台扣得也比较多，平常还有其他工作，家里开了一个商店，经常要帮家里进货，处理事情”。

曾就职保险行业的全职滴滴司机张某选择滴滴出行前经过了慎重的考虑与评价，自己喜欢开车，滴滴出行对于他来讲是娱乐性为主的，但是使用过程为其提供了快乐、体验的一致性，使他重复选择滴滴，对滴滴产生了强烈的客户忠诚。

于某虽然是一名兼职滴滴司机，但这份工作更多的是打发时间的工具，滴滴为其提供的服务基本是一致、平稳和满意的，机械性地重复完成任务是工作的主要日常。因此他的客户旅程可以归纳为忠诚循环，该旅程结束的原因是忠诚衰减事件的发生，导致其转向其他事情或者品牌。

“因为早上7点送完小朋友上学就没事了，把车开回家再出来，或者去单位太麻烦了，出去还能赚点儿钱，其实相当于没有额外成本，就是注册一下，驾照自己平时也要用，基本上成本比较低，主要是觉得滴滴市场占有率比较高，乘客比较多，单子比较多。与乘客也会谈大家都感兴趣的一些话题，共同的兴趣爱好，遇到志同道合的人，大家都比较开心。我觉得大部分乘客素质都比较高。跑滴滴时，虽然拉的乘客不一样，但是感觉是差不多的。没有期待过接下来跑什么单，期待乘客是什么样的人，期待他去哪里。就是正常地给派什么单就接什么单，就把乘客送到就行了。如果不做滴滴，可能也就不跑了吧，肯定还有其他的事情要忙。”

梁某是全职滴滴司机，对梁某来讲滴滴除了是一份工作，更是自我历练和丰富生活的机会。不同的跑车经历，有能够学习到知识的，也有令人烦躁的堵车的短单。不一致和不确定的体验使梁某不断地涉入滴滴的服务升级并且有上瘾的感觉；若是以后不跑单的话可能就是考虑身体因素直接终止这项行为，因此可以将梁某的客户旅程归纳为涉入螺旋。

“基本上是喜欢自由，不想受束缚。觉得拉不一样的乘客很有意思，什么人都能碰上，有乐在其中的这种感觉。这份工作对个人性格，还有一些技能，比如说处理矛盾的技能，或者说使用手机的技能，或者说开车的技能，都有益处。时间长了，性子磨好了，变得更沉稳。”

全职的、兼职的滴滴司机，根据工具性和娱乐性进行划分的客户旅程都出现了矛盾与例外，因此归纳总结不同客户旅程的影响因素对该理论具有补充意义。经过对数据的分析，发现感知的身份是不同客户旅程的影响因素，不同的参与主体对于滴滴所形成的感知身份也具有明显不同的感知重点。王某在兼职滴滴的同时是一名商店的经营者，以家庭经营为重点的兼职滴滴有明显的利益导向，单子金额的大小影响了他的体验。而他在较短的时间想创造较大的收益，类似于博彩的上瘾机制促使他的客户旅程为涉入螺旋。张某作为全职滴滴司机，在与保险从业的身份矛盾调和过程中，认识到自己对开车、对劳动换取收益、对欣赏路途风景的热爱，为了兴趣与爱好从事这样的工作，这个平台对于他来讲更多是一种娱乐性质，但与预期一致和稳定的工作内容使他的体验更加偏向于平稳旅程模型，不断地重复工作内容直到忠诚衰减事件的发生，到那时可能张某不再从事接送乘客的业务或转向其他的平台。于某使用滴滴主要是为了打发时间，在上下班接送孩子之余，接送乘客更像是一种接受任务完成任务的娱乐项目，而且自身没有较明显的诉求，所感知的体验是四平八稳的，乘客的不同、目的地的不同对他的体验并没有造成影响，他对于滴滴的忠诚度是最低的，但仍然符合忠诚循环的条件。司机梁某作为全职滴滴司机，以接送乘客为主要职业，滴滴对于他来讲主要是工具性的平台，在城市接送乘客是从未接触过的工作内容，因此体验最为丰富，身份的矛盾调和最为明显，自身身份的演化从技能、性格、身体机能各个方面都有突出表现，对于平台服务升级的需求也更为强烈。

综上，身份的一致性程度导致参与者客户旅程的差异。具体来讲，身份一致性程度越高，实际体验和预期越相似，所感知的服务体验差异性越小，因而参与者的客户旅程是平稳、一致、可预测的；相反，身份一致性程度越低，所经历的实际体验与预期差异越明显，参与者的客户旅程是过山车式的、不一致的、不可预测的。对未来体验的好奇会导致参与者涉入的程度不断加深，使参与者被卷入涉入螺旋。

五、研究结论与讨论

（一）研究结论

本研究选取滴滴出行的参与者为主要研究对象，在数字化交互平台的背景下，建立了参与者身份演化到价值创造的过程机制，即参与者通过与所感知的平台身份比对产生自反性结果，自反性结果所产生的一系列持续性实践形成的客户体验构成了参与者的客户旅程，两种不同的客户旅程中的实践形式为平台创造了口碑，产生重复购买、客户忠诚、用户数量激增与客户投入增加的价值。这也是数字化交互平台参与者为平台所创造的价值与传统价值间的区别，研究最终丰富了企业价值的内涵。

另外，在数字化交互平台背景下，对不同客户旅程的影响因素进行探索。结果显示，该背景下可以将客户旅程概括为两种不同的类型，包括忠诚循环和涉入螺旋，身份一致性程度导致不同的客户旅程类型，一致性程度高的参与者的客户旅程是忠诚循环，一致性程度低或者说身份失调的参与者的客户旅程是涉入螺旋。

（二）研究贡献

递归自反性理论主要研究了消费者与社会制度之间的自反性，消费者通过自反为自身创造了身份演化和体验的价值。相对于递归自反性理论而言，本研究的贡献在于探索了数字化交互平台背景下参与者身份演化为平台创造价值的过程机制，发现了企业价值在该背景下的新内涵。另外，研究发现身份一致的程度不同会导致不同的客户旅程类型，这补充了关于客户旅程类型研究的结论。在实践方面，本研究对数字化交互平台如何管理价值创造和设计参与者的客户旅程提供了指导，平台通过对价值创造的过程机制的了解，管理参与者及其所感知的平台身份的一致性，创造不同形式的价值，因此该理论对平台在价值与参与者客户旅程方面的管理提供理论依据。

（三）研究局限

本研究总体是在自反性理论的视角下，对相关的研究问题做以解释和说明，因此可能不够全面。以滴滴出行乘客和司机为研究对象的研究不够深入和完整，对于滴滴平台背景下产品类别、竞争环境等未做细致研究。最后，研究发现的混合式的客户旅程模型原因有待研究，本研究并未关注其内涵与具体原因，随着数字化交互平台的发展，混合式的客户旅程可能成为未来的重点研究方向。

参考文献

[1] VENKAT RAMASWAMY, KERIMCAN OZCAN. What is co – creation? An interactional creation framework and its implications for value creation [J]. Journal of business research, 2018(84):196 – 205.

[2] FØLSTAD, ASBJØRN, KNUT KVALE. Customer journeys: A systematic literature review[J]. Journal of service theory and practice, 2018, 28(2): 196 – 227.

[3] JO HATCH, M, SCHULTZ, M. Relations between organizational culture, identity and image [J]. European journal of marketing, 1997, 31 (5/6):356 – 365.

[4] BHATTACHARYA, C B, SEN, S. Consumer – company identification: A framework for understanding consumers' relationships with companies [J].

Journal of marketing, 2003,67(2):76-88.

[5] 李纯青,吕俊峰,王肖利,马宝龙. 多元企业身份张力调和机理研究[J]. 管理学报,2020,17(2):278-289.

[6] 李纯青,张海丽,马军平,李松玲. 基于战略配称视角的企业品牌化作用机理研究:以意大利环意国际旅行社为例[J]. 管理案例研究与评论,2015,8(3):269-283.

[7] THOMPSON, C J,TAMBYAH, S K. Trying to be cosmopolitan[J]. Journal of consumer research,1999, 26(3):214-241.

[8] AKAKA, M A, VARGO, S L,SCHAU, H J. The context of experience [J]. Journal of service management, 2015, 26(2):206-223.

[9] SCHAU, H J, GILLY, M C,WOLFINBARGER, M F. Consumer identity renaissance: The resurgence of identity-inspired consumption in retirement [J]. Journal of consumer research, 2009, 36(2):255-276.

[10] AKAKA M A, SCHAU H J. Value creation in consumption journeys: Recursive reflexivity and practice continuity[J]. Journal of the academy of marketing science, 2019, 47(3):499-515.

[11] EPP, AMBER M,LINDA L PRICE. Designing solutions around customer network identity goals[J]. Journal of marketing, 2011, 75(2): 36-54.

[12] SIEBERT A , GOPALDAS A, LINDRIDGE A, et al. Customer experience journeys: Loyalty loops versus involvement spirals[J]. Journal of marketing, 2020, 84(4):45-66.

[13] BLEIER, ALEXANDER, COLLEEN M. HARMELING et al. Creating effective online customer experiences[J]. Journal of marketing, 2019, 83(2):98-119.

[14] GIESLER, M,THOMPSON, C J. A tutorial in consumer research: Process theorization in cultural consumer research[J]. Journal of consumer research, 2016,43(4):497-508.

[15] GLASER, B, STRAUSS, A. The discovery of grounded theory [M]. Chicago:Aldine, 1967.

基于文化创新的消费者
—企业认同形成过程研究

韩泽坤

摘　要：文化创新已经成为能够促进企业自身发展的有效途径。而消费者—企业认同对于企业来说同样是增强其竞争实力的重要来源。本文通过研究发现，文化创新可以通过创造象征价值与社会价值来满足消费者的自我定义需要，从而实现消费者—企业认同。本研究结合文化创新理论与认同理论探索了一条由文化创新通往消费者—企业认同的道路，构建了一个基于文化创新的消费者—企业认同路径模型，拓展了相关理论研究。

关键词：文化创新　自我身份定义需要　消费者—企业认同

一、引言

文化创新对企业与消费者而言已不再是一个陌生的概念，是一种提升企业竞争力的手段。不同的企业都在努力积极进行文化建设、追求文化创新，从而在精神内涵这一层面提高消费者的感受和体验，以生动而独具一格的文化内容使消费者产生认同，增强消费者对企业的拥护与支持，而消费者—企业认同便是消费者与企业在情感方面建立联系的具体表现形式之一。

消费者—企业认同是帮助企业与消费者建立愈加深厚关系的心理基础。当消费者—企业认同达成后，消费者往往会在行为与态度方面对这家企业表现自己的忠诚。消费者会重复对该企业的产品与服务进行消费，主动帮助企业进行宣传与推广，把企业推荐给自己身边的其他消费者。同时，这些消费者乐于帮助企业抵制有关企业的不利传闻，从而帮助该企业维护良好形象。消费者—企业认同将帮助企业获得消费者对其在态度与行为两方面的支持，从而帮助企业实现更好的发展，为企业创造更多的价值。由此可见，消费者—企业认同能够提升企业竞争力。如果企业可以更加有效地挖掘影响消费者—企业认同的因素，就能够获得对消费者—企业认同的认识。

基于以上原因，本研究把文化创新相关理论与消费者—企业认同相关内容进行结合，探索文化创新将如何激发消费者对于企业的认同，并构建消费者—企业认同路径模型，拓展相关领域的研究，同时为企业在该领域的相关实践活动提供理论支持。

二、文献综述

（一）文化创新

创新文化表述的核心内容即为创新的意识形态，而这部分内容需要通过神话和文化密码加以具象化并加以传递，才能使文化表述变得更加生动，更加容易被消费者理解与接受。

意识形态、神话和文化密码成为文化创新的关键内容——文化表述。文化创新需要在意识形态的基础上进行，需要对主流文化进行识别，并以此为依据寻找突破口，在主流文化中挖掘新的意识形态机遇。当主流文化向消费者不断传递的文化表述已经无法继续满足消费者的需求时，消费者就会十分渴望能够满足他们这种需求的企业出现。这些企业需要在识别主流文化的同时形成创新的文化表述，回应消费者的需求。

然而，由于意识形态是一种抽象的观念，这种概念化的产物很难直接被广大消费者消化与吸收，所以意识形态只能借助于神话与文化密码的进一步传递与表达才能以更加具象化的形式更好地被消费者感知。当企业通过研究主流文化确认创新的意识形态之后，就需要构建相应的神话和文化密码与创新的意识形态相结合，从而完成创新文化表述的构建。文化表述的第二部分内容即为神话。神话是具有教育价值的故事，意识形态层面的内容可以包裹于神话这层具象化的外壳内，从而更好地被消费者体会。依托于神话，抽象的、概念化的意识形态将变得不再那么晦涩。例如全球闻名的香烟品牌——万宝路，正是由于以敏锐的眼光挖掘了美国西部文化的独特魅力，从而创造了与自身品牌息息相关的牛仔神话，才使得该品牌想要传达的“坚毅”“开拓”“勇敢”等意识形态方面的内容更好地被消费者理解。

文化密码是文化表述中另一个组成部分，单纯依靠神话并不能完全让消费者产生认同甚至共鸣，而是需要进一步引入贴切且更加生动形象的内容来进行进一步的文化表述建设，该内容就是文化表述中另一个组成部分——文化密码。文化密码能够帮助企业使自身所构造的文化创新内容得以被消费者感知与理解。例如肯德基辨识度极强的品牌标志——创始人哈兰·山德士上校面带微笑的头像，便更好地向消费者传达其作为快餐品牌的“轻松”“热情”“快乐”的精神内涵。

当抽象难懂的概念性内容被层层包裹在神话与文化密码的双层糖衣之下时，它便不再像之前一般晦涩难懂。当企业深挖主流文化与消费者需求之间的断层，发现其中的机遇并由此创造直击消费者心灵的创新意识形态，围绕创新意识形态构造相应的神话与文化密码后，文化创新最重要的步骤便已经完成了。

（二）消费者—企业认同

消费者—企业认同是一种消费者自我感觉与某个企业之间的联系，是深厚、双赢的消费者—企业关系的基础。消费者会在某种意义上根据企业对自身进行界定。消费者—企业认同是一种认知层面的关联，当消费者对自我的认知和某个企业所拥有的身份上的属性极其相似甚至相同时，消费者对该企业的认同便会实现。消费者对企业的认同的不断提高可以使企业更有效地建立并管理企业与消费者之间的关系，帮助企业保持自身竞争力。

社会认同理论与身份理论是消费者—企业认同这一理论的根源，在市场营销相关学科中，它们受到越来越多的学者关注。身份理论被用于对个人的角色进行解读，而社会认同理论则是关于社会心理学方面的内容，用于解释群体过程和群体间关系。在相关学科发展的早期，认同被认作一个过程。在这一过程，人们试图通过模仿其他人以达到成为群体的一部分的目的。组织认同这一学说近年来的主要发展方向是讨论认知构念——集中在自我与组织的统一性以及个人和组织属性间的一致性。在近年来的管理学研究中，相关学者认为社会认同中包含3种不同的成分：认知成分、评价成分与情感成分。后来，又有学者将组织认同中的认知与情感和自我不确定与自我提升相联系，消费者—企业认同模型中的认知（CCICog）维度和情感（CCIAff）维度分别由不同的自我动机驱动：认知由“自我不确定”驱动，情感由“自我提升”驱动。与此同时，相关研究表明倘若人们对组织所秉持的信念在其对自我进行界定的环节发挥作用，人们就会对这个组织产生认同。结合以上这些研究结论与 Bhattacharya 和 Sen 的研究可以得出，顾客对企业的认同不能单单依靠企业自身开展，而必须经由消费者关于自我界定方面的需要的实现才能被确认并实施，消费者—企业认同的推动因素，即消费者对自我身份进行界定需要3个维度：自我连续需要、自我区别需要、自我提升需要。

当对某一企业产生消费者—企业认同时，消费者能够利用企业和产品的象征特性，通过构建和传递身份的重要内容而有所收获。与此同时，消费者就会从态度与行为上对企业表现忠诚，将企业推荐给其他消费者，以及愿意为企业所提供的产品与服务支付更高的价格，同时更愿意以各种方式维护这家企业。通过消费者的这些表现，企业也会获得更多的收益。与此同时，消费者与企业在消费者—企业认同的产生过程中形成的关系将会比较稳定，消费者往往会在自我意识和企业期望这两者中寻找某种一致。

三、研究设计与研究实践

（一）研究方法

此次研究参照靳代平等（2016）、杨洋等（2017）、汪涛（2020）的研究方法，运用扎根理论的相关方法来进一步开展相关工作。首先，本次研究收集了开展后续工作所需要的相关资料，并对收集的相关资料进行编码，对其进行相应的抽象与提炼，最终形成本次研究的理论模型。开放性编码是将收集的相关资料概念化和初步范畴化的过程。而主轴性编码的作用则是对上一步编码所得出的范畴进行又一次的归纳与抽象，最终构建三级编码中的主范畴。选择性编码则是编码过程的另一个步骤，这个步骤即为形成编码工作中核心范畴的步骤。本研究参照上述内容，对收集的原始资料进行了相关编码。

（二）数据收集

本研究从哔哩哔哩《后浪》《入海》《干杯》3个视频内容中提取了研究所需的相关资料。同时，从哔哩哔哩《后浪》《入海》《干杯》原视频附加的评论区收集整理了用户的评论留言作为又一相关资料。在收集完这两部分资料后，本研究对《后浪》《入海》《干杯》的部分观看者进行了访谈，收集到一些对本研究有帮助的第一手资料。

（三）数据分析

在相关资料收集完毕之后，本研究根据汪涛（2020）的编码方法继续开展相应的编码工作。将本研究所收集到的相关资料进行了概念层面的划定，并进一步开发若干副范畴。将主轴性编码这些范畴进行了更深层次的聚类，形成不同的主范畴。在主轴性编码之后，选择性编码是对以上从数据中归纳的范畴进行进一步的概括。

本研究先对收集的原始资料进行编号。本研究根据原始资料的各个来源，将原始资料划分为“A、B、C、D”4个大类。A类资料来源于哔哩哔哩《后浪》《入海》《干杯》原视频的视频评论区，参考了靳代平等（2016）、杨洋等（2017）的编号方法，根据“视频编号—评论编号—语句编号”对A类资料进行编号排序。《后浪》是第一个视频，《入海》和《干杯》分别为第二个与第三个视频。例如A－1－1－1，是指研究收集的《后浪》原视频评论区的第一个留言中第一个语义段落；以此类推。B类资料来源于《后浪》的朗诵原文，参考上述方法，根据本研究所选取的朗诵原文的段落与语义进行编号，即“所选段落编号—语句编号”，例如B－1－1，是指研究所选取的朗诵原文的第一段中第一个语义段落。而C类资料则是指本次研究所选取的《后浪》《入海》《干杯》原视频中的宣传文案资料、视频画面资料与配乐资料内容，根据“研究所选取的原视频的编号以及其中的文案语句、视频画面、视频配乐编号”进行编号排序，《后浪》是第一个视频，《入海》和《干杯》分别为第二个、第三个视频，例如C－1－1是指研究所选取的《后浪》中宣传文案或视频画面或者视频配乐的第一部分（具体的宣传文案、图片、配乐分类在开放式编码中有所标注)。D类资料源于本次研究所进行的访谈，根据“受访者编号—问题编号—语句编号”进行编号，例如D-1-1-1，是指第一位受访者对第一个问题的回答中第一个语义段落。原始数据编号完成之后，本研究将整理完毕的306条编号数据进行了概念化，并根据相关理论支持将所凝练的概念进一步范畴化，形成本编码的13个副范畴。在开放性编码完成之后，本研究根据相关理论进一步对上一步编码所提炼的13个副范畴进行了归纳与聚类，形成了5个主范畴，如表1所示。

表1 主轴性编码展示

编号	主范畴	副范畴	关系内涵
1	把握社会意识形态机遇	识别主流文化	企业在识别出主流意识形态后意识到主流意识形态与受众所需要的意识形态的差别
		挖掘意识形态机遇	
2	回应新的意识形态需求	采集与改编原始素材	通过采集与改编原始素材，提出与主流文化不同的观念，形成创新的文化表述的内容，来回应通过把握社会意识形态机遇所识别出的意识形态需求
		提出与主流文化不同的观念	
		形成创新的文化表述	
3	价值创造	象征价值	文化创新衍生象征价值和社会价值两种价值。社会价值能够帮助消费者建立自己的社会身份，这种社会身份能够帮助消费者在与其社会身份不同的群体面前建立一种优越感，同时这种社会身份能使消费者建立与其他拥有这种社会身份的消费者间的团结。象征价值能解答消费者关于自身身份的疑问，同时能帮助消费者解开关于自身追求与自身价值的疑问
		社会价值	
4	需要满足	满足消费者的自我连续需要	这3种被满足的需要即为自我定义需要的3个维度
		满足消费者的自我区别需要	
		满足消费者的自我提升需要	
5	消费者—企业认同	相符感	相符感这一维度囊括了消费者对于企业的认知和情感；归属感这一维度在体现企业触发消费者情感的同时，表达了消费者想要与企业建立更加密切的联系的期望；效能感这个维度体现了消费者对于自己对企业进行的价值创造的贡献的判定
		归属感	
		效能感	

选择性编码是对之前的编码步骤所得出的范畴、关系等进行深层次的概括和简明扼要的说明。本研究将本次编码的核心范畴概括为一条从文化创新通往消费者—企业认同的“故事线”，将主轴编码过程形成的5个主范畴提炼成为4个核心范畴，如表2所示。

表2 选择性编码展示

编号	核心范畴（关系类别）	主范畴	副范畴
1	企业的行为	把握社会意识形态机遇	识别主流文化
			挖掘意识形态机遇
		回应新的意识形态需求	采集与改编原始素材
			提出与主流文化不同的观念
			形成创新的文化表述
2	中介变量	价值创造	象征价值
			社会价值
3	企业行为为消费者带来的作用	需要满足	满足消费者的自我连续需要
			满足消费者的自我区别需要
			满足消费者的自我提升需要
4	企业行为最终对消费者—企业关系产生的作用	消费者—企业认同	相符感
			归属感
			效能感

四、模型构建与模型分析

（一）模型构建

根据上述编码构建本次研究理论模型，模型如图1所示。

（二）模型说明

Holt与Cameron（2010）通过大量事实案例证明，真正具有意义与作用的文化创新必须在明确由社会的发展与历史的变化引起的意识形态机遇的基础上开展。意识形态机遇源于社会断裂，社会断裂可以理解为一种被社会主流视为理应如此的文化表述，受到消费者质疑甚至否定时，新的文化表述受到消费者急切渴望的现象。倘若企业能够利用创新文化表述满足消费者的这种急切的渴望，那么企业就能够得到消费者的关注与支持，甚

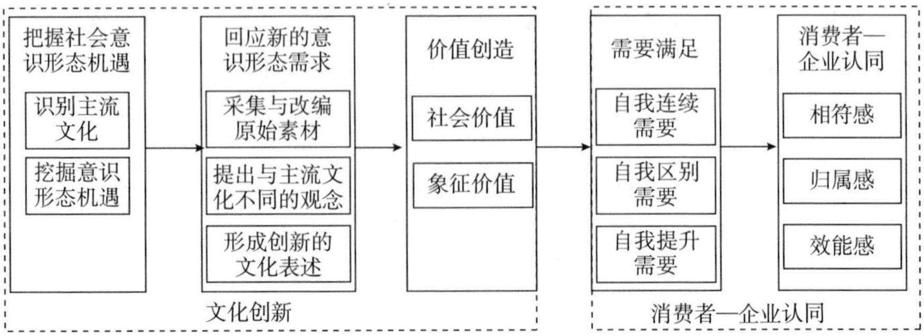

图1　基于文化创新的消费者—企业认同形成路径模型

至青睐。因此，由文化创新通往消费者—企业认同的第一步，即对主流文化进行充分把握，然后挖掘新的意识形态机遇，了解消费者的真实诉求，从而帮助企业在后续的文化创新中更加有效地“对症下药”，构建创新的意识形态来满足消费者对主流文化的意识形态的真实需求。

由文化创新通往消费者—企业认同的第二步是对识别出的消费者的意识形态需求做出相应的回应。在这一过程中，企业首先应该对现有的原始素材进行采集与改编，并加以合理利用。原始素材通常有亚文化、媒体神话、品牌资产这 3 种类型。亚文化即为围绕着某种与其所在领域的主流文化对立的意识形态的地方或者群体。而媒体神话常被裹挟于与流行文化相关的产品，例如书刊、音乐、新闻等。而品牌资产则为企业所实行的富有文化意味的商业实践以及被消费者记住的品牌历史及其文化表述。其次，企业应发掘并开创与主流文化相异的价值观念，从而吸引那些无法被主流意识形态满足的消费者，满足他们对于创新意识形态的需求。在此基础上，企业要围绕自身所提出的创新的意识形态构造与之对应的创新的神话与文化密码，完成创新的文化表述的构建。哔哩哔哩对相关原始素材进行了相应的改编与运用，例如其推出的视频中出现了“宅舞文化”“Cosplay 文化”“电子竞技运动”等亚文化元素，以及其吉祥物“2233 娘”等品牌资产元素。同时，其视频还选用了当下流行音乐人毛不易、五月天等人创作、演唱的流行歌曲作为背景音乐，受到诸多好评，这也是哔哩哔哩成功运用媒体神话进行创新文化表述构建的实例之一。在对原始素材进行改编之后，哔哩哔哩围绕自己提出的那些符合年轻消费者群体的价值主张构造相关文化表述，创作了《后浪》《干杯》与《入海》3个视频，使其创新的意识形态变得更加生动活泼，能够更好地被消费者接受。

从文化创新这一起点进一步迈向消费者—企业认同之路的第三个步骤就是价值创造。Holt 与 Cameron（2010）认为，文化创新的产物中包含社会价值与象征价值两种能使消费者受益的价值产物。社会价值能够帮助消费者建立自己的社会身份，这种社会身份能够帮助消费者在与其社会身份不同的群体面前建立一种优越感，同时这种社会身份有助于消费者与其他拥有这种社会身份的消费者的团结。象征价值能解答消费者关于自身身份的疑问，同时能帮助消费者解开关于自身追求与自身价值的疑问。例如哔哩哔哩进行文化创新所产生的社会价值与象征价值体现在其发布的视频内容中。在《后浪》中，哔哩哔哩便告知了青年消费者群体身为“一个国家最好看的风景”的国家栋梁身份，帮助这些消费者认识到这种社会身份，使得他们为自己的这种身份而感到骄傲，从而产生一种优越感。哔哩哔哩还在视频中向年轻的消费者群体提出“向你们的专业态度致敬，你们正在把传统的变成现代的，把经典的变成流行的，把学术的变成大众的，把民族的变成世界的”等价值主张来帮助青年消费者群体解开关于自身追求与自身价值的疑问。

企业文化创新创造的象征价值与社会价值能够满足消费者的自我定义需要。自我定义需要的3个维度即为自我连续需要、自我区别需要与自我提升需要。自我连续需要即消费者在不断对自我和世界进行了解的实践中，希望自己无论多久、遇到什么样的状况，都能保持稳定的、一致的自我意识，即消费者试图建立一个与自我认知相一致的社会身份。而消费者试图满足既想要自己和别人相似，又希望自己是与众不同的这种复杂需要，即消费者的自我区别需要。而消费者渴望维护并对积极的自我观念进行肯定，从而使消费者的自尊心得到更进一步的满足的需要，即消费者希望得到满足的自我提升需要。文化创新产生的象征价值能够帮助消费者解答关于自我身份的疑问，同时，文化创新产生的社会价值能够帮助消费者确立自己的社会身份。因此，文化创新产生的两种价值能够帮助消费者建立保持稳定一致的身份，满足其自我连续需要。与此同时，社会价值能够帮助消费者建立自己的社会身份，这种社会身份有助于消费者与其他拥有这种社会身份的消费者间的团结，同时使自己与其他没有这种社会身份的消费者相区别，满足消费者既想要自己和别人相似，又希望自己是与众不同的这种复杂需要，从而满足消费者的自我区别需要。除此之外，社会价值帮助消费者建立的这种社会身份能够帮助消费者在与其社会身份不同的群体面前建立一种优越感，维护和肯定消费者的自我观念，从而令消费者的自尊心得到满足，满足其自我提升需要。当自我连续需要、自我区别需要、自我提升需要得到满足之后，消费者—企业认同便会得以达成。例如在《后浪》《入海》与《干杯》这 3 个由哔哩哔哩网站出品的视频的评论区，留言的用户表示哔哩哔哩推出的这些视频让他们感受到了身为祖国年轻人的使命与责任，让他们深感骄傲与自豪。同时，他们在视频下方的留言区表明加入哔哩哔哩对于他们而言犹如加入了一个大家庭，活跃在哔哩哔哩这一视频网站的用户大多是青少年群体，他们在这里找到了归属感。由此可见，文化创新带来的社会价值与象征价值能够帮助消费者明确自己的身份，并使他们感觉到这种社会身份带给他们的自豪，同时使他们团结为一个不同于其他群体的集体，在为他们带来归属感的同时，也让他们因为自身身份的不同于其他群体感到骄傲，从而帮助他们实现自身的自我连续需要、自我区别需要、自我提升需要。

本次研究结合从哔哩哔哩官方视频评论区以及相关访谈中收集的资料与相关消费者—企业认同量表，发现消费者对这些视频表达的看法满足相符感、效能感与归属感这 3 个消费者对于企业的认同的维度。相符感涵盖了消费者关于某一企业的认知以及情感；归属感即为消费者企图和企业搭建更加亲密的关联的期待；效能感这个维度则表示消费者对于自身对企业进行的价值创造的贡献的评判。当哔哩哔哩的文化创新满足了消费者的自我定义需要时，哔哩哔哩用户就对哔哩哔哩产生了认同。评论区有许多用户积极踊跃地留言表示哔哩哔哩真正说出了他们的心声，表达了他们对哔哩哔哩的喜爱，并表示他们一定会保持对哔哩哔哩的支持，他们为哔哩哔哩感到自豪与骄傲，哔哩哔哩对他们而言就像一个归宿，能够安抚他们的负面情绪，声称哔哩哔哩是他们使用过的最好的视频网站。一些消费者表示他们已经成为一名活跃在哔哩哔哩的视频创作者，也有消费者表示如果条件允许的话他们也会选择成为一名哔哩哔哩视频创作者，为哔哩哔哩的建设与发展添砖加瓦，努力做出贡献。

五、结论与启示

（一）研究结论

根据上述研究可知，文化创新与消费者—企业认同之间存在着一条逻辑通路。文化创新始于企业对文化正统的观察与分析，企业需要具备敏锐的眼光，识别主流文化与消费者真正需求之间的裂痕与分歧，以敏锐的市场嗅觉发现社会意识形态机遇，然后对现存的原始素材进行合理采集与改编，并灵活运用丰富的原始素材，提出创新的、能够满足消费者迫切需求的意识形态，同时不断钻研探索、提出与创新意识形态相对应的神话与文化密码，结合创新的意识形态，共同形成创新的文化表述，从而使创新意识形态变得更加有趣生动，更能使消费者接受，更好地回应消费者的需求。文化创新创造的两种价值——象征价值与社会价值能够满足消费者的自我连续需要、自我区别需要与自我提升需要，从而使消费者的自我定义需要最终得以被满足，驱使消费者—企业认同的最终实现，使企业得到更好的发展。

（二）理论贡献与管理启发

在理论贡献层面，本文结合文化创新理论与消费者—企业认同相关理论，探索了一条沟通文化创新与消费者—企业认同的路径，揭示了从文化创新这个起点到消费者—企业认同的终点的道路上的各个步骤，拓展了相关理论研究。在管理启发方面，面对如今形势更加紧迫的企业之间的竞争，企业就需要依靠更多、更有效的手段引起消费者的注意力，获取消费者的喜爱，从而更加有效地突破竞争对手的包围，因此文化创新的意义与作用对企业而言远比过去更加重大。企业应该仔细识别当今文化正统与消费者真实需求之间的分歧，从而瞄准目标，更好地利用这一点做好文化创新，吸引消费者的眼球，为日后与消费者建立更深的联系奠定基础，为企业未来的发展提供更多的可能与机遇。同时，企业应当注重消费者可能与企业之间建立的多种不同的深层次的联系，并不断探索实现这些联系的路径与方法，帮助企业自身与消费者搭建更加坚固的情感桥梁。

（三）局限性与未来研究展望

本研究虽然探索了一条从文化创新通往消费者—企业认同的路径，但仍有许多不足之处。本研究收集的资料局限于哔哩哔哩网站推出的视频资料、文字资料、图片资料、视频观看者在视频评论区留下的留言评论以及通过对视频观看者进行访谈所得到的访谈资料。同时，本研究仅仅探索了一条由文化创新通往消费者—企业认同的路径，在此路径之外仍有其他文化创新与消费者—企业认同的路径存在，希望更多该领域的学者能在今后的研究中探索更多、更完善的帮助企业通过文化创新建立消费者—企业认同的方法，帮助企业更好地做好文化创新，从而使得企业与消费者间建立起更加深厚的联系，进而帮助企业实现更好的发展。

参考文献

[1]HOLT D,CAMERON D. Cultural strategy:Using innovative ideologies to build breakth brands[M]. Oxford:Oxford University Press,2010.

[2]BARNEY J B,CLARK D N. Resource – based theory:Creating and sustaining competitive advantage[M]. Oxford:Oxford University Press,2007.

[3]BHATTACHARYA C B,SEN S. Consumer – company identification:A framework for understanding consume[C]. 2003.

[4] MCALEXANDER, J H, SCHOUTEN, J W, KOENIG, H F. Building brand community[J]. Journal of marketing,2002,66(7):38 –54.

[5] AHEARNE, M, BHATTACHARYA, C B, GREEN, T. Antecedents and consequences of customer – company identification: Expanding the role of relationship marketing[J]. Journal of applied psychology,2005,90(3):574 –585.

[6]李纯青,霍维亚,马军平,等. B2B模式下基于文化融合与创新的新产品品牌文化表述研究:以环意国际旅行社为例[J]. 管理案例研究与评论,2017(1):58 –69.

[7]MARKUS,H,WURF,E. The dynamic self – concept:A social psychological perspective[J]. Annual review of psychology,1987,38(3):299 –337.

[8]李惠璠,李鹏,张金成. 顾客:企业认同的驱动因素研究[J]. 科学学与科学技术管理,2009(12):169 - 177.

[9]金立印. 消费者企业认同感对产品评价及行为意向的影响[J]. 南开管理评论,2006, 9(3):16 - 21.

[10]李纯青,吕俊峰,马宝龙,等. 多元企业认同的身份构建及其张力调和机理[J]. 心理科学进展,2018,26(8):5 - 22.

[11] LAM,S K,AHEARNE,M,SCHILLEWAERT,N. A multinational examination of the symbolic - instrumental framework of consumer - brand identification[J]. Journal of international business studies,2012,43(3):306 - 331.

[12] MELEA P, ARNOULD E J . How boes organizational identification form? A consumer behavior perspective[J]. Journal of consumer research, 2011(4):650 - 666.

[13] TAJFEL,H & TURNER,J C. The social identity theory of intergroup behavior[J]. Psychology of inter group relations,1986(6):7 - 24.

[14] WOLTER,J S,CRONIN,J J. Re-conceptualizing cognitive and affective customer - company identification:The role of self - motives and different customer - based outcomes[J]. Journal of the academy of marketing science, 2016, 44(3):397 - 413.

[15] ASHFORTH,B E,FRED MEAL. Alumni and their Alma mater:A partial test of the reformulated model of organizational identification[J]. Journal of organizational behavior,1992(13):103 - 123.

[16] BHATTACHARYA, C B, KORSCHUN, SEN, S. Strengthening stakeholder - company relationships through mutually beneficial corporate social responsibility initiatives[J]. Journal of business ethics,2009,85(S2): 257 - 272.

[17]肖海林,李书品. 企业社会责任感知与消费者归因对服务性企业服务补救满意度的影响:基于顾客认同的中介作用[J]. 南开管理评论,2017(3).

[18]靳代平,王新新,姚鹏. 品牌粉丝因何而狂热?——基于内部人视角的扎根研究[J]. 管理世界,2016(9):102 - 119.

[19]杨洋,胡茜茜,裴学亮. 基于小米公司案例的品牌社群认同形成机

制的模型构建研究[J]. 管理学报,2017(12):5－14.

[20]汪涛. 如何应用国家文化原型实现品牌的国际化传播:基于中国品牌海外社交媒体广告的多案例研究[J]. 管理世界,2020(1):88－104.

[21]李纯青,潘玉梅,王肖利. 消费者—企业认同的概念、量表开发及检验研究[J]. 预测,2020,39(3):85－92.

[22] DUTTON,J E,DUKERICH,J M,HARQUAIL,C V. Organizational images and member identification[J]. Administrative science quarterly,1994,39(2):239－263.

消费者责任影响消费者购买意愿的路径研究

——以爱菊粮油为例

刘惠泽

摘　要：随着时代的发展，企业履行社会责任已逐渐成为吸引和拉拢消费者的有力手段。依照现有文献记载，企业积极实施与社会责任有关的行为对消费者购买意愿具有显著影响，但是这种作用的具体路径与机制还不明晰。本文以西安爱菊粮油工业集团有限公司为研究对象，通过案例中的“小数点”事件、“桶装油”事件和开拓哈萨克斯坦市场3个事件来发掘企业社会责任中的消费者责任维度和消费者购买意愿之间的联系，研究发现，与消费者有关的责任在技术创新的溢价机制、市场创新和行业协同的支持机制、事件管理的感知机制的共同作用下，最终增强了消费者的购买意愿。本文通过案例研究法建立了与消费者相关的责任对消费者购买意愿的影响机制模型，为研究企业社会责任如何影响消费者购买意愿的具体机制提供了借鉴与启示。

关键词：中小企业　购买意愿　消费者责任

一、引言

随着中国经济的快速发展，中小企业已经成为整个社会的发展支柱，它们之间的竞争也越来越激烈。如今，中小企业承担社会责任已经成为它们用来吸引消费者的重要手段。中小企业通过履行社会责任来树立正面的企业形象，增加消费者对企业的好感，从而促使消费者产生购买行为，提升企业价值。但是承担社会责任对于中小企业本身来说就是一笔不小的支出费用，而且履行社会责任中的产品质量行为会导致成本上升，从而造成价格上升，使消费者购买意愿降低，那么，企业社会责任行为究竟是通过什么机制来影响消费者购买意愿的？中小企业又该如何努力规避履行企业社会责任所带来的负面影响，以不断提升客户购买意向呢？

从过往对企业社会责任的记载来看，学者普遍把企业社会责任分为不同的维度进行研究，比如国内学者曾铭、魏远竹（2018）将企业社会责任划分为员工责任、消费者责任、政府责任、环境责任、社区责任5个维度；而学者高文燕（2018）认为消费者责任对消费者购买意愿的影响从程度来看是几个维度中最大的。并且学者普遍认为企业社会责任可以提升消费者购买意愿，所以本研究将选取消费者责任作为研究对象，通过案例研究法探究消费者责任是通过什么机制来提升消费者购买意愿的。

二、文献回顾

（一）企业社会责任的概念和分类

根据记载，企业社会责任（Corporate Social Responsibility，CSR）一词最早由学者Sheldon（1924）提出，他认为对于企业来说，比起公司盈利，更要注重的是社会利益。但学术界普遍认为，是鲍恩（1953）在《商人的社会责任》中首次阐明了企业社会责任的定义，作者认为企业社会责任是从事商业活动的人在筹划全局、进行决策和采取行动时，应把社会赋予他们的期望作为这一切的行动原则，这样的话会给他们的商业行为带来更多的社会和经济利益。在此之后，西方学界一直对企业社会责任的概念进行研究，但尚无定论，学者Brown和Dacin（1997）提出企业社会责任是指企业既要盈利又要兼顾对消费者、对雇员，以及对生态环境和社会团体的社会责任。可以看出，企业社会责任使得企业不再只限于对公司的投资人负责，而是与众多利益相关者形成了一个整体，而企业通过在社会责任方面的努力，可以增加利益相关者对企业的认可，使得他们在与企业共事时会在一定程度上忽略该企业的业绩等指标。

在国内学术领域，企业社会责任这一词的出现比国外晚，从20世纪80年代中期起，最早一批研究者开始关注和探索企业社会责任。袁家方

(1990) 提出企业社会责任就是企业既要保证自己立足于市场又要兼顾各种社会需要，为完成社会和人类的根本利益承担相应的责任。徐淳厚(1987) 认为，企业社会责任是指企业在其经营过程中不依赖主观意识而存在的，必须去承担的，保证经济发展、社会进步、满足大众利益方面的责任。李抗美 (1994) 提出，企业承担的社会责任是指企业与社会是一个利益共同体，企业的生产经营活动必须适应市场不断变化的要求，顺应市场经济发展的新形势，承担对社会的经济和道德责任。黎友焕 (2007) 认为，企业社会责任应该是企业为其利益相关者考虑，在经济、法律等方面为他们分忧解愁。

（二）企业社会责任和购买意愿的关系

周祖城和张漪杰 (2007) 从方法论的视角探究了两者的关系，研究表明：消费者购买意愿会随着行业内的相对 CSR 水平变化而变化，两者呈正相关，当那些相对 CSR 水平高的企业提高产品价格时，消费者会明显抵触，但当相对 CSR 水平低的企业做同样的事时，人们对这种行为的容忍度要明显高于前者。卞继红等 (2019) 则以消费者感知的视角，经过实验探究了客户对企业社会责任的感知水平与其购买意向的关系。最终发现，客户的购买意向会随着客户所察觉的企业社会责任水平的提升而提升，需要注意的是，若企业社会责任的维度不一样，那么对客户购买意向的作用也会有所差异，其中对客户购买意向影响最大的是产品质量维度，这说明人们最关心的还是产品质量。陈乐 (2019) 通过建立模型得出了相似的结论，消费者对于企业履行社会责任行为会做出积极响应，但响应程度的不同会由于企业社会责任行为的不同而有所区别，仔细分析就会发现在中国的消费者越来越关心与公共事业相关的企业社会责任行为的同时，产品性能、产品/服务质量等能够让消费者直接感受到的企业社会责任行为仍是他们最关心的问题，消费者在消费时会参考他们直观感知的企业社会责任履行水平，以此来判断该企业是否值得信任，最后再决定要不要进行购买。综上所述，企业社会责任 5 个维度中的消费者责任对消费者购买意愿的影响程度是最大的。从这些学者的思考中我们知道了企业可以通过履行社会责任行为让人们觉得自己是一家乐于行善、积极解决社会问题的企业，从而提升消费者购买意愿，二者是呈正相关的，并且其中对消费者购买意愿影响最大的是企业履行消费者责任方面的社会责任。

除了直接探究这二者的影响外，也有很多学者通过寻找中介变量或调节变量（总体）来探究这二者的关系，多数学者选取了消费者—企业认同、产品感知质量和消费者感知这 3 个变量作为中介变量或调节变量。在选取的变量为消费者—企业认同时，吴定玉和辛雅洁（2018）经过探讨发现，消费者社会责任中的企业服务、保护消费者权益、产品质量 3 个维度会以消费者—企业认同作为中介变量，然后间接使消费者购买意愿发生变化。

在选取的变量为产品感知质量时，高文燕（2018）在探究乳制品企业时发现产品感知质量在消费者责任、法律责任、经济责任与消费者购买意愿之间发挥了部分中介作用。这个结论证明该行业的企业在这 3 个方面履行社会责任之后，消费者对产品的感知会被企业履行社会责任的行为影响，并增加对这家企业的好感，从而提升其购买意愿。王欣洋（2018）则发现产品感知质量在企业社会责任感知水平和消费者购买意向之间具有调节作用，当企业提供的产品和服务质量让消费者感觉较差时，即使消费者注意到企业在社会责任方面所做的努力也会置若罔闻；若企业提供的产品和服务质量非常出色时，消费者会选择性地无视该企业违背社会责任的行为。

在选取的变量为消费者感知时，郭蔚欣等（2020）发现消费者感知作为中介变量负向影响企业伪善行为和消费者行为的关系，即在消费者认为企业的社会责任行为不过是面子工程时，就会对该企业持消极态度，致使消费者购买意愿呈下降趋势。从该研究可以看出企业社会责任和购买意愿之间也有负向的关系。

随着研究的深入，很多学者开始通过进一步深入某个行业来探究 CSR 和消费者购买意向的关系，比如学者许家瑞（2018）在研究肉制品行业时发现，当肉制品企业做出履行社会责任行为时，会提高自己在消费者间的口碑并获得消费者的信赖，使得消费者购买他们的产品。董宋行（2019）通过探究奢侈品企业发现，消费者购买意愿会随着该行业企业社会责任行为的履行频率的提升而提升，当该行业的企业以适当的方法履行其社会责任行为时，可以让消费者觉得这是一家有担当的企业，从而提升自己的购买意向；反之，消费者购买意愿就会下降。综上所述，企业社会责任与购买意愿呈正向关系可以适用到多个行业，在对前人理论进行验证的同时，学者也从现实的行业研究中提炼了许多新观点，使企业社会责任对购买意愿的影响变得更加明晰。

随着互联网行业的兴盛，企业在网上实施企业社会责任行为也屡见不鲜，比如支付宝的“蚂蚁森林”、微信的“为盲胞读书”等，于是学者开始研究企业在网络上的社会责任行为对消费者购买意愿的影响，樊帅、田志龙等（2019）发现，网络上的企业社会责任行为可以使消费者参与其中，这时消费者会因为融入了企业社会责任的活动而对企业持有正面的、积极的态度，特别是企业能够采取各种手段促使参与者的善行为人所知时，消费者会以更加积极的态度去参与企业的社会责任行为。魏华和万辉（2020）通过实验发现网络零售企业如何履行社会责任和能否提升消费者购买意愿间拥有间接联系，该行业的企业在履行社会责任时通过感知风险和感知质量的充分中介作用，对消费者的购买意愿发挥效用。目前，关于互联网行业的企业社会责任和消费者关系的研究还比较少，但是由于前人对于二者关系的研究已经非常详细了，所以可以直接把前人的观点放入互联网行业加以验证，笔者相信未来关于这一行业二者关系的研究会越来越多。

目前，大多数研究针对企业社会责任行为这一整体和客户购买意愿的关系给出了自己的答案，并没有细分到探究各个不同维度的企业社会责任行为对消费者购买意愿的作用，人们普遍认为消费者购买意愿会随着 CSR 活动频率的增加而提升，但是没有提及这些责任究竟是通过什么样的具体机制去影响消费者购买意愿的，关于这一具体机制的研究需要使用案例分析法进行探讨，目前大多数研究使用量化方法或者以数据为基础进行研究，对研究这一具体机制帮助甚少。除此之外，大部分学者针对大企业或者某一行业进行研究，没有多少学者将目光移向中小企业，所以在这一方面还是一个空白。本文使用案例分析法探究中小企业社会责任中的消费者责任影响消费者购买意愿的具体机制，以拓展该领域的研究尽一些微薄之力。

三、案例设计

（一）研究方法

依照所研究问题的特征，本文选择嵌入式单案例研究设计。第一，本文重点研究了中小企业消费者责任对消费者购买意愿的影响机制。单一案例研究有助于结合丰富的环境信息和企业背景，在管理实践中深入分析和解读企业行为，从而加深对类似事件的理解，探索管理行为中的新规律。第二，本文探讨的消费者责任影响消费者购买意愿的具体机制要求研究者收集案例企业在不同阶段的信息，而嵌入式案例设计的优势在于可以将整个过程划分为若干事件，以此来呈现案例企业在发展过程的不同时间节点所发生的转变。第三，嵌入式单案例设计有助于发现所关注变量之间的因果关系，可以用于全程追踪中小企业消费者责任影响消费者意愿的具体过程。综上，本文围绕研究主题，以中小企业消费者责任行为中的工艺创新、市场创新、事件管理、行业协同为研究抓手，将爱菊粮油 3 次集中体现消费者责任对消费者购买意愿影响的事件作为互相联系又相互独立的研究单元。

（二）案例选择

本文依据罗伯特·K. 殷（2005）的案例研究的“典型性”和“可行性”两个理论抽样原则，最终选择西安爱菊粮油工业集团有限公司（以下简称爱菊）作为案例研究样本。在典型性原则上，体现在以下 3 个方面：第一，中小企业代表性。爱菊在职员工在 1000 人左右，年总营业收入没有超过 10 亿元，是典型的中小企业。第二，产业代表性。粮食行业是极为特殊的行业，粮食不仅是国家战略物资，也是维护社会稳定的保障。对于普通百姓来说，粮食是维系一日三餐温饱和身心健康的基本条件，存在一定的普遍性；而对于整个国家来说，它是一种战略物资，位于维系国家生存与安全的三大支柱——粮食、军事和能源之首。正是其特殊民生属性和政治属性，使得粮食企业无论怎么发展始终需要肩负稳定社会秩序、保障市场供应的职责。爱菊粮油是粮食行业的佼佼者，前身为诞生于 1934 年抗战时期的华峰面粉有限公司，是一个声誉卓著的老字号粮食企业。从2009年到2017年，爱菊集团进入快速上升期，8年间从一个只生产面粉的企业发展成为西北地区最大的粮食储备、物流配送、房产开发等多领域协调发展的综合性集团公司。第三，消费者责任代表性。爱菊从1997年拒绝打价格战开始，一直坚持“做粮食，就是做良心”的承诺，正是通过履行对消费者的社会责任，才能应对激烈的市场竞争和政策变化，最终扎稳脚跟生存下来。

此外，我们还从多个角度考虑了本次研究究竟是否可行。首先，爱菊粮油企业是在20世纪30年代创办的，因此在企业消费者责任行为中的各项核心数据的可获得性与连续性方面是可以保障的。其次，爱菊与课题组具有合作关系，并且同处于西安市，有助于课题组组织深度访谈和实地调研。最后，爱菊粮油在网上公布信息较多，为本案例研究寻找相关资料提供了许多便利。

（三）数据收集

文献记载、访谈数据、实地观测和公司档案记录是我们数据来源的主要渠道，通过这3种来自不同渠道的数据，可以有效地提高本文案例的构建信度与效度。

首先，所谓访谈数据，就是通过访谈的手段去获取数据。2018年笔者开始关注该企业的情况，采访对象包括总经理贾某、销售部李某、人力资源部门刘某、油脂加工车间王某等。总访谈时间加上讲座时间为6小时，对于访谈中没有提到的事情，我们会通过电话、微信等联络方式对数据进行补充。其次，关于文献记载的收集。为了确保数据来源的多样性，我们还通过爱菊集团网站和其他新闻网站了解爱菊的发展历史和企业绩效等相关信息。最后，关于公司档案记录的收集。我们在爱菊公司总部档案室借阅了众多档案记录，对本篇案例研究起到了莫大的帮助作用，爱菊数据收集情况如表1所示。

表 1　爱菊数据收集概况

<table>
<tr><th>数据类型</th><th>数据来源</th><th colspan="3">数据信息统计</th></tr>
<tr><td rowspan="4">第一手数据</td><td rowspan="2">讲座资料</td><td colspan="2">讲座时间</td><td>主讲人和主要内容</td></tr>
<tr><td colspan="2">2 小时</td><td>贾总讲述了爱菊发展历程</td></tr>
<tr><td rowspan="2">研究小组实地访谈资料</td><td>录音时间</td><td>有效字数</td><td>访谈对象和主要内容</td></tr>
<tr><td>4 小时</td><td>18393 字</td><td>访谈了销售部李某、人力资源部门刘某、油脂加工车间王某等，访谈内容是爱菊发展的主要事件和对爱菊的评价</td></tr>
<tr><td>二手数据</td><td>文献资料</td><td colspan="3">爱菊案例、媒体报道、微信公众号、爱菊网站</td></tr>
<tr><td>其他数据</td><td>实地参观</td><td colspan="3">爱菊放心粮油店</td></tr>
</table>

（四）关键事件选取

经过我们的研究讨论后，发现案例中以下 3 个事件集中体现了我们的研究主题，故提取当作关键事件。

1. “小数点”事件

1997 年，随着粮食行业的全面放开，众多中小企业涌入面粉市场。为了争夺面粉市场并降低成本，众多中小企业开始使用增白剂和增筋剂等添加剂。经过两年激烈的价格战后，90% 的面粉厂家出局，传统的国有面粉企业更是不堪一击。身为国有企业，爱菊没有参与价格战，一直维持原有价格不变，虽然存活了下来，但销售量也锐减了 60%。2000 年，央视突然爆出《爱菊粮油面粉增白剂超标十倍》的新闻，爱菊粮油一时间成为众矢之的，后来才发现原来是主管部门在上报时，把小数点的位置标错了，造成了这场误会。但这也让爱菊人明白了一定要把产品质量和消费者的利益放在第一位才能有未来，一点点的失误和摇摆都可能会给企业带来灭顶之灾。爱菊决定联合行业其他企业共同拒绝使用添加剂。

2. “桶装油”事件

进入新千年，消费者越来越注重健康饮食，对每日必需的食用油要求也随之提升。但市场上充斥着大铁桶装的散装油，由于油桶可以重复利用，给一些不法商贩以可乘之机，他们偷偷装入低劣的散装油冒充爱菊品牌，或添加有毒有害物质。监管部门和爱菊都对这种现象难以进行有效的监管和预防，给爱菊的品牌造成了很大的负面影响。

2004 年，爱菊尝试改换食用油包装，推出白色塑料周转桶；2008 年，爱菊决定推出一次性使用的透明 30kg 中包装食用油。产品包装的不断推陈出新，虽然耗资巨大，但是这种短期的阵痛也给爱菊带来了清洁的市场环境，使得爱菊的油脂产品销量翻了几番。作为陕西省内第一家取缔散装油的企业，爱菊推出的一次性包装食用油进入了政府监管部门的视野，最后监管部门在爱菊的协助下，制定了西安市取缔散装油、推广一次性包装食用油的具体措施和制度。

3. 建立哈萨克斯坦原料基地

随着爱菊产业的拓展和规模提升，爱菊将目光转向了拥有优质粮源的哈萨克斯坦。尽管内部有反对声音，但是贾总认为，只有寻求差异化的高品质原料，才能进一步保障老百姓的利益，也才能为爱菊在市场上带来新的差异化优势。因此，贾总建议大家先去哈萨克斯坦试试看。爱菊在哈萨克斯坦打拼多年后逐步形成了一种在国外种植粮油原料、国内深加工的“种植—加工—供应—连锁销售”的全产业链模式。尽管哈萨克斯坦的农产品进入国内之后，往往价格会翻两番左右，但价格优势和销售网点优势，使得爱菊在哈萨克斯坦的全产业链模式得以有效实现。

（五）案例编码与变量涌现

在整个案例研究过程中我们发现以下 3 个变量可以很好地支持我们的研究框架，在此我们对 3 个变量做以下定义：

1. 消费者责任

国内学者曾铭、魏远竹（2018）在进行实证调查时，将企业社会责任划分为员工责任、消费者责任、政府责任、环境责任、社区责任 5 个维度，学者高文燕（2018）通过设计实验发现消费者责任对消费者购买意愿的影响从程度来看是几个维度中最大的。在此，我们认为企业社会责任行为中与消费者直接相关的部分即为消费者责任，比如产品性能、售后服务等。

2. 企业社会责任管理

企业为了履行社会责任所实施的管理行为，可以分为以下 4 个方面：

技术创新：在企业的生产过程中，有关技术方面的突破，便是技术创新，具体来讲，新技术的开发和已有技术的改进都算是技术创新。

市场创新：是指企业以占据市场和盈利为目的而进行的改变市场构成和创造新的市场机制的行为。

事件管理：是一项集系统管理、制订计划、应用技术及正确处理组织内外各种关系于一体，以此实现企业发展目标的综合管理活动。

行业协同：同一行业为了达成某种目的而合作。

3. 购买意愿

购买意愿是指消费者在某一时期购买某种东西的可能性大小。这种可能性一般是因为消费者自己对该产品的喜爱程度、需求而产生的，所以也可以说购买意愿就是消费者对购买某种产品的兴趣和可能性的结合产物。

表 2　关键构念、测度变量和原始数据统计

变量	测度	原始数据
消费者责任	产品质量维度	爱菊坚持不用添加剂； 贾总说“我们做的是粮食，也是良心”
企业社会责任管理	技术创新管理行为	爱菊探索配方生产，引进配粉生产系统；不断更新升级油品包装；积极寻求从育种到田间管理的科学方法
	市场创新管理行为	爱菊尝试自建粮站销售；开展“放心粮油”进社区活动；打造了在国外种植粮油原料、国内深加工的“种植—加工—供应—连锁销售”的全产业链模式
	事件管理行为	爱菊通过拒绝使用添加剂实现了企业和产品形象再塑；下定决心更新升级油品包装；不惧风险，为了进一步保障老百姓利益而远赴哈萨克斯坦寻找优质原料
	行业协同管理行为	联合全国 65 家粮食加工企业共同发出《关于禁止滥用面粉增白剂的呼吁书》；爱菊协助政府监管食用油行业，净化了市场竞争环境
购买意愿相关机制	溢价机制	爱菊保持原价导致销量大减； 产品的不断升级换代使得耗资巨大； 农产品的高昂关税提升了产品价格

续表

变量	测度	原始数据
购买意愿相关机制	支持机制	爱菊的社区直销活动大大改变了老百姓的消费理念，增强了爱菊的品牌认知度； 通过协助政府制定管理措施和标准，提升了爱菊产品的品牌影响力；爱菊所打造的全产业链模式在价格优势和销售网点优势帮助下得以有效实现
	感知机制	老百姓摈弃了原有对雪白面粉的固有认知；消费者感知了爱菊的安全、健康；这些举动让消费者认识到爱菊是一个为老百姓着想，并且勇于承担风险、敢于负责的企业

四、案例发现

（一）“小数点”事件中的溢价机制、支持机制和感知机制

“小数点”事件影响消费者购买意愿路径图如图 1 所示。

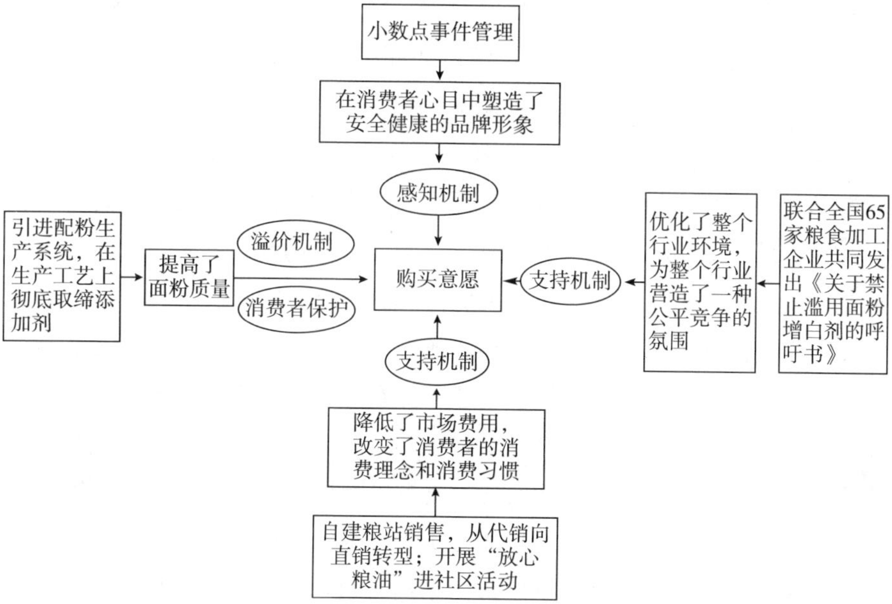

图 1　“小数点”事件影响消费者购买意愿路径图

1997 年，我国粮食行业全面放开，众多民营中小企业进入市场。为了在市场立足，在面粉里加入增白剂和增筋剂等各类添加剂来压缩价格和迎合消费者对面粉的品相和口感的需求成为一些面粉生产厂家心照不宣的秘密。在这样的背景下，坚持不参与价格战的爱菊难以生存，销量直线下降。

此时的爱菊产生了困惑，为什么坚持其面粉品质，面粉销量还是不尽如人意？究竟该做出什么改变，和其他企业一样使用添加剂还是继续提高品质？小数点事件为爱菊敲响了警钟，告诉了所有爱菊人应该坚持其面粉品质，于是爱菊在消费者责任方面采取了以下行动。

在技术创新方面，首先探索配方生产，引进配粉生产系统，在生产工艺上彻底取缔添加剂，虽然提高了面粉质量，但是也带来了巨大的成本，由此提升了价格，并且消费者此时还无法正确感知面粉质量，认为面粉越白越好，所以技术创新通过溢价机制降低了消费者购买意愿。

在市场创新方面，尝试自建粮站销售，从代销向直销转型，极大地降低了市场费用；同时开展“放心粮油”进社区活动，使老百姓深入浅出地了解食品安全知识和添加剂的危害，摒弃了原有对雪白面粉的固有认知，改变了他们的消费理念和消费习惯，加深了老百姓对爱菊粮油产品的了解，进而通过支持机制提升了其对爱菊产品的购买意愿。

在事件管理方面实现了企业和产品形象再塑，爱菊通过“小数点事件”后的一系列举措大大改变了老百姓的消费理念，让老百姓知道了爱菊在面粉品质上的坚持，提升了爱菊在消费者心中的地位，塑造了安全健康的品牌形象，并由此通过感知机制提升了消费者的购买意愿。

在行业协同方面，爱菊在内部达成取缔添加剂的共识和决定后，成为陕西首家拒绝使用添加剂的粮食企业，并在之后联合全国众多粮食企业发出了反对使用添加剂的呼吁书，优化了整个行业环境，为整个行业营造公平竞争的氛围出了一份力，从而通过支持机制提升了消费者的购买意愿。

从最后的结果来看，爱菊粮油在 4 年之内销量回升了 50%，在此之后产品销量也逐年提升。由此可以得出结论，市场创新及行业协同通过支持机制、事件管理通过感知机制对购买意愿所造成的积极影响极大地抵消了技术创新通过溢价机制对购买意愿所造成的消极影响。

（二）"桶装油"事件中的溢价机制、支持机制和感知机制

2004年，随着主营业务种类的扩展，爱菊成为一家以米面油综合发展为基础的主食产业化企业，同时进入一个乱象丛生的行业竞争环境。一方面，食品安全事件频发，老百姓谈"食"色变；另一方面，行业监管越来越严格，但也越来越难操作，甚至有一些不法分子利用铁油桶装入散装油来冒充爱菊品牌。

面对这样的现实，爱菊开始思考是否该身先士卒净化行业环境，维护行业环境的健康，于是爱菊在消费者责任方面采取了以下行动。

在技术创新方面，为了取消散装油，不断更新升级油品包装，从大铁桶更换成白色塑料周转桶，最后换成了一次性使用的透明30kg中包装食用油，产品的不断升级换代，使得产品成本不断上升，由此使得价格上升并通过溢价机制降低了消费者的消费意愿。

在事件管理方面实现了企业形象的再塑，爱菊下定决心更新升级油品包装使得那些冒充爱菊品牌的不法商贩无处遁形，从根源上消灭了不法商贩冒充爱菊产品的可能性，做到了及时止损，降低了之前被不法商贩造成的负面影响，也让消费者感到了安全、卫生和健康，提升了爱菊在消费者心目中的形象，由此通过感知机制提升了消费者的购买意愿。

在行业协同方面，爱菊协助政府监管食用油行业，净化了市场竞争环境。政府监管部门根据爱菊在一次性包装上的调研成果以及推广经验，通过爱菊的协助，制定了西安市取缔散装油、推广一次性包装食用油的具体措施和制度，最终在食用油安全方面取得了不错的效果。这次事件一方面由于协助政府制定管理措施和标准，提升了爱菊的品牌影响力；另一方面，一次性包装间接净化了市场，让市场上那些劣质的散装油无法生存，维护了市场的竞争环境，从而提升了自身的竞争力，通过支持机制增强了消费者的购买意愿。

从结果来看，爱菊从接手油脂仓库时年销量2000吨，发展到现在每年的油脂产品销量5万多吨，由此可以得出结论：事件管理通过感知机制、行业协同通过支持机制对消费者购买意愿所造成的积极影响大大抵消了技术创新通过溢价机制对消费者意愿所造成的消极影响（见图2）。

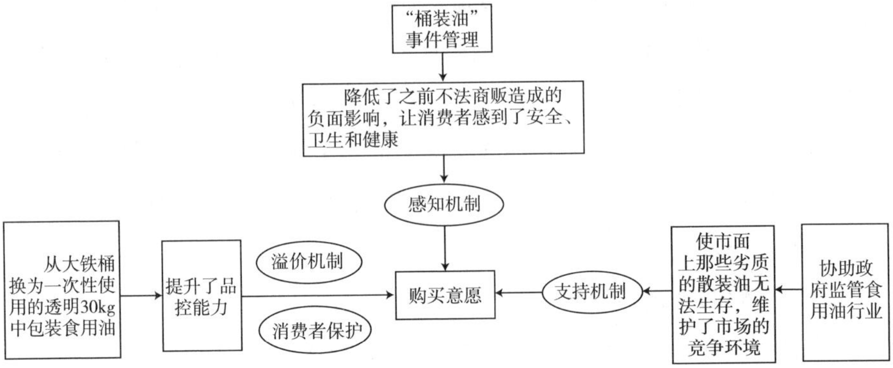

图2 "桶装油"事件影响消费者购买意愿路径图

（三）建立哈萨克斯坦原料基地过程中的溢价机制、支持机制和感知机制

随着爱菊产业的拓展和规模的提升，原有的国内粮源生产基地已经不能满足爱菊对品质和数量的需求，国内优质粮食原料的稀缺使得爱菊不得不将目光投向国外，同时粮食行业竞争的规范化迎来了新一轮的同质化竞争。

在这样的背景下，爱菊开始考虑是否应该去拥有优质粮源的哈萨克斯坦寻找答案。在内部，一部分人认为哈萨克斯坦是世界上少有的优质粮源地，为了老百姓的食品安全和健康，应该不惜代价、不遗余力；另一部分人认为爱菊目前产品质量已经很好了，不必再去存在一定政治风险和经济风险的哈萨克斯坦。最终爱菊选择远赴哈萨克斯坦，贯彻落实差异化竞争策略，并在消费者责任方面做出了以下行动。

在技术创新方面，积极寻求从育种到田间管理的科学方法，与各个高校合作为农民提供技术支持和培训，提升了当地的亩产量，但是由于农产品的关税高昂，所以提升了成本，溢价机制使得消费者购买意愿下降。

在市场创新方面，爱菊从哈萨克斯坦进口优质原料为其在市场竞争中带来了差异化优势，由此提升了自身的竞争力和消费者的购买意愿。另外，爱菊所打造的在国外种植粮油原料、国内深加工的"种植—加工—供应—连锁销售"的全产业链模式，在爱菊销售网点优势和价格优势使得市场费用下降，以及多年累积的优质品牌形象的帮助下得以有效实现，通过支持机制使得消费者购买意愿大大提升。

在事件管理方面实现了企业形象再塑，爱菊不惧风险，为了进一步保障老百姓利益而远赴哈萨克斯坦寻找优质原料，并且积极响应国家“一带一路”的倡议，将“为耕者谋利、为食者造福”的价值主张带到了与哈萨克斯坦的合作中，这些举动让消费者认识到爱菊是一个为老百姓着想，并且勇于承担风险、敢于负责的企业，进一步强化了爱菊在消费者心目中的印象，最终通过感知机制提升了消费者的购买意愿。

从结果来看，爱菊全产业链的市场模式在哈萨克斯坦大获成功，很好地改变了爱菊自身的产品结构，从哈萨克斯坦寻找原料也使差异化战略得以实施，提升了爱菊整体的竞争力和消费者购买意愿。因此，市场创新通过支持机制、事件管理通过感知机制对消费者购买意愿所造成的积极影响极大抵消了技术创新通过溢价机制对消费者购买意愿所造成的消极影响（见图3）。

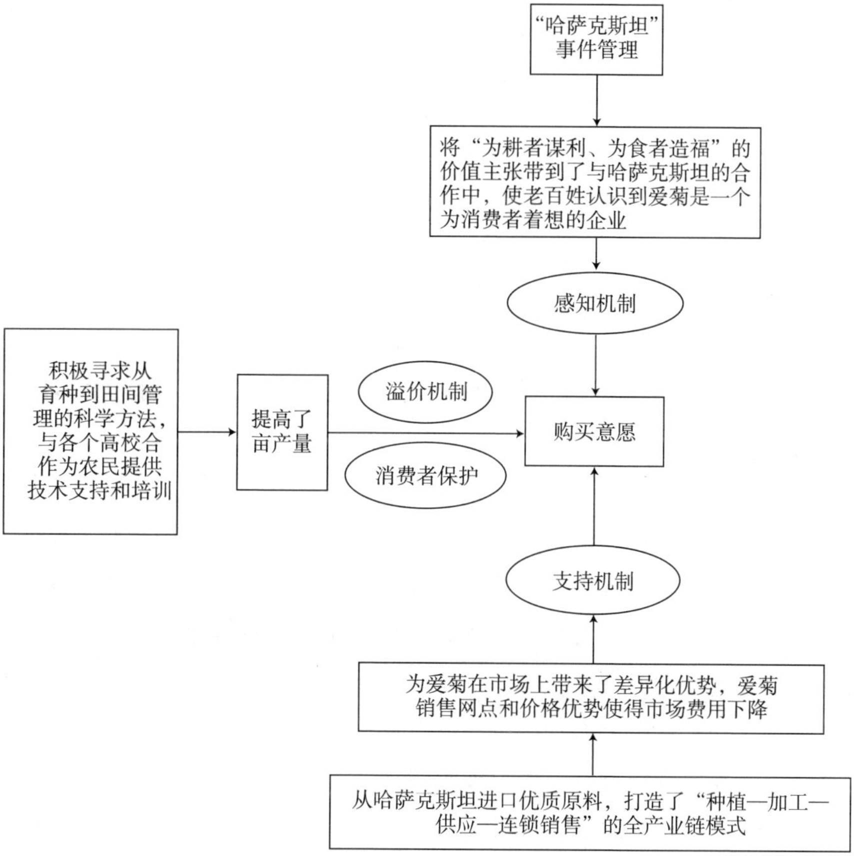

图3 “开拓哈萨克斯坦市场”事件影响路径图

五、案例总结

（一）研究结论

经过以上 3 个事件整合可得到图 4。

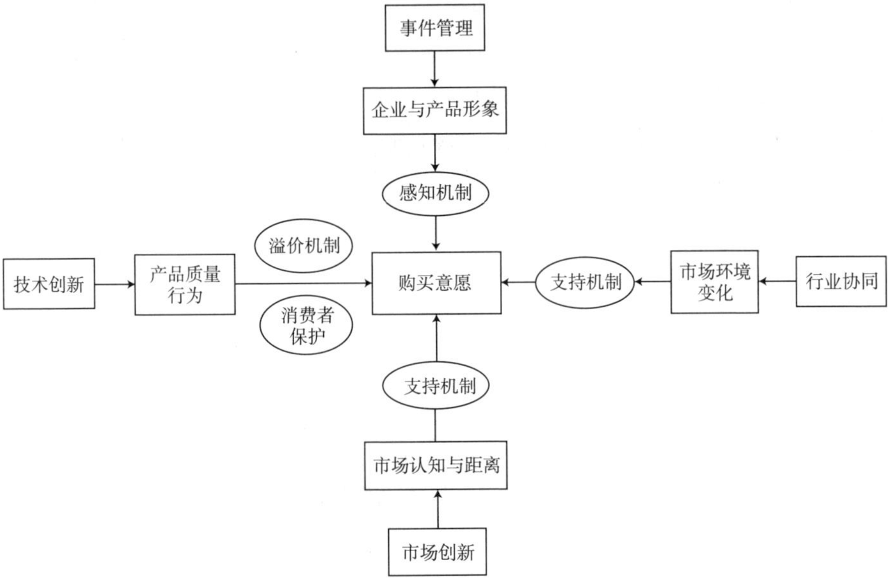

图 4　消费者责任影响消费者购买意愿路径图

由图 4 可知，消费者购买意愿的变化是在企业社会责任行为管理的 4 种行为共同作用下产生的。

技术创新会提升产品成本，通过溢价机制对消费者购买意愿造成消极影响；事件管理会在消费者心目中塑造企业的正面形象，从而通过感知机制对消费者购买意愿造成积极影响；市场创新可以提升市场认知，缩短市场距离，从而通过支持机制对消费者购买意愿造成积极影响；行业协同会营造一个更加公平的竞争环境，从而通过支持机制对消费者购买意愿造成积极影响；并且从结果来看，后三者对消费者购买意愿所造成的积极影响会远远大于技术创新所造成的消极影响。

从分析可以得出以下 3 种机制：

溢价机制：当价格上升时，消费者的购买意愿会明显下降。

感知机制：在企业所实施的消费者责任行为被消费者意识到时，消费者会在潜意识中认定该企业是一家有担当的企业，其产品值得信赖，从而增强自己的购买意愿。

支持机制：当企业实施企业社会责任管理行为时，将会改变市场环境，提升自身的竞争力，从而使得价格变低、消费者购买意愿提升。

（二）理论贡献

将目光投向少有人研究的中小企业社会责任行为，并认真探讨了中小企业如何在坚持履行社会责任行为、保证产品质量、提升声誉的同时，承担履行社会责任行为所造成的成本，从而获得长足发展，为众多中小企业提供了一个范例。

认真研究了消费者责任究竟通过何种具体机制来对购买意愿产生积极影响，最后发现消费者责任行为中的市场创新及行业协同通过支持机制、事件管理通过感知机制对购买意愿所造成的积极影响极大地抵消了技术创新通过溢价机制对购买意愿所造成的消极影响，由此使得消费者责任对消费者购买意愿形成积极影响。

（三）不足与展望

尽管本文采用嵌入式单案例研究在构筑理性概念方面具有独到的好处，但该结论是否能运用到所有行业尚未可知。案例所选取的企业属于粮食行业，具有其行业特殊性，得出来的结论不适用于所有行业。再者，本文重点聚焦于企业社会责任中的消费者责任如何影响消费者购买意愿，未能探讨企业社会责任范围的其他责任是如何影响消费者购买意愿的。

未来还可以进一步探索以下方面的相关研究：

第一，建议研究者采用多案例分析方法，通过对多个企业的社会责任行为对消费者购买意愿影响的横向剖析和分析，或者进行成功与失败案例的对比分析，深入探讨企业社会责任范围的其他责任是如何影响消费者购买意愿的。

第二，继续追踪爱菊粮油的发展，继续深入探究消费者责任影响消费者购买意愿的路径及作用机理。

第三，将目光转移到其他产业，通过深入不同产业来探索在其他行业企业社会责任对消费者购买意愿的影响机制。

参考文献

[1]曾铭,魏远竹．企业社会责任满意度对消费者购买行为影响的实证研究[J]．河南师范大学学报(哲学社会科学版),2018,45(5):33－37.

[2]卞继红,刘文婷,倪文佳,张宁．企业社会责任与消费者购买意向:基于消费者感知视角[J]．中国集体经济,2019(23):79－80.

[3]OLIVER SHELDON. The philosophy of management [M]. London: Sir Isaac Pitman and Sons Ltd,1924.

[4]霍华德·R. 鲍恩．商人的社会责任[M]．肖红军,王晓光,译．北京:经济管理出版社,2015.

[5]BROWN T J, P A. DACIN. The company and the product: Corporate associations and consumer product responses[J]. Journal of marketing, 1997(1).

[6]徐淳厚．试论商业企业的社会责任[J]．经济纵横,1987(9):44－47.

[7]袁家方．企业社会责任[M]．北京:海洋出版社,1990.

[8]李抗美．论企业的社会责任[J]．江淮论坛,1994(3):46－50.

[9]黎友焕．企业社会责任研究[D]．西安:西北大学,2007.

[10]周祖城,张漪杰．企业社会责任相对水平与消费者购买意向关系的实证研究[J]．中国工业经济,2007(9):111－118.

[11]陈乐．企业社会责任感知对消费者购买意愿影响研究[D]．大连:大连理工大学,2019.

[12]吴定玉,辛雅洁．企业消费者社会责任对消费者购买意愿的影响研究:基于理性行为理论视角[J]．消费经济,2018,34(3):54－61.

[13]高文燕．乳制品企业社会责任对消费者购买意愿的影响研究[D]．哈尔滨:黑龙江大学,2018.

[14]王欣洋．消费者对企业社会责任的感知对其购买意愿的影响研究[J]．现代商业,2018(3):16－17.

[15]郭蔚欣,徐子航,杨絮飞．企业伪善对消费者行为的影响研究:基

于消费者感知的中介效应[J]. 市场周刊,2020,33(7):98-100.

[16]许家瑞. 肉制品企业社会责任对消费者购买意愿的影响研究[D]. 武汉:华中农业大学,2018.

[17]董宋行. 奢侈品企业的社会责任行为及其对消费者的影响[J]. 湖北工程学院学报,2019,39(5):103-106.

[18]樊帅,田志龙,张丽君. 虚拟企业社会责任共创心理需要对消费者态度的影响研究[J]. 管理学报,2019,16(6):883-895+948.

[19]魏华,万辉. 网络零售企业社会责任对消费者购买意愿的影响:基于SOR模型的实证[J]. 哈尔滨商业大学学报(社会科学版),2020(3):64-73.

[20]罗伯特·K. 殷. 案例研究:设计与方法(第3版)[M]. 重庆:重庆大学出版社,2005.

第四篇

数字营销应用

善因营销中契合度与消费者负面情绪之间的关系研究

王嘉庆

摘　要：善因营销作为企业承担社会责任的表现之一，越来越成为更多企业的选择。在对善因营销的相关研究中，多数学者对其中契合度的积极意义包括购买意愿、认同关系、品牌信任等展开了充分的讨论，但鲜有学者对其负面效应，尤其是其与消费者负面情绪的关系进行研究。本文通过实证分析研究表明，当企业的善因营销出现争议时，善因营销中的契合度会促进消费者负面情绪的发生，而在两个变量之间，企业伪善感知起到了部分中介的作用，消费者—企业认同则在其中起到调节作用。

关键词：善因营销　契合度　企业伪善感知　消费者—企业认同

一、引言

（一）研究背景

近年来，消费者对于一个企业的了解已经不再仅仅依靠于其所提供的产品和服务。在这种情况下，消费者面对更为便捷地获取信息的渠道，对企业的了解变得更为多元和全面，企业对社会责任的承担逐渐成为消费者在选择某一企业的产品或服务时重要的考量因素。众多企业也顺应时代的要求，逐渐开展了自己的善因营销活动，如支付宝的蚂蚁森林项目、新浪的爱心接力棒活动等。尤其在某些重大灾害，如汶川地震等事件中，善因营销帮助许多企业渡过了难关，在使企业实现盈利的同时，给企业带来了品牌美誉度的提升。

虽然善因营销活动给企业美誉度带来了一定的提升，但并没有任何一种营销活动是一定能够成功的，善因营销活动也是如此。在信息传播尤为便利的当下，一场充满争议的善因营销活动的争议点极易通过互联网的发酵最终被广大的消费者群体感知，使其在消费者心中的形象受到损害，最终演变为蔑视、气愤、厌恶等负面情绪。如哪吒汽车在某一次的捐赠活动中因在国旗上印字，引起一部分消费者持续的强烈不满，而另外一些消费者则认为该企业并非故意，可以原谅。由此可见，善因营销作为一种营销活动，不可避免地带有“双刃剑”的性质，但不同的消费者面对同样的争议点也会有不同程度的负面情绪反馈。

具体到每一场善因营销活动，都存在企业、消费者和公益事件 3 个重要主体，各个主体之间的协调配合会对善因营销效果产生重要的影响（骆紫薇等，2019）。Rifon 等（2004）研究表明消费者会受到企业与公益事件高契合度的影响，并产生积极行为。随着对善因营销研究的不断深入，企业、消费者、公益事件三主体之间的契合度逐渐成为衡量一个企业进行善因营销活动是否成功的重要指标。提高三者之间的契合度，使企业自身的善因营销活动取得成功，成为多数企业的重要选择之一。

但是当企业的善因营销活动出现争议时，善因营销活动中三主体之间的契合度又会产生怎样的影响？在契合度与消费者负面情绪之间存在着怎样的中介变量？企业在长期经营过程中所积累的消费者—企业认同又在其中扮演怎样的角色？基于此，本文通过实证分析的方式，探究善因营销中的契合度与消费者负面情绪之间的关系机制。

（二）研究意义

自从卢泰宏和李荣武两位学者在 2020 年将善因营销这一课题从国外引入国内开始，学界一直对其保持着较高的研究热度。进入 21 世纪，我国地震、疫情等灾害频发，给社会带来重大损失，众多企业也面临着由此带来的经营风险，企业如何承担社会责任逐渐成为学界和实业界关注的重点，善因营销这一课题也越发受到重视。但现如今的讨论大多关注于成功的善因营销案例，而善因营销的“双刃剑”性质就注定了并非所有的善因营销都能获得成功，许多企业付出了大量的人力、物力、财力，但并没有取得良好的收益。

在以往关于善因营销契合度的研究中，多数学者只关注于善因营销对购买意向的影响（朱翊敏，2014），尤其是较高的善因营销契合度所带来的消费者的积极反馈（骆紫薇等，2019），而对于善因营销出现争议时，契合度对消费者的影响并未做出充分解释说明。企业伪善感知作为企业社会责任研究中的重要因素，对消费者行为具有重要影响（郭蔚欣，2020），在对善因营销的研究中也很少引入。李敬强等（2017）研究表明，消费者—企业认同在企业承担社会责任时对消费者响应具有正向作用，但未在善因营销领域进行更加深入的研究。基于以上研究结果与局限，本研究探讨善因营销中契合度与消费者负面情绪间的关系，并引入了企业社会责任研究的相关变量，进行了理论的创新和研究范围的扩大。

（三）研究思路

首先，通过研读国内外优秀期刊文献及相关硕博论文，对善因营销中的契合度进行总结，为提出假设和模型做好前提准备。随后借助国内外有关善因营销契合度、负面情绪等的量表设计本研究中的问卷。最后进行问卷的发放与回收并进行分析，验证假设模型并进行讨论。

（四）研究方法

1. 文献研究法

本文以善因营销中的契合度为主要研究方向，通过研读部分优秀的期刊论文和硕博论文，了解最新的研究动向，并对所涉及的相关理论进行学习，具体分析了研究对象的发展历程和现有理论分析结果。在此基础上选择新的研究切入点，构建新的理论模型并做出相关的假设解释。

2. 问卷调查法

为验证善因营销中契合度与消费者负面情绪间的关系，模型中的各个变量均采用李克特五级量表的形式，并依据国内外研究学者较为成熟的量表进行调查问卷设计。在具体的调查中，先令被调查者选择某一目标企业，然后分别对该企业的契合度、消费者—企业认同、企业伪善感知与负面情绪几个方面进行调查。

3. 统计分析法

本研究将运用SPSS等软件对回收数据进行一系列的分析处理，并依据分析结果对研究假设进行验证。

二、概念界定与理论综述

（一）概念界定

1. 善因营销

最早的善因营销（Cruse - related Marketing）定义是由 Varadarajan 等（1988）提出的，是指企业在进行营销活动时，将活动收益的一定数额用于设计好的善因活动，使消费者在参与营销活动的同时间接参与了企业的善因活动，从而让消费者和企业的目标同时达成。

后来随着时代的发展、相关研究的深入，善因营销又有了不同的定义。卢泰宏和李荣武（2002）引进了善因营销这一课题，其认为善因营销是企业与公益组织或活动进行联合，在发展公益事业的同时达到提高收益的目的。虽然在当时未能引起学界重视，但也开创了我国善因营销研究的先例。

在此之后，我国学者对善因营销的研究逐渐深入，善因营销成为学术界研究的重点之一。马轶红（2007）认为善因营销是企业将自身与公益活动关联，并将收益的一部分捐献给善因活动的行为。刘勇等（2011）认为善因营销是企业将获取利润的目标与公益的目标相结合，宣传自身的非营利性，获得消费者的美誉，以此达到长期盈利的营销方式。

当前对善因营销研究的学者较多，其中对善因营销成功案例的研究不在少数，如林少华等（2020）研究了消费者的品牌、善因等高认同对企业善因营销的收益影响机制。但骆紫薇等（2019）研究表明善因营销并非一直对消费者产生正面影响，也会引起使消费者产生怀疑等负面影响。随着研究的深入，越来越多的学者开始更加关注善因营销“双刃剑”的特点并提出相关的理论假设。

2. 契合度

契合度指的是某两个具体事项之间的联结程度。在善因营销活动中，其实施离不开企业、消费者、公益事件这 3 个要素，三者之间两两组合便形成了善因营销中契合度的3个维度：企业—消费者契合度、消费者—公益事件契合度、企业—公益事件契合度。

当前对于善因营销的研究大多围绕契合度展开，诸多学者对此发表了不同的看法。Haley（1996）研究表明企业与自身相关的公益事件合作会更容易获得消费者的认同。Pracejus 等（2004）认为消费者会更倾向于选择企业与公益事件契合度较高的产品。

曹忠鹏等（2012）学者的研究中，将善因营销契合度的3个维度视为善因营销的3种属性，通过对实验结果的联合分析，运用识别理论、平衡理论等各种不同理论来对契合度进行研究。最终得出结论：善因营销中的3种契合度属性都对消费者的态度行为产生积极的影响。

上述研究虽然都对善因营销中的契合度问题做出了合理的解释，但均未展现善因营销出现争议时三者对消费者负面情绪造成的影响，本研究将对此进行重点研究。

3. 消费者伪善感知

“伪善”一词来源于希腊文，本义是舞台上扮演的一个角色，这一理解延伸至社会学领域表现为某人的具体行为与其所表述的行为具有不一致性。具体到企业伪善则是指企业所进行的慈善行为与其宣传所声称的相关信息存在矛盾，而当消费者感知了这种矛盾时，便产生了企业伪善感知。

在企业伪善行为方面，诸多学者从不同的角度做出了相关研究，如 Fassin 等（2012）从公众视角入手提出了公众的误解等感知伪善的原因。而骆紫薇等（2019）则认为企业伪善感知的原因是企业的 CSR 理念与行为之间的矛盾。不论学者从何种角度出发，都可以看出企业伪善大多数情况下是由于企业的言行不一，或者企业与消费者信息不对称导致的。

目前在企业社会责任的研究领域有较多关于企业伪善感知的研究，其中 Wagner（2009）认为消费者的态度会极大地受到消费者伪善感知的影响。国内学者如郭蔚欣（2020）则通过消费者感知这一中介变量的作用对企业伪善对消费者行为的影响机制做出了解释。但具体到善因营销这一领域，相关学者对伪善感知的引入相对较少。

4. 消费者—企业认同

认同（Identification）是从心理学引入的课题，社会认同理论和身份理论是其最基础的理论依据。消费者—企业认同（CII）是消费者对其自身与企业关系状态的认知（Reed 等，2007）。消费者—企业认同受到企业声誉等多方面的影响，是体现消费者与企业之间关系的重要指标。当前对于消费者—企业认同的研究大多基于社会认同理论，尤其是国内研究仍然处于起步阶段，其概念和结构维度尚未形成统一理论。李纯青等（2020）学者经过对相关文献的研究总结认为消费者—企业认同是消费者对自我概念与企业身份之间相似性的理解、感知或期望。尽管当前对消费者—企业认同的概念尚有争议，但消费者—企业认同无疑对于企业美誉度和消费者忠诚度的提升具有重要的意义。

当前对于消费者行为意向的研究中常常会运用到消费者—企业认同。如金立印等（2006）研究表明消费者会优先选择较为信赖且认同度较高的企业所生产的产品。不仅如此，较高的消费者—企业认同是形成消费者忠诚、开展关系营销的重要基础。而在善因营销中，消费者对企业的信任与否是影响企业开展善因营销活动最终能否成功的重要因素之一。

5. 负面情绪

负面情绪是消费者的一种复杂情绪形式，这种情绪会对消费者与企业间的关系产生不好的影响。一般而言，糟糕的用户体验以及他人的道德越界等都会引起负面情绪。Kotler（2002）表明负面的情绪则极有可能对消费者的购买行为等产生抑制效果。

除了消费者自身的主观因素以外，当企业出现伪善行为时，消费者也极易出现负面情绪。汪志刚等（2018）认为，在企业承担社会责任的过程中，由于企业伪善感知所带来的消费者负面情绪可以分为蔑视、气愤、厌恶这 3 个不同的维度。因此在本文善因营销的相关研究中，关于企业社会责任的相关负面情绪的理论也将在研究中发挥一定的作用。

（二）理论综述

1. 社会认同理论

社会认同理论是指个体对某一社会群体产生认同，并体验到群体内的情感和感情价值（Tajfel，1986）。但当消费者在群体内无法获得自己渴望的社会认同时，他们会想办法摆脱自己原属的群体。

Tajfel（1982）认为社会认同是在社会分类、社会比较和积极区分的基础上建立的。人们会将自身与周遭事物放在一起进行分类，并将分类后自己所属的群体的特征加之于自身。社会比较会将上一步社会区分的意义进行更为显著的表现，也就是在这一步人们会对自己所属的群体产生认同。当进入积极区分这一阶段，人们会更加热衷于自己所属的群体，并在自我尊重的影响下产生更为积极的态度或行动。

虽然社会认同理论展现了高认同状态的个体对群体的积极影响，但是也应注意到当企业的善因营销出现争议时，消费者较容易得出“被抛弃”的感知，从而积极地与企业摆脱干系，产生负面影响，这一点在消费者—企业契合度与消费者—企业认同的影响中表现得最为强烈。

2. 联结学习理论

联结学习理论是由 Thorndike（1913）提出的，被广泛应用于教育学及心理学的相关研究，近年来在营销学中也有一定的应用，其认为学习是以神经连接为基础产生的情景刺激与反应之间的联结。延伸至市场营销领域，可以看出当两个事物出现较高的匹配度时，消费者更容易接受二者间的关联并从中获取更多的相关信息。

在相关的善因营销研究中，曹忠鹏等（2012）表示企业与公益事件的契合程度越高，越容易促进二者的联结，从而使消费者获得更多的相关信息，并做出积极的反应。但是当企业的善因营销出现争议时，消费者也更容易获得相关的负面信息，并因此产生负面的态度与行为。

3. 情绪理论

当下对于情绪的解释理论较多，其中较为有说服力的是认知理论，其提出者 Arnold（1978）认为，情绪是对认知解释的反应。当个体对某一事物产生较为正向的认知解释则会产生较为积极的情绪反应；反之，当消费者接触到对某一事物的认知解释较为负面时，则会产生负面的情绪反应。关于营销学的研究表明，归因对于消费者情绪具有显著影响（汪志刚，2018）。该理论对企业伪善感知与消费者负面情绪间的相关关系做出了较为合理的解释。

三、研究模型及假设

大量学者研究表明，善因营销中的契合度对消费者的情绪具有重要的影响。企业、消费者、公益事件三者间的契合度越高，消费者越容易产生积极的情绪反馈。由此推理，当企业的善因营销出现争议时，契合度仍然会对消费者的情绪产生重要的影响。而王静一等（2014）认为，在企业承担社会责任时，消费者会受到企业伪善感知的影响从而产生负面的情绪，而善因营销本身就是企业承担社会责任的具体形式之一，因此企业伪善感知也会在善因营销契合度与消费者负面情绪间承担中介作用。除此之外，考虑到企业在长期的经营活动中所积累的消费者—企业认同对于提升消费者忠诚度、维护企业与消费者之间的关系具有重要作用，因此也将其作为变量之一加入模型。

基于此，本文从善因营销的契合度入手，主要研究其对消费者负面情绪的影响作用。具体模型如图 1 所示。

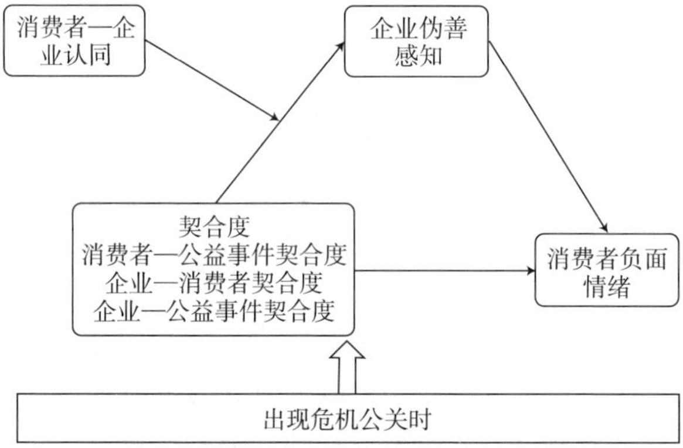

图 1　理论模型

（一）善因营销中契合度对消费者负面情绪的影响

契合度表示消费者所感知的某种关系之中两者间的关联程度。具体到善因营销活动，则体现为消费者、企业、公益事件三者间的两两关联程度。

消费者与公益事件的高契合度表明消费者对该公益事件具有较大的兴

趣，或者其本身与这一公益事件相关。这一部分消费者会对企业的善因营销行为与自身进行社会分类，完成自我归类的过程。此时消费者会对企业形成暂时的认同，并与企业达成暂时的合作关系。但当企业的善因营销出现争议时，消费者会感知企业的伪善行为，暂时的认同和合作关系会被破坏，消费者会出现负面情绪。

企业—公益事件契合度也是影响企业伪善感知的重要因素之一。当善因营销中的企业—公益事件契合度较低时，根据联结学习理论（Thorndike，1913），当匹配程度较低的两个刺激物同时存在时，消费者不容易将二者相联结。信息处理理论（Eentman，1993）认为，消费者面对善因营销的信息时，希望获得对他们自身来说相对满意的理解。此时契合度较低的两个刺激物会使消费者认为二者的联结不成立，从而使消费者产生负面情绪。

当企业—消费者契合度较高时，根据社会身份理论（Tajfel，1917），在企业进行善因营销的过程中，消费者会认为自己是企业的一部分，而个体行为的发生会依据于个体所属的群体，此时的消费者对企业的善因营销行为的态度是正向的。但这种个体与群体的关系是暂时的，并没有具体的约束，所以在企业的善因营销出现争议初期，消费者会将自己作为企业的一部分进行内部归因，从而对企业产生负面情绪。

综上所述，本文认为：

H1：善因营销中契合度与消费者的负面情绪具有相关性。

H1a：消费者—公益事件契合度与消费者负面情绪呈正相关。

H1b：企业—公益事件契合度与消费者负面情绪呈负相关。

H1c：企业—消费者契合度与消费者负面情绪呈正相关。

（二）消费者的企业伪善感知对消费者负面情绪的影响及中介作用

在汪志刚等（2018）所总结的量表中，企业伪善感知包括内部归因、伪 CSR 感知两个维度。当消费者的企业伪善感知程度较高时，说明消费者对企业内部归因的感知程度较高，即认为该企业进行善因营销的失败主要归咎于企业自身。情绪理论认为，情绪是对认知解释的心理反应，当消费者感知了企业的道德越界，就容易产生负面的情绪反应。消费者的伪 CSR 感知主要来源于企业在承担社会责任的过程中行为、能力与态度三者间不相匹配。而 Xie 等（2015）的研究表明，当企业发生不负责任的行为时，消费者会产生蔑视、气愤、厌恶等负面情绪。

当善因营销中的契合度较高时，消费者会将自己与企业归为同一群体，而消费者为了避免善因营销的争议波及自己，更倾向于将争议的原因归咎于企业自身，由此造成对企业内部的归因。与此同时，由于较高的契合度，消费者会更熟悉企业或者是公益事件，更能感受到企业在承担社会责任过程中行为、能力和态度三者间的不匹配程度，从而产生较高的伪 CSR 感知。由此可以看出善因营销中的契合度通过企业伪善感知这一中介变量最终作用于消费者的负面情绪。

因此，本文认为：

H2a：企业伪善感知与消费者负面情绪呈正相关。

H2b：企业伪善感知在善因营销契合度与消费者负面情绪间起到中介作用。

（三）消费者—企业认同的调节作用

现如今消费者—企业认同在企业承担社会责任的研究之中扮演了重要的角色。金立印（2006）认为，较高的消费者—企业认同来源于企业声誉、可信度等，消费者对该企业评价受到这一企业认同的重要影响。李纯青等（2020）学者研发的量表中将消费者—企业认同归纳为相符感、归属感和效能感 3 个维度。与企业—消费者契合度所产生的短暂认同不同，消费者—企业认同来自企业长期发展所积累的品牌价值及客户关系等，这种认同关系更加稳定，消费者也更容易对企业的争议行为进行包容。消费者—企业认同较高的消费者会认为自己与企业较为相符，更加认同和信任企业的善因活动，同时由于他们具有较高的归属感，这时他们会对企业善因营销活动的争议进行外部归因，认为这并非企业的错误，或者认为是企业的无心之失。而效能感较高的消费者本就认为自己对企业来说是有价值的，这种效能感会在企业进行善因活动时因消费者的支持行为而进一步提升，从而将消费者与企业进行更好的绑定，此时消费者更容易自发地对争议信息进行抵制，最终在一定程度上抑制消费者负面情绪的产生。因此，本文认为：

H3：消费者—企业认同在善因营销契合度与企业伪善感知间起到削弱

的调节作用。

四、变量测量与数据收集

（一）变量测量

1. 善因营销契合度的测量

近年来国内外的善因营销研究大多数集中在善因营销的契合度方面，在这种环境下学界开发了许多不同的量表对其进行度量，如国外学者 Enrique Bigne – Alcaniz 等（2010）以品牌感知的维度为基础开发了针对善因营销的指标题项，而我国学者侯俊东等（2008）开发了更适合中国国情的测量量表。黄祥辉（2015）对以上量表进行整合，最终形成了包括企业—消费者契合度、消费者—公益事件契合度、企业—公益事件契合度 3 个维度的量表，具体见表 1。

表 1　善因营销契合度测量题项

维度	测量题项
企业—消费者契合度	我能准确地理解该企业产品品牌代表的寓意
	我熟悉该企业的产品品牌
	我对该企业的品牌印象适合自我形象
消费者—公益事件契合度	我愿意参与该企业的善因活动
	我愿意购买那些向“能够使我自身受益”的公益活动捐助的企业产品
	我觉得企业的善因活动非常好，对我有触动
	我非常支持该企业的善因营销活动，希望这样的活动更多些
企业—公益事件契合度	我认为该企业这么做是想回报社会，为社会做点贡献
	我认为该企业参与此次公益活动将更能促进该品牌的发展
	我认为该企业参与此次公益活动将更能促进公益事业的发展
	我认为该企业的慈善捐助很有意义

2. 消费者—企业认同的测量

对于消费者—企业认同的测量，本文所采用的是李纯青等（2020）通过对访谈内容开放式编码后所总结的量表，具体见表 2。

表 2　消费者—企业认同测量题项

维度	测量题项
相符感	看到该企业发展得越来越好，我们消费者会为它感到骄傲
	我认为该企业符合我自己的一些价值观
	选择该企业的消费者，我觉得我们之间有相似的地方
	我认为我个人属于支持该企业的群体
	我会对该企业的其他消费者有一种亲切感
	我认为该企业在很多方面契合我
归属感	该企业的成功好像是我个人的成功
	如果媒体指责了该企业，我们消费者会感到很尴尬
	当别人批评该企业时，我感觉那是对我们消费者的侵犯
	我比较感兴趣别人如何看待该企业
效能感	我对该企业来说是有价值的
	我对该企业的发展是有帮助的
	在与该企业接触的过程中，我受到该企业相关人员的重视

3. 企业伪善感知的测量

对于企业伪善感知的测量大多集中在企业社会责任研究领域，本文所采用的是 Wagner 等（2009）所开发的量表，主要包括内部归因和伪 CSR 感知两个维度。具体见表 3。

表 3　企业伪善感知的测量题项

维度	测量题项
内部归因	这种情况是企业自身原因造成的
	这种情况本来企业是可以避免的
	这种情况是企业故意行为导致的
伪 CSR 感知	该企业并不是真正想承担社会责任
	该企业承担社会责任行为并不像它宣传的那么好
	该企业表面上承担社会责任，实际上是想实现其他目的

4. 负面情绪的测量

消费者的负面情绪较为主观，相关量表多为心理学的相关研究，与本文的研究相容性不大，而 Xie 等（2015）对于企业社会责任中消费者情绪反应研究的量表较为适宜本文。

表 4　负面情绪的测量题项

维度	测量题项
蔑视	我对该企业的行为很蔑视
	我对该企业的行为很鄙视
	我对该企业的行为很看不起
气愤	我对该企业的行为很生气
	我对该企业的行为很愤怒
	我对该企业的行为很恼怒
厌恶	我对该企业的行为很反感
	我对该企业的行为很讨厌
	我对该企业的行为很厌恶

（二）数据收集

研究变量包括企业—消费者契合度、消费者—公益事件契合度、企业—公益事件契合度、消费者—企业认同、企业伪善感知和消费者负面情绪。为了更大范围获得不同消费者的相关数据，本研究采用网络问卷的方式开展研究，以期获得更具有普遍性的结论。

完整回收 276 份问卷，在数据录入过程中，剔除无效问卷后，有效问卷为 253 份，即问卷有效率为 91.67%。对问卷数据进行描述性统计检验，结果如表 5 所示。

表 5　调查数据描述性统计检验

调查内容	类别	数量	占比（%）
性别	男	117	46.2
	女	136	53.8
年龄	18 岁以下	12	4.7
	18～25 岁	112	44.3
	26～30 岁	50	19.8
	31～40 岁	41	16.2
	41～50 岁	23	9.1
	51～60 岁	7	2.8
	60 岁以上	8	3.2

续表

调查内容	类别	数量	占比（%）
学历	初中	25	9.9
	高中	51	20.2
	大学本科	160	63.2
	硕士研究生	10	4
	博士研究生	7	2.8
收入情况	<500 元	67	26.5
	500～1000 元	6	2.4
	1000～2000 元	14	5.5
	2000～3000 元	3	1.2
	3000～5000 元	80	31.6
	5000～8000 元	35	13.8
	8000～10000 元	33	13
	≥10000 元	15	5.9
宗教信仰	有	22	8.7
	无	231	91.3

五、实验数据分析

本文借助 SPSS 软件对问卷调查所回收数据进行相关检验，包括信度检验与效度检验、相关性检验、回归分析等，并对最终所得结果进行相关讨论。

（一）信效度检验

1. 善因营销契合度信效度检验

善因营销契合度部分的量表共包括 3 个维度，分别是企业—消费者契合度、消费者—公益事件契合度和企业—公益事件契合度。通过 SPSS 软件的可靠性分析检验后，3 个维度的 α 系数分别为 0.755、0.731 和 0.846，总量表的 α 值为 0.832。各项数值均超过了 0.7，说明该量表的信度较好。

通过表6 可以看到量表的 KMO 值为0.887，且 Bartlett 球形检验的显著性概率为0.000，故本文选用因子分析。提取因子后，3个因子分别落在3个维度，因子荷载度均大于0.5，且累计解释方差大于64.226%。故因子分析结果表明，该量表结果效度较好，可用于后续研究。

表6　善因营销契合度因子分析

维度	题项	各维度题项因子载荷		
企业—消费者契合度	1			0.535
	2			0.619
	3			0.714
消费者—公益事件契合度	1		0.687	
	2		0.634	
	3		0.512	
	4		0.710	
企业—公益事件契合度	1	0.658		
	2	0.523		
	3	0.798		
	4	0.517		
KMO		0.887		
Bartlett 检验卡方值		646.652		
显著性		0.000		

2. 企业伪善感知及消费者负面情绪信效度检验

企业伪善感知共两个维度，包括内部归因和伪CSR感知，经过可靠性分析，其α系数分别为0.725和0.849，总量表α系数为0.738，均符合信度要求。消费者负面情绪共包含4个维度，分别是蔑视、气愤、厌恶和态度，经过可靠性分析，其α系数分别为0.714、0.857、0.797和0.580，其中态度维度α系数小于0.6，信度较低，故予以剔除。剩余3个维度的总量表α系数为0.839，信度较高。

表7展示了企业伪善感知量表的因子分析结果，其中KMO值为0.811，且Bartlett检验值显著性概率为0.000。提取因子后，因子荷载数均大于0.5，且累计解释方差大于66.491%，可以进行后续研究。

消费者负面情绪量表4个维度中的态度维度信度较低，因此在进行效度检验时将该数据剔除，仅对蔑视、气愤、厌恶3个维度进行效度检验。

对消费者负面情绪的数据分析表明，消费者负面情绪的量表 KMO 值大于0.8，为0.900，Bartlett 检验值显著性概率为0.000（见表8）提取因子后，累计解释方差大于61.457%，故该量表效度较好，可以进行后续研究。

表7　企业伪善感知因子分析

维度	题项	各维度题项因子载荷	
内部归因	1	0.683	
	2	0.611	
	3	0.585	
伪 CSR 感知	1		0.864
	2		0.694
	3		0.811
KMO		0.811	
Bartlett 检验卡方值		254.618	
显著性		0.000	

表8　消费者负面情绪因子分析

维度	题项	各维度题项因子载荷		
蔑视	1		0.725	
	2		0.713	
	3		0.646	
气愤	1	0.719		
	2	0.732		
	3	0.748		
厌恶	1			0.517
	2			0.595
	3			0.837
KMO		0.900		
Bartlett 检验卡方值		607.703		
显著性		0.000		

3. 消费者—企业认同信效度检验

经过对问卷数据的整理，消费者—企业认同中3个维度共13个题项都通过了检验，它们分别是相符感、归属感和效能感。运用 SPSS 软件中可靠性分析，分别对其 Cronbach's α 系数进行计算，最终所得总量表的 α 系数值为 0.872，相符感、归属感和效能感 3 个维度的 α 系数分别为 0.732、0.851 和 0.759，所以该测量量表具有较好的信度。

从表 9 中可以看出消费者—企业认同量表的 KMO 值为 0.924，Bartlett 球形检验显著性概率为 0.000。提取因子后，因子载荷均大于 0.5，且累计解释方差大于 73.441%。以上结果表明，本研究中消费者—企业认同量表具有较为良好的效度。

表 9　消费者—企业认同的因子分析

维度	题项	各维度题项因子载荷		
相符感	1		0.621	
	2		0.663	
	3		0.744	
	4		0.598	
	5		0.692	
	6		0.801	
归属感	1	0.611		
	2	0.712		
	3	0.578		
	4	0.652		
效能感	1			0.716
	2			0.821
	3			0.743
KMO		0.924		
Bartlett 检验卡方值		1244.427		
显著性		0.000		

（二）相关性分析

运用 SPSS 软件对善因营销契合度、消费者—企业认同、企业伪善感知和消费者负面情绪这几个变量进行相关性分析。在分析过程中，考虑到年龄、性别、学历、收入、宗教信仰等变量会对最终结果产生影响，因此也将上述变量加入相关性分析，以便对回归变量筛选控制变量进行深入研究。

从表10中可以得出以下结论：

在企业的善因营销活动中，消费者的负面情绪同年龄和收入情况显著正相关，其r值分别为0.481与0.671，$p<0.01$；消费者负面情绪与学历水平显著负相关，其$r=-0.178$，检验值$p<0.01$。

在企业的善因营销活动中，善因营销中的契合度与企业伪善感知之间显著正相关（$r=0.725$，$p<0.01$），而具体到善因营销契合度的3个维度也可以发现，三者均与企业伪善感知显著正相关，具体体现为企业—消费者契合度（$r=0.579$，$p<0.01$）、消费者—公益事件契合度（$r=0.635$，$p<0.01$）、企业—公益事件契合度（$r=0.647$，$p<0.01$）。

消费者—企业认同与企业伪善感知间的r值为0.705，与总契合度间的r值为0.807，且p值均小于0.01，说明消费者—企业认同与企业伪善感知同总契合度之间都具有显著的正相关性。但由于消费者企业认同与总契合度间的$r=0.807>0.8$，有共线性嫌疑，所以对消费者企业认同与总契合度进行共线性检验，检验结果$VIF=2.87$，因此排除共线性问题。

企业伪善感知与负面情绪呈显著正相关（$r=0.743$，$p<0.01$）。

表10　各主要变量的相关性分析表

变量	1	2	3	4	5	6	7	8	9	10	11	12
1. 性别	1											
2. 年龄	-0.093	1										
3. 学历水平	-0.045	-0.155*	1									
4. 收入情况	0.045	0.580**	-0.291**	1								
5. 宗教信仰	0.023	-0.037	0.023	-0.081	1							
6. 消费者—企业认同	0.042	0.449**	-0.171**	0.764**	-0.026	1						
7. 企业—消费者契合度	0.019	0.400**	-0.139*	0.598**	0.05	0.666**	1					
8. 消费者—公益事件契合度	0.051	0.386**	-0.09	0.580**	0.054	0.677**	0.630**	1				

续表

变量	1	2	3	4	5	6	7	8	9	10	11	12
9. 企业—公益事件契合度	0.016	0.375 **	-0.176 **	0.580 **	-0.023	0.727 **	0.558 **	0.609 **	1			
10. 总契合度	0.033	0.452 **	-0.160 *	0.685 **	0.03	0.807 **	0.855 **	0.862 **	0.850 **	1		
11. 企业伪善感知	0.066	0.350 **	-0.145 *	0.626 **	-0.063	0.705 **	0.579 **	0.635 **	0.647 **	0.725 **	1	
12. 负面情绪	0.019	0.481 **	-0.178 **	0.671 **	-0.058	0.752 **	0.639 **	0.645 **	0.657 **	0.757 **	0.743 **	1

注：* 表示在 0.05 级别（双尾）相关性显著；** 表示在 0.01 级别（双尾）相关性显著。

（三）线性回归分析

1. 善因营销契合度对消费者负面情绪的直接效应验证

将善因营销中 3 个维度作为自变量，因变量为消费者的负面情绪，对两者进行线性回归分析，结果如表 11 所示。

表 11　善因营销契合度对消费者负面情绪直接效应的回归模型

自变量	模型系数			系数检验	
	B	Beta	t	Sig.	R^2
企业—消费者契合度	0.264	0.287	5.168	0.000	0.573
消费者—公益事件契合度	0.262	0.257	4.418	0.000	
企业—公益事件契合度	0.309	0.340	6.257	0.000	

由表 11 可以得到以下结论：

3 个维度的契合度都对消费者的负面情绪产生了正面影响。三者对消费者负面情绪的标准化回归系数分别为 0.287、0.257、0.340，且 Sig. 值均小于 0.001，所以 H1、H1a、H1c 均得到了验证，H1b 被拒绝。

2. 企业伪善感知对消费者负面情绪的直接效应验证

自变量变为企业伪善感知，因变量依旧是消费者负面情绪，进行线性回归分析，结果如表 12 所示。

表 12　企业伪善感知与消费者负面情绪直接效应的回归模型

自变量	模型系数			系数检验	
	B	Beta	t	Sig.	R^2
企业伪善感知	0.752	0.743	17.576	0.000	0.552

由表 12 可以看出，企业伪善感知为自变量时，其变动会影响作为因变量的消费者负面情绪，企业伪善感知对消费者负面情绪的模型系数 Beta 为 0.743，且 Sig. 值小于 0.001，达到显著性水平，所以 H2a 得到了验证。

3. 企业伪善感知的中介效应验证

探讨企业伪善感知在善因营销契合度与消费者负面情绪之间是否存在中介作用，若存在，分辨为完全中介作用还是部分中介作用。

具体操作时，本研究利用 SPSS 软件中线性回归模型，分别构建以善因营销契合度为自变量，因变量为消费者负面情绪的模型一；自变量为企业伪善感知，因变量为消费者负面情绪的模型二；以及善因营销契合度与企业伪善感知为自变量和因变量为消费者负面情绪的模型三，结果见表 13。

表 13　企业伪善感知中介效应的回归模型

自变量	因变量：消费者负面情绪		
	模型一	模型二	模型三
善因营销契合度	0.725***		0.460***
企业伪善感知		0.743***	0.410***

注：＊＊＊表示在 0.001 水平显著。

从表 13 中可以看出，模型一中企业善因营销契合度与消费者负面情绪间的回归值为 0.725，模型二中企业伪善感知与消费者负面情绪间的回归值为 0.743，说明无论是模型一还是模型二，善因营销中契合度与企业伪善感知都对消费者负面情绪产生显著的正向作用。在模型三中，善因营销契合度与企业伪善感知对消费者负面情绪的回归值分别为 0.460 和 0.410，虽然对比模型一和模型二有所下降，但依然表明二者对消费者负面情绪具有显著的正向作用。以上分析表明，在善因营销契合度与消费者负面情绪的关系模型中，企业伪善感知在二者间起到了部分中介的作用，H2b 在此处得到验证。

4. 消费者—企业认同的调节效应验证

为验证消费者—企业认同在善因营销契合度与企业伪善感知间的调节作用，首先计算出因变量善因营销契合度的均值为3.4289，随后用原有善因营销契合度减去均值得到标准化后的善因营销契合度。再用标准化获得善因营销契合度的值减去作为待验证调节变量的消费者—企业认同数值，以得到二者的交互值。

通过以上的前期准备，利用SPSS的线性回归，以企业伪善感知作为因变量，自变量分别为标准化后的善因营销契合度与消费者企业认同、交互项，进行线性回归分析，最终结果如表14所示。

在表14中，各项显著性均小于或等于0.001，具有较好的显著性；标准化后的善因营销契合度系数为1.581，消费者企业认同系数为0.233，交互项系数为-1.078。由此可看出消费者—企业认同在善因营销契合度与企业伪善感知间具有显著的调节作用。再依据各项数据绘制调节效应分解图（见图2），可以得知消费者—企业认同在模型中起到削弱的调节作用。由此，H3得到验证。

表14　消费者—企业认同的调节效应回归分析

		未标准化系数		标准化系数 Beta	t	显著性	R^2 变化量
		B	标准错误				
有调节的中介效应	标准化后契合度	0.489	0.077	0.447	6.326	0.000	0.563
	消费者—企业认同	0.355	0.073	0.344	4.879	0.000	
有调节的中介效应对比	标准化后契合度	1.730	0.198	1.581	8.756	0.000	0.629
	消费者—企业认同	0.240	0.069	0.233	3.468	0.001	
	交互项	-0.428	0.064	-1.078	-6.735	0.000	

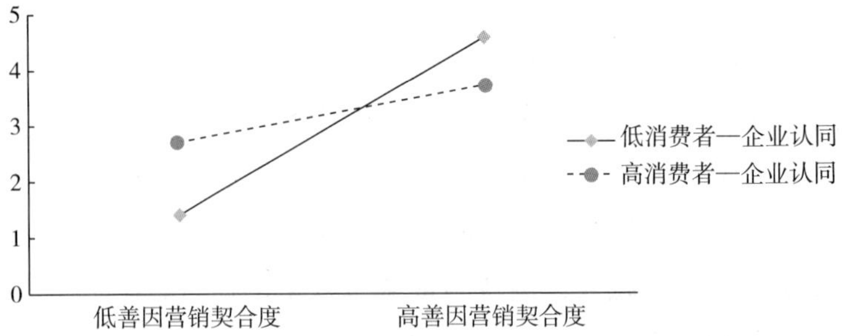

图2　消费者—企业认同对总契合度的调节效应分解图

（四）回归分析结果

为更加显著地体现回归分析的结果，本文以善因营销契合度及其3个维度作为自变量，中介变量为企业伪善感知，调节变量为消费者—企业认同，因变量为消费者负面情绪，而年龄、学历水平、收入状况会对结果产生一定影响，因此将这些也作为调节变量，通过SPSS中process插件进行有调节的中介模型检验。最终结果如表15所示。

（五）研究讨论

总结本研究中的所有数据分析，可以对理论模型构建的相关假设进行检验，具体情况见表16。

表 15　回归分析结果

		因变量:消费者负面情绪								
		模型 1	模型 2	模型 2－1	模型 3	模型 3－1	模型 4	模型 4－1	模型 5	模型 5－1
控制变量	年龄	0. 006	－0. 470	0. 077	－0. 045	0. 080	－0. 037	0. 081 *	－0. 028	0. 084
	学历水平	0. 158 *	0. 037	－0. 020	0. 040	－0. 022	0. 024	－0. 021	0. 024	－0. 138 **
	收入状况	0. 065	0. 054	0. 019	0. 069	0. 019 **	0. 061	0. 021	0. 670	0. 027
自变量	总契合度		0. 274 **	0. 221 **						
	企业—消费者契合度				0. 863 **	0. 110 **				
	消费者—公益事件契合度						0. 217 **	0. 098 **		
	企业—公益事件契合度								0. 185 **	0. 069 **
调节变量	消费者—企业认同			0. 223 **		0. 274 ***		0. 274 **		0. 278 ***
中介变量	企业伪善感知			0. 302 ***		0. 334 **		0. 307 **		0. 337 **
交互项	总契合度×消费者—企业认同			－0. 032 **						
	企业—消费者契合度×消费者—企业认同					－0. 005 **				
	消费者—公益事件契合度×消费者—企业认同							－0. 986 **		
	企业—公益事件契合度×消费者—企业认同									－0. 138 **
检测值	F 值	23. 612	73. 159	70. 632	58. 440	69. 406	63. 693	69. 267	64. 110	67. 899
	R^2	0. 155	0. 641	0. 698	0. 588	0. 695	0. 608	0. 694	0. 610	0. 690
	调整后的 R^2	0. 106	0. 566	0. 682	0. 518	0. 672	0. 543	0. 673	0. 535	0. 663

注：* 表示 在 0. 05 级别（双尾）相关性显著；* * 表示 在 0. 01 级别（双尾）相关性显著；* * * 表示在 0. 001 级别（双尾）相关性显著。

表 16　研究假设检验结果验证表

假设	假设内容	验证结果
H1	善因营销中契合度与消费者的负面情绪具有相关性	支持
H1a	消费者—公益事件契合度与消费者负面情绪呈正相关	支持
H1b	企业—公益事件契合度与消费者负面情绪呈负相关	不支持
H1c	企业—消费者契合度与消费者负面情绪呈正相关	支持
H2a	企业伪善感知与消费者负面情绪呈正相关	支持
H2b	企业伪善感知在善因营销契合度与消费者负面情绪间起到中介作用	支持
H3	消费者—企业认同在善因营销契合度与企业伪善感知间起到削弱的调节作用	支持

依据表 16 所示，以下将总结研究结论并进行讨论：

当企业的善因营销出现争议时，善因营销的高契合度会促使消费者产生负面情绪。当企业—消费者契合度较高时，企业进行善因营销的争议会使消费者认为自身被企业背叛，极易引起消费者的负面情绪。当消费者—公益事件契合度较高时，具有争议的善因营销活动会被消费者认为触及了其本身的利益，从而使消费者产生负面态度。不同于假设中相关解释，当企业—公益事件契合度较高时，消费者确实会因二者的关联接收更多的信息，并认为二者的联结具有重要意义。但假设中未考虑当企业的善因营销出现争议时，消费者会接收更多因争议而带来的负面信息，并认为二者有意义的联结并未取得其所应得的结果，促使消费者对这一结果进行企业内部归因，降低消费者对该企业的好感度，从而促使消费者产生负面情绪。这一结论不同于以往对善因营销中契合度积极效应的研究，补充了对于善因营销中负面效应的相关研究，对善因营销中契合度机制的研究起到了一定的补充作用。

当企业的善因营销出现争议时，消费者负面情绪会受到企业伪善感知的正向影响，并在模型中起到部分中介作用。企业伪善感知分为内部归因和伪 CSR 感知两个维度，当消费者对企业进行善因营销失败的内部归因程度较高时，该企业在消费者心中的位置会降低，消费者会产生负面情绪；当消费者的伪 CSR 感知程度较高时，消费者会对企业产生不信任感，从而催生消费者的负面情绪。所以，无论哪一种维度都会最终作用于消费者的负面情绪。这一结论表明了企业伪善感知在企业社会责任中所起作用同样适用于善因营销领域，拓展了善因营销研究的理论方向。

当善因营销出现争议时，消费者—企业认同在善因营销契合度与企业伪善感知间起到削弱的调节作用，即当善因营销契合度较高引起的企业伪善感知较高时，消费者—企业认同可以降低一部分的企业伪善感知。消费者—企业认同产生于企业的长期经营过程，当消费者—企业认同越高时，企业越容易获得消费者的信任。这种信任感可以在一定程度上抵消对企业的伪善感知，将失败的结果更多地解释为企业外部原因，同时产生较低的伪 CSR 感知。消费者—企业认同在善因营销领域的研究，扩展了认同理论的应用场景，也在一定程度上对善因营销的消费情境进行了延展。与此同时，消费者—企业认同在善因营销活动中的积极作用为企业实施更加成功的善因营销活动及其抗风险能力的提升打下理论基础。

六、研究结论与建议

（一）研究结论

本研究在善因营销这一课题之下对善因营销契合度与消费者负面情绪间的关系进行了相关研究，最终得出了以下结论：

当企业的善因营销活动出现公关危机时，企业、消费者、公益事件 3 个要素间的契合度越高，越容易产生较高的企业伪善感知，消费者越容易产生负面情绪。

企业伪善感知在契合度与消费者负面情绪间起到部分中介的作用，即善因营销中契合度的影响一部分作用到企业伪善感知，最终影响到消费者的负面情绪。

消费者—企业认同在善因营销契合度与企业伪善感知间起到削弱的调节作用，消费者—企业认同越高，越能削弱契合度对消费者的企业伪善感知的影响，并最终作用于消费者，抑制其负面情绪的产生。

（二）管理启示

企业原有消费者同与公益事件契合度较高的消费者是企业在进行善因

营销活动时应重点关注的对象。通过本文的研究可以看出，在善因营销过程中，上述消费者更容易受到企业善因营销争议的影响，从而产生更加激烈的负面情绪。企业进行善因营销，不仅是为了吸引潜在消费者，也应牢牢抓住现有市场，维护企业与现有消费者之间的关系。因此企业在制订与实施善因营销计划时应更为谨慎，重点关注与企业、公益事件契合度较高的消费者，避免其出现“被背叛”的感受；同时在善因营销出现争议时，首先对该部分消费者进行道歉并做出补偿，以免其负面情绪影响到其他消费者而产生更大的负面影响。

当企业的善因营销备受争议时应尽快分析原因并及时公开相关信息。内部归因是企业伪善感知的重要维度，并影响着消费者的负面情绪，企业应在争议出现初期排查其出现的原因，避免消费者的猜测与怀疑。因此，公开失败原因及相关信息，以此重新获取消费者的信任，是企业降低消费者企业伪善感知、转变其负面情绪的有效措施。

企业应在日常经营活动中提高消费者—企业认同，增强自己在善因营销活动中的抗风险能力。较高的消费者—企业认同代表着消费者对企业具有较高的忠诚度。在善因营销活动中，消费者对企业的高认同有助于在善因营销活动中削弱自己的企业伪善感知，最大限度地保持对企业的信任与忠诚，有利于企业应对风险，并扭转局面，挽回岌岌可危的企业形象。

（三）研究不足与展望

本研究在探讨企业善因营销契合度与消费者负面情绪间的关系过程中运用了理论推导与实证分析的方法，但由于水平不高且精力有限，不可避免地仍有一些不足之处，具体总结如下：

样本的广泛性较差。尽管本调查采用网上问卷的方式，但仍有半数以上的样本来源于大学生群体，虽然这一群体正在逐渐成长为主要的消费群体，但考虑到其年龄、收入情况、学历水平等并没有较大差异，并不能完全代表当今社会的市场全貌。因此本研究的普遍性相对较差。

存在未关注的潜在变量。在本文的因子分析中，不免出现一些累计解释方差虽然合格但是数值并不高的情况，不能说明已经完全充分地解释了变量之间的关系，因此，应存在一些其他未被本研究关注的潜在变量。除此之外，本文的研究模型也未考虑到消费者个体的相关变量，如人格特质等。因此，本研究模型所得到的路径系数准确性相对较低。

理论模型存在限制。本研究只加入了消费者—企业认同在善因营销契合度与企业伪善感知间的调节作用，但消费者—企业认同在善因营销契合度与消费者负面情绪间、企业伪善感知与消费者负面情绪间也可能存在较为显著的调节作用，而在本研究的模型构建与后续数据检验中都没有体现，因此理论模型可能存在缺陷。

结合研究结论以及本文所存在的缺陷，现对今后的研究重点做出以下展望：

进行更为普遍或者更具有针对性的样本收集与研究。尽可能地扩展数据来源，广泛收集各年龄段、各行业的样本或者是有针对性地对某一群体进行相关研究，增强研究结论的普遍性或者针对性，以得到更具有指导意义的研究结论。如果条件允许，实验法将更容易进行各种变量的控制，以得到更加科学、准确、客观的研究结论。

结合消费者个人特质与当前的互联网环境，提出更贴合时代特征的理论模型。随着当前社会环境、互联网经济的高速发展，互联网平台成为各大企业营销宣传的主要阵地，善因营销作为营销手段的一种也应将互联网环境的影响加入其中。除此之外，当下消费者越来越追求差异性，个人定制等经营方式应运而生。在进行善因营销的相关研究时，应考虑将消费者的个人特质作为重要的变量。

对善因营销课题进行更大范围的探讨。当前对善因营销的研究大多以契合度为切入点，而其他理论相对较少，对善因营销的机制解释并不完全。除此之外，其理论的最终落脚点大多与消费者相关，而对公司内部效用、公司战略等作用的研究相对较少。所以，针对善因营销这一课题，应予以更多角度、更多路径、更多影响面的探讨，促进这一课题的良性发展。

参考文献

[1]李纯青,潘玉梅,王肖利．消费者—企业认同的概念、量表开发及检验研究[J]．预测,2020,39(3):82－89.

[2]骆紫薇,吕林祥. 善因营销对消费者态度的影响及其理论解释[J]. 心理科学进展,2019,27(4):737 -747.

[3]汪志刚,田志龙,方牵. 消费者伪善感知对态度和行为的影响[J]. 企业经济,2018,37(2):88 -94.

[4]骆紫薇,黄晓霞,陈斯允,卫海英,杨德峰. 企业为何履行社会责任却落得"伪善"名声?——企业社会责任类型和感知品牌伪善间的关系[J]. 心理科学进展,2017,25(10):1642 -1655.

[5]江若尘,郑玲. 善因营销的捐赠水平与消费者态度:一个有中介的调节效应模型检验[J]. 心理学报,2017,49(5):692 -698.

[6]樊帅,田志龙. 消费者对企业社会责任伪善感知形成机制研究[J]. 中南财经政法大学学报,2017(2):22 -31.

[7]毕楠,银成钺,康茜. 中国情境下影响消费者感知成功善因营销的多案例研究[J]. 管理学报,2016,13(3):347 -358.

[8]黄祥辉. 善因营销匹配度对消费者购买意愿影响研究[D]. 南昌:江西财经大学,2015.

[9]ALEXANDER CHERNEV,SEAN BLAIR. Doing well by boing good: The benevolent halo of corporate social responsibility[J]. Journal of consumer research,2015,41(6).

[10]王静一,王海忠. 企业社会责任活动中感知伪善的结构与量表开发[J]. 心理科学进展,2014,22(7):1075 -1083.

[11]司凯,周敏. 善因营销中契合度和卷入度影响效果研究[J]. 华东经济管理,2014,28(4):125 -130.

[12]樊帅,田志龙,林静,王澜波. 基于社会责任视角的企业伪善研究述评与展望[J]. 外国经济与管理,2014,36(2):2 -12 +23.

[13]曹忠鹏,代祺,赵晓煜. 公益事件营销中企业—消费者契合度和宣传侧重点影响效果研究[J]. 南开管理评论,2012,15(6):62 -71.

[14]黄化锋,黄光跃,张新国. 论企业善因营销对消费者态度的影响[J]. 中南财经政法大学学报,2010(1):107 -114.

[15]TILLMANN WAGNER,RICHARD J LUTZ,BARTON A WEITZ. Corporate hypocrisy: Overcoming the threat of inconsistent corporate social responsi-

bility perceptions[J]. Journal of marketing,2009,73(6).

[16]彭伟,胡智慧. 国外善因营销研究述评与展望[J]. 内蒙古财经学院学报,2009(3):88 -93.

[17]李慧. 善因营销国内外最新理论研究综述[J]. 兰州学刊,2008(7):93 -95.

[18]AMERICUS REED,KARL AQUINO,ERIC LEVY. Moral identity and judgments of charitable behaviors[J]. Journal of marketing,2007,71(1).

[19] RAJAN VARADARAJAN,ANIL MENON. Cause - related marketing: A coalignment of marketing strategy and corporate philanthropy[J]. Journal of marketing,1988,52(3).

高校品牌至爱的前因及积极结果研究

林徽豪

摘　要：随着高校间竞争的日益激烈，不少学者将营销理论，尤其是品牌营销理论应用于高等教育机构的研究。本文将品牌至爱概念引入高校品牌研究，探究高校品牌至爱的前因及后果。通过对回收的272份调查问卷进行分析，发现校园环境、社交体验对高校品牌至爱有着显著影响，高校品牌至爱对校友支持、特许商品购买意愿产生作用。论文揭示了高校品牌至爱的中介效应，强调了那些专注于为学生提供良好体验的大学将更有效地激发学生的高校品牌至爱，这将会让高校收获更大的校友支持。本研究在高校品牌情境丰富了品牌至爱理论，研究结果可以为高校品牌管理提供参考。

关键词：高校品牌至爱　高等教育　校友支持

一、导论

（一）研究背景及研究意义

1. 研究背景

20世纪后期以来，随着社会需求的变化，高校经历了一场彻底的变革。面对世界各地对高等教育的需求增加，就业市场全球化，以及国际流动的便利，各高校之间对学生、教师和财政支持的竞争日益激烈（İrem Erdoğmuş et al.，2016）。日益激烈的竞争刺激了高校对了解品牌管理、建设强势品牌的需求（Chen C. T.，2019）。越来越多的高校开始应用战略品牌管理打造自身的差异化优势（Lim et al.，2020），以期获得更多的社会资源及校友支持。

我国传统的高等教育经费筹措渠道主要是中央政府或当地政府集中调配。有学者认为，随着社会主义市场经济体制的建立，高等教育资源配置方式发生了战略性转变，市场影响力将显著影响高校的社会地位、社会声誉、生源吸引力和师资吸引力（周光礼，2017）。因此，国内高校应重视自身的品牌建设，转变发展战略，适应逐渐转变的资源配置模式。

教育经费是高校良好运营的首要条件，我国规模教育事业的发展始终受限于教育经费的短缺（黄巍，2017）。相比以美国高校为代表的国外高校，我国高校的筹资模式较为单一，主要依靠政府拨款。国家财政性教育经费占 GDP 比例连续 8 年超 4%，教育经费短缺仍是大部分高校面临的问题。美国高校经费收入可大致分为政府拨款、学杂费收入、私人捐赠及合同收入、学校创收，多样化特征明显（王战军等，2019）。

不论是公立院校还是私立院校，校友捐赠已经成为美国高校收入的重要组成部分（邹晓东等，2010）。而仅在毕业以后争取校友对母校的支持是不够的，应从学生在校时期就培养他们对学校的情感。比如组织有意义的集体活动、共同参与体育运动等（薛光，2005）。

美国高校经费收入中有“附属组织捐赠”一项，部分学校的附属组织能给学校带来丰厚的收益。在市场化运营下，美国各高校附属运动队能获得不菲的收入，运动队也会反哺母校。路易斯安那大学网站的公开信显示，2009—2012 年学校教学部门接受体育部拨款达到 9200 万美元。

体育文化是美国高校文化中独特且重要的部分。在媒体的影响下，竞技体育影响大学的社会声誉，成为学生选择学校的重要原因。在学校里，学生常常身着印有学校 LOGO、运动队口号的服装，这既是对母校及运动队的支持，也彰显自身的归属感。在国内，深圳大学创立了大陆高校首家品牌文化店，致力于营造独特的校园文化。其不仅将生活中创意产品与深大元素进行融合再造，提供特色产品，还为深大师生提供一个交流的文化场所，定期在店内举行各类沙龙讲座等文化活动。

校友是高校坚定的支持力量，校园文化是高校软实力和影响力的体现，为使高校获得长久的发展，许多学者从品牌角度探讨了高校的建设。Pantea Foroudi（2016）、M. S. Balaji（2016）、Reza Fazli - Salehi et al.

(2019) 从不同角度探讨了高校品牌识别的前因与后果。Mohsen Ghobehei (2019) 调查了感知品牌导向和感知服务质量对高等教育产业中学生的信任、忠诚、满意度和口碑等行为和态度的影响。Vikrant Kaushal et al. (2020) 从大学声誉、大学品牌依恋和大学品牌个性 3 个方面构建了一个模型，探讨了学生忠诚的形成。

对高校而言，最重要的利益相关者是学生，现有大部分文献是从品牌识别、品牌依恋、品牌资产等方面探讨学生及校友对母校的忠诚度与满意度，而从品牌至爱角度探究高校品牌的文献还较少。哪些因素会影响在校生及校友的高校品牌至爱？高校品牌至爱是否能显著提升在校生及校友对母校的支持以及对特许商品的购买意愿？

因此，本文将品牌至爱概念引入高校品牌研究，探究影响品牌至爱形成的因素，及品牌至爱对高校特许商品购买意愿和高校校友支持的作用结果。

2. 研究意义

(1) 理论意义

在品牌至爱研究领域，学者已取得较为丰富的成果。但是，研读大量品牌至爱方面的文献后，笔者发现目前学者对品牌至爱的研究多集中在消费者—品牌关系领域，以消费者品牌至爱为主，而从高校角度去探究在校生及校友对母校品牌至爱的实证研究还比较少。本文拟通过构建结构方程模型，探究高校品牌至爱的前因及后果，揭示高校品牌至爱在高校品牌体验与校友支持间的中介效应。

(2) 实践意义

本文的研究可以为高校打造高校品牌至爱提供合理的建议。本文在论述了高校品牌建设的重要性之后，探索了影响高校品牌至爱形成的因素，并研究了高校品牌至爱对特许商品购买意愿及校友支持行为的影响，帮助高校更合理地分配教育资源，尽量使资源效用最大化，避免资源的无效投入。

综上所述，本文对于高校品牌至爱的研究既具有理论意义，也具有实践意义，是从高校角度对品牌至爱的深入研究，具有一定的必要性。

（二）研究思路及研究方法

1. 研究思路

首先，结合现实生活中对高校建设的观察，发现目前高校品牌建设中存在的难题；其次，研读相关文献，对前人研究进行梳理，将实践与理论结合，确定相关概念、明确研究方向、构建研究模型、提出研究假设；再次，以相关研究的量表为基础，结合我国高校特点形成本研究的量表；又次，使用统计分析软件处理收集的数据；最后，阐述本研究的实践启示，并对高校品牌建设提出相关对策与建议。

2. 研究方法

本文以高校为研究对象，运用文献研究、结构方程模型等方法来研究高校品牌至爱的前因及后果。技术路线图如图 1 所示。

（1）文献研究法

阅读国内外已有相关文献，对已解决问题和未解决问题形成明确的认知，根据前人的研究修正本研究的设想，从前人的成果中获取新的思路。在研究问题的提出部分，查阅大量文献后，本文明确了需要探讨的问题——能影响高校品牌至爱形成的因素有哪些？高校品牌至爱是否会对校

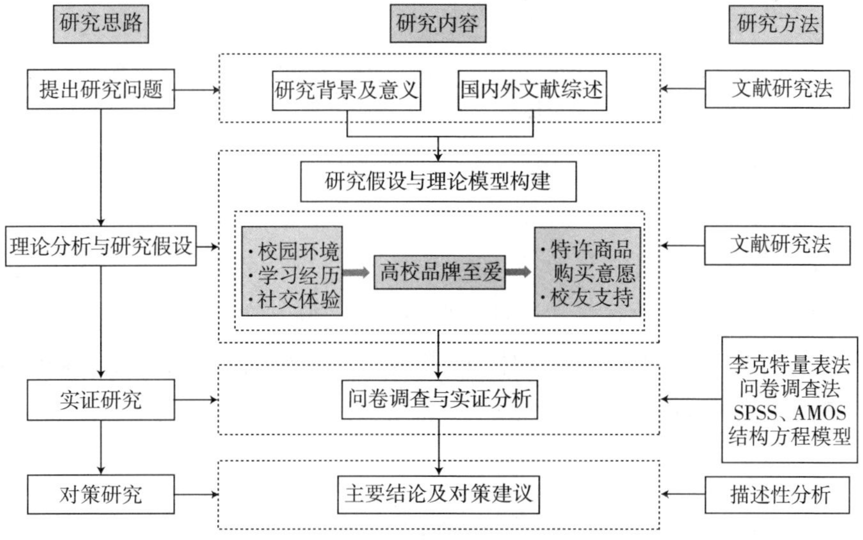

图 1　技术路线图

友支持行为及特许商品购买意愿产生影响？

在变量测项选择部分，本研究借鉴了前人对品牌至爱相关研究的测量量表，针对我国高校实际情况进行相应改进，最终得出各个变量的测项。

（2）结构方程模型

本研究通过结构方程模型对各个变量进行实证检验，以前人的研究为基础设计调查问卷，通过线上渠道发放调查问卷，收集数据并进行处理。

（三）研究内容及研究框架

1. 研究内容

本研究的背景是20世纪后期以来，经济全球化、就业市场的全球化等引起了高等教育领域的变革。随着我国加入WTO，社会主义市场经济体制确立，市场力量开始影响高等教育的资源配置，高校品牌战略建设的重要性日益凸显。本研究以高校作为研究对象，围绕高校品牌至爱这一核心概念进行研究，主要内容如下：

（1）高校品牌至爱的前因及后果分析

学者对品牌至爱前因及后果的研究已取得一定的成果，而这些成果并不适用于高等教育领域。本文将以前人的研究为基础，试图探究高校品牌至爱的前置因素及作用结果，以期能够更加贴合我国高等教育的背景。

（2）关于高校品牌至爱的各项假设检验

在阅读、理解相关文献之后，结合高校具体情境，提出校园环境、学习经历、校园社交、高校品牌至爱、特许商品购买意愿及校友支持间的假设关系，制作调查问卷并进行分发，对收集而来的数据进行统计分析，识别各变量之间的关系。

（3）结论及对策建议

根据实证检验的数据，判断各假设成立与否，得出最终的研究结论。从校园环境、学习经历、社交体验3个角度对高校品牌建设提出相应的对策及建议，并将理论与实际结合，使得研究具有一定的实用性。

2. 研究框架

第一部分是导论。按照顺序介绍了研究的背景和意义、研究思路和方法、研究内容和框架以及本文的创新点。

第二部分是文献综述。本部分介绍了品牌至爱概念的形成与发展，阐述了支撑研究的各项理论及相关概念，列举了前人对品牌至爱前因及后果的研究结果，为本研究的开展厘清了思路。

第三部分是围绕高校品牌至爱构建了相关理论模型。本部分探究了高校品牌至爱的前因及后果，及高校品牌至爱在校园环境、学习经历、社交体验和特许商品购买意愿、校友支持间的中介作用。

第四部分是研究设计。首先根据前人的研究和实际情况，设计了本研究的测量量表，并详细描述了各测量项目的来源。之后阐述了数据的收集、筛选过程，并从性别、年龄、学历、月收入、所处地区等方面对样本数据进行了描述性统计。

第五部分是实证分析。本部分首先对问卷进行信度和效度检验，保证所得数据是可以使用的，能准确反映被调查对象的相关信息；接着使用结构方程模型验证各变量之间的关系，探究高校品牌至爱的前因及积极结果，并检验高校品牌至爱的中介作用；最后对实证研究得出的结果进行阐述。

第六部分是研究结论与展望。首先，本部分介绍了研究的结果与理论意义，明确高校品牌至爱形成的前置因素及积极作用结果；其次，从校园环境、学习经历及社交体验 3 个角度提出高校品牌建设的启示与建议；最后，对本研究的不足之处以及未来研究展望做出阐述。

（四）可能的创新点

将品牌至爱理论应用到高校品牌管理情境，探究了高校品牌至爱的前因及后果，以及其在校园品牌体验与校友支持间的中介效应。因为高校自身的特殊性，故以往集中于消费者—品牌关系领域的品牌至爱研究并不适用于高等教育领域。本研究拓展了品牌至爱研究的范围，丰富了高校品牌至爱的研究。

二、文献综述

（一）品牌至爱与高校品牌至爱

品牌至爱是一种市场现象，有学者将其定义为消费者对特定品牌狂热的情感依恋。自 20 世纪 60 年代以来，相关研究开始赋予品牌超越产品功能属性的人性化特征（De Chernatony 和 Dall' Olmo Riley，1998）。市场营销文献中对品牌至爱的概念化和测量，与爱情三角理论中提出的人与人之间的爱的社会心理学观点相似（Sternberg，1986）。相关文献中对人际关系的发展提出了两种不同的观点。第一种观点提出将人与人之间的人际关系理论转移到消费者—品牌关系研究领域，认为人与品牌能产生类似于人与人之间关系的情感。他们提出，品牌至爱是 3 个心理维度（喜欢、渴望和承诺）的组合。相关的市场营销研究证实了人际关系中爱的概念在市场营销领域的可转移性（Albert et al.，2008；Carroll et al.，2006；Whang，2004）。第二种关于品牌至爱的观点源于消费者—品牌关系范式，研究人员将消费者情感与消费者—品牌关系相联系（Bengtsson，2003；Fournier，1998；Smit et al.，2006）。有研究证明了一个或多个心理爱维度会对品牌关系质量产生影响（Aaker et al.，2004；Chang & Cheing，2006），从而为爱在品牌关系中的各种作用提供有力的支持。基于已有的理论、概念和实证基础，品牌至爱已成为一个可行的概念，其在营销领域的研究中很常见。

一些研究考察了品牌至爱的前因，如品牌形象、享乐品牌、品牌信任、人际关系前因、品牌质量和品牌认同。Roy、Esghi 和 Sarkar（2013）研究了品牌至爱的概念化流程，认为满意度、品牌体验、消费者愉悦、自我和谐和浪漫主义是品牌至爱的前提，品牌忠诚度和积极的口碑是品牌至爱的作用结果。Garg、Mukherjee、Biswas 和 Kataria（2016）研究表明品牌至爱会影响情感承诺、支付溢价的意愿。

虽然现有文献对品牌至爱有着较为充分的描述，但品牌至爱在高校品牌中的研究尚且处在起步阶段。在高等教育背景下，品牌代表了利益相关者与特定高等教育机构相关联的感知和感受的总和（Ali - Choudhury et al.，2009）。由于高校的特殊性，学生会对高校产生复杂、深厚且热烈的感情。人们普遍认为，大学建设一个独特、清晰和连贯的品牌，以响应特定目标群体的需求，是越来越重要的（Jelle Mampaey et al.，2019）。Rauschnabel et al.（2016）将品牌个性、品牌至爱、高校营销三者结合进行研究，确定品牌至爱是高校营销中一个重要的因素。

（二）社会认同理论和社会交换理论

社会认同理论认为一个人的积极自尊是通过其个人身份和社会身份得到增强的（Edwards，2005），个人身份和社会身份及这些身份所附带的价值和意义最终形成了个人的自我概念，即作为客体的个人的思想和感情的总和。这一理论有助于理解对自我概念的影响，而自我概念是消费者—品牌关系中起关键作用的一个因素，因此它已被用于了解品牌至爱在产生高水平的品牌忠诚度方面的作用（Alnawas & Altarifi，2016）。

社会交换理论将人类的社会活动归结为交换的过程，给予意味着未来的回报。这一理论可以用来理解如何建立一种强有力的、令人满意的消费者—品牌关系，为高校品牌至爱与校友支持行为间的关系提供了进一步的支持。交换双方之间存在相互的依存关系，当一方提供利益时，被交换方应做出实际反应。这表明，当学生从母校收获知识与友谊、拥有愉快的大学经历，他们可能会将自己的大学推荐给其他人作为对母校的一种回报。

三、研究假设与概念模型

（一）校园环境、学习经历、社交体验与高校品牌至爱的关系

如今，越来越多消费者根据品牌提供的体验因素做出选择(Holbrook & Hirschman，1982；Schmitt，1999)。品牌体验被定义为由品牌相关刺激引起的情感、感官、知识和行为反应（Brakus，Schmitt & Zarantonello，2009)。感官反应包括由品牌提供的视觉、触觉、嗅觉、听觉和味觉刺激(Schmitt & Simonson，1997)。行为反应包括生活方式、身体体验和与品牌的互动。知识反应指的是让消费者对品牌产生思考或感到好奇（Brakus et al.，2009)。情感反应是指品牌与消费者的情感联系引起的感受（Morgan – Thomas & Veloutsou，2013)。本研究认为，校园环境、学习经历、社交体验是学生对高校的品牌体验，在这些因素刺激下学生会产生以上 4 种反应，这些体验会影响学生对高校的情感与评价。

Smith 和 Ennew（2001）的研究提出，学生消费的食堂、住宅区等外围环境和大学设施对大学的评价产生了重要影响。Ali – Choudhury et al.

(2009) 列举了影响大学品牌的10个因素，体育和校园环境、学习环境正是其中的两个因素。Cuthbert (1996)、O'Neill 和 Palmer (2004) 的研究表明，大学生满意度的驱动力是教育过程（课程授课机制、课程教学质量等），学生最关心的是教师的知识和经验。学习经历将直接影响学生对大学的认同（Ng & Forbes，2009）。实证研究证明，学习经历和社交体验是影响学生对母校品牌情感的重要指标，学习经历和社交体验对校友支持行为有正向影响。Duarte、Alves 和 Raposo (2010) 发现良好的大学社交氛围预示着一个积极的大学形象和广阔的就业机会。大学社交体验的重要性也日益得到承认（Pinar et al.，2011）。

基于以上论述，本文认为校园环境、学习经历、社交体验会分别影响学生对高校的品牌至爱。因而提出如下假设：

H1：校园环境对高校品牌至爱具有正向影响。

H2：学习经历对高校品牌至爱具有正向影响。

H3：社交体验对高校品牌至爱具有正向影响。

（二）高校品牌至爱与校友支持、特许商品购买意愿的关系

在 Kaufmann、Loureiro 和 Manarioti (2016) 发表的一篇概念性论文中，研究人员提出，当品牌积极传达品牌价值时，有品牌至爱的消费者更愿意参与共同创造行为。Bergkvist 和 Bech - Larsen (2010) 的研究表明，消费者的品牌至爱程度越高，参与品牌活动的积极性越强。Loureiro、Ruediger 和 Demetris (2012) 认为，品牌至爱有助于增强人们对品牌的信任和兴趣，从而保持与品牌的关系。消费者对产品或品牌的至爱会促使他们做出特定消费行为，学生对母校的品牌至爱也有可能激励他们做出有益于母校的行动，给予母校更多支持。

高校特许商品是带有高校相关元素、具有一定文化创意属性的商品。Fetscherin、Boulanger、Gonc Alves Filho 和 Quiroga Souki (2014) 的研究发现，品牌至爱与积极的口碑、购买意向之间存在正相关。Albert 和 Merunka (2013) 发现，品牌承诺、积极的口碑和支付溢价倾向是品牌至爱的作用结果。因此，学生也有可能通过购买特许商品留以纪念的行为表示自己对母校的爱。

基于以上论述，本文提出如下假设：

H4：高校品牌至爱对校友支持具有正向影响。

H5：高校品牌至爱对特许商品购买意愿具有正向影响。

（三）高校品牌至爱的中介效应

本研究认为，良好的校园环境、学习经历、社交体验并不会直接激发学生及校友对母校的支持行为，而是在潜移默化间提升学生对母校的品牌至爱，累积的品牌至爱会在无意间驱使学生采取对母校有益的支持行为，因此将品牌至爱选为本模型的中介变量。

因而提出如下假设：

H6：高校品牌至爱是校园环境与校友支持的中介变量。

H7：高校品牌至爱是学习经历与校友支持的中介变量。

H8：高校品牌至爱是社交体验与校友支持的中介变量。

H9：高校品牌至爱是校园环境与特许商品购买意愿的中介变量。

H10：高校品牌至爱是学习经历与特许商品购买意愿的中介变量。

H11：高校品牌至爱是社交体验与特许商品购买意愿的中介变量。

根据对中外学者各研究成果的梳理，本文提出包含校园环境、学习经历、社交体验、高校品牌至爱、校友支持、特许商品购买意愿六因素的模型，以探究高校品牌至爱的形成前因及作用结果。以校园环境、学习经历、社交体验作为自变量，高校品牌至爱作为中介变量，校友支持、特许商品购买意愿作为因变量，本研究提出的概念模型如图 2 所示。

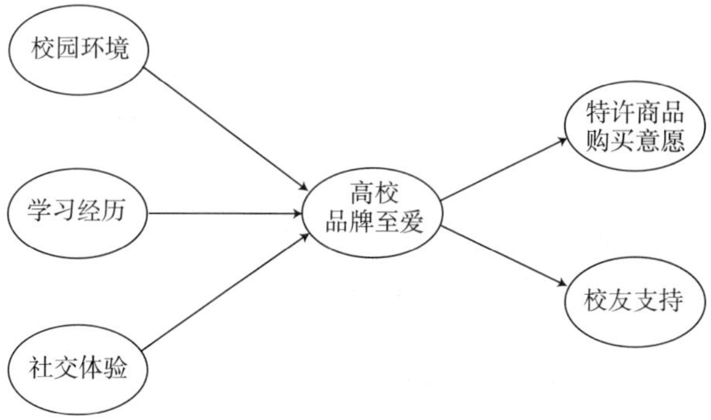

图 2　高校品牌至爱模型

四、研究设计

（一）变量测量

本研究各个变量问项的形成均借鉴了前人的研究成果，结合我国高校的具体情况，在专业人士的指导之下，对其表达方式稍加修改。校园环境的问项以 İrem Erdoğmuş et al.（2016）的相关量表为基础。学习经历和社交体验的问项借鉴了 Adrian Palmer（2016）的相关研究，采用 3 个项目来评价学习过程的学术和智力发展，社交体验也包括 3 个项目来评价社交过程的同伴互动体验。品牌至爱和校友支持的问项以 Rauschnabel（2016）的相关研究为基础，修改量表的相关问题以使其更适用中国高校品牌的研究。具体研究量表及各变量测量题项来源见表 1。

表 1　变量及其测量项

变 量	问 项	量表来源
校园环境	我对我的大学的艺术设施感到满意（多媒体综合馆等）	İrem Erdoĝ muş et al.（2016）
	我的大学的图书馆服务令人满意	
	我的大学的技术设备齐全（实验仪器、软件与数据库等）	
	我的大学的体育设施齐全且体验感好	
学习经历	我对在我的大学帮助下收获的专业知识、学术素养、解决问题的能力感到满意	Adrian et al. Palmer（2016）
	我对自己在大学期间的学习经历感到满意	
	我在学业上的表现和我预料的一样好	
社交体验	在学习期间，我和其他同学保持着密切的个人联系	Adrian Palmer et al.（2016）
	我对在大学里建立的友谊非常满意	
	与其他同学的人际关系对我的个人成长、态度和价值观产生了积极的影响	
品牌至爱	如果毕业后我与我的大学失去联系，我会感到焦虑和难过	Rauschnabel et al.（2016）
	在我的大学读书使我的生活更有意义	
	我与我的大学有情感上的联系	
校友支持	毕业后，我愿意捐钱给我的大学	Rauschnabel et al.（2016）
	我愿意在未来以某种方式支持我的大学	
	作为一名校友，我愿意对未来的学生提供帮助	

续表

变量	问项	量表来源
购买意愿	我愿意购买带有学校 LOGO、图案的特许商品（例如，印有学校图案的文化衫、卫衣、笔、书签、水杯、明信片等）	
	我愿意将带有学校 LOGO 的特许商品推荐给我的同学	

（二）数据收集

本研究首先进行了预调查，收集预调查问卷 100 份并倾听受访者的意见。通过预调查，修改了具有歧义的语句，对问项进行了润色，使句子更加简洁易懂。在正式调查阶段，本研究通过在全国不同地区高校的合作者向当地高校在校生和校友的电子邮箱发送在线问卷的链接，最终收集了来自全国 27 个省级行政区 84 个城市的 346 份问卷。在收集到足够数量的问卷之后，笔者对问卷进行了筛查，最终获得有效问卷 272 份，有效率 78.6%。

（三）样本描述性统计

本研究回收的调查问卷中，男性占 41.58%，女性占 58.42%；18 岁以下者占 0.53%，18～22 岁者占 82.63%，22～25 岁者占 12.63%，25 岁以上者占 4.21%；本科学历者占 86.32%，研究生学历者占 13.68%；月收入 3000 元以下者占 88.95%，3000～6000 元者占 5.26%，6000 元以上者占 5.79%。受访者背景符合对目标调查对象的要求。

五、实证研究

（一）实证分析

本文主要利用结构方程模型（Structural Equation Modeling，SEM），使用 SPSS 24.0 和 Amos 24.0 软件对模型进行了数据分析和验证。

1. 信度分析

在实证分析阶段，首先对问卷的信度进行检验。问卷的信度检验与研究结果无关，其目的是确定测量数据是否一致和稳定，即重复测量是否能获得与该测量一致的结果。

本研究采用目前主流的可靠性研究方法——Cronbach's α 系数和组合

信度来检验各变量的可靠性，系数越大，构面的内部一致性越高，0.7 是可接受的阈值（Fornell & and Larcker，1981）。本研究各变量的 Cronbach's α 系数均在 0.7 以上，结果表明，各量表的内部一致性是可以接受的。同时各变量的组合可靠度（CR）大于 0.7，表明各量表的组合信度是可以接受的（见表 2）。

表 2　各变量的信度和效度检验表

变量	题项	参数显著性估计				标准因子载荷	题目信度	组合信度	收敛效度	Cronbach's α 系数
		Unstd.	S. E.	t - value	p	Std.	SMC	CR	AVE	
校园环境	*CE*1	1.000				0.731	0.535	0.824	0.541	0.817
	*CE*2	0.783	0.081	9.638	* * *	0.639	0.408			
	*CE*3	1.018	0.080	12.700	* * *	0.841	0.707			
	*CE*4	0.997	0.090	11.099	* * *	0.717	0.514			
学习经历	AE1	1.000				0.790	0.624	0.856	0.665	0.847
	*AE*2	1.111	0.073	15.243	* * *	0.890	0.792			
	*AE*3	0.972	0.076	12.770	* * *	0.761	0.579			
社交体验	*SE*1	1.000				0.751	0.564	0.830	0.619	0.831
	*SE*2	1.104	0.084	13.136	* * *	0.815	0.664			
	*SE*3	1.050	0.084	12.439	* * *	0.794	0.630			
品牌至爱	*BL*1	1.000				0.626	0.392	0.772	0.533	0.772
	*BL*2	1.093	0.109	9.994	* * *	0.765	0.585			
	*BL*3	1.270	0.124	10.223	* * *	0.789	0.623			
校友支持	*AS*1	1.000				0.859	0.738	0.898	0.746	0.892
	*AS*2	0.986	0.049	20.073	* * *	0.915	0.837			
	*AS*3	0.734	0.044	16.570	* * *	0.814	0.663			
购买意愿	*PI*1	1.000				0.944	0.891	0.938	0.884	0.938
	*PI*2	1.028	0.043	23.795	* * *	0.936	0.876			

注：* * * 表示 0.1% 显著性水平。

2. 效度分析

（1）收敛效度的验证

在运行结构方程模型之前，首先使用验证性因子分析对测量模型进行测试。本研究根据 Kline（2005）的二阶段模型，对研究中验证性因子分析测量模型的变量进行了修正。分析得到的拟合指标如下：CMIN/DF = 1.651，GFI = 0.929 > 0.9，RMSEA = 0.049 < 0.05，SRMR = 0.0395 < 0.05，NFI = 0.940 > 0.9，NNFI = 0.969 > 0.95，IFI = 0.975 > 0.95，CFI = 0.975 > 0.95。由上述数据可知，测量模型的各项检验指标都达到了适配标准，可以使用结构方程模型进行进一步的评估。各变量问项的标准因素载荷量均大于0.6，且各变量的AVE值均大于0.5，说明各变量的问项对变量的解释力都比较好，本研究采用的量表具有收敛效度。

（2）区别效度的验证

区别效度分析是验证两个不同的变量在统计上是否有差异。表3显示了各变量间的相关系数和AVE平方根。校园环境、学习经历、社交体验、品牌至爱、校友支持和购买意愿6个变量的AVE平方根分别为0.736、0.815、0.787、0.730、0.864、0.940，各变量与其他变量的相关系数总体上小于该变量的AVE平方根，仅有个别相关系数大于该变量的AVE平方根，说明各变量间具有良好的区别效度。

表3 各变量AVE平方根和相关系数

	AVE	社交体验	购买意愿	校友支持	品牌至爱	学习经历	校园环境
社交体验	0.619	0.787					
购买意愿	0.884	0.512	0.940				
校友支持	0.746	0.640	0.778	0.864			
品牌至爱	0.533	0.876	0.717	0.818	0.730		
学习经历	0.665	0.751	0.516	0.660	0.809	0.815	
校园环境	0.541	0.519	0.470	0.602	0.670	0.736	0.736

3. 共同方法偏差检验

检验依据潜在误差变量控制法，采用验证性因子分析，结果显示模型拟合很差，CMIN/DF = 7.322、CFI = 0.731、GFI = 0.665、AGFI = 0.575、NFI = 0.703、RMSEA = 0.153，所以不存在严重共同方法偏差问题。同时，所有变量的VIF值均在10以下，多重共线性问题并不严重。

（二）假设检验

1. 校园环境、学习经历、社交体验与高校品牌至爱的关系

本研究分别对校园环境、学习经历、社交体验与高校品牌至爱的关系

进行检验。结果显示，校园环境对高校品牌至爱有显著正向影响（$\beta=0.170$，$p<0.05$），学习经历对高校品牌至爱没有显著正向影响（$\beta=0.129$，$p=0.2$），社交体验对高校品牌至爱有显著正向影响（$\beta=0.622$，$p<0.001$）。综上所述，H1、H3 成立，H2 不成立。

2. 高校品牌至爱与校友支持、特许商品购买意愿的关系

利用线性回归模型探究高校品牌至爱与校友支持、特许商品购买意愿的关系。结果显示，高校品牌至爱对校友支持有显著正向影响（$\beta=2.573$，$p<0.001$），高校品牌至爱对特许商品购买意愿有显著正向影响（$\beta=3.459$，$p<0.001$）。综上所述，H4、H5 成立。

3. 品牌至爱的中介效应

Preacher 和 Hayes（2007）提出，在对中介效应进行检验时可以采用 Bootstrap 抽样技术。本研究选择使用 Amos 软件对品牌至爱的中介效应进行检验。Hancock 和 Nevitt（1999）建议在估计路径系数时，bootstrapping 要 250 次以上，本研究执行 bootstrapping 程序时设定重复抽样 5000 次，并构建 95% 的置信区间。在直接效应检验中，若 95% 置信区间不包含 0，则直接效应显著。在中介效应检验中（见表 4），若 95% 置信区间不包含 0，则说明品牌至爱在校园环境、学习经历、社交体验和校友支持、特许商品购买意愿间具有显著的中介作用。

表 4　对高校品牌至爱的中介效应检验

作用路径	直接效应				中介效应			
	标准差	效应值	95% 置信区间		标准差	效应值	95% 置信区间	
			下限	上限			下限	上限
校园环境→品牌至爱→校友支持	0.296	-0.110	-0.773	0.291	0.316	0.438	0.028	1.205
学习经历→品牌至爱→校友支持	0.404	-0.103	-0.825	0.713	0.453	0.331	-0.607	1.108
社交体验→品牌至爱→校友支持	0.865	-1.117	-3.269	-0.334	0.926	1.600	0.779	4.098
校园环境→品牌至爱→购买意愿	0.436	-0.301	-1.398	0.267	0.460	0.589	0.032	1.777
学习经历→品牌至爱→购买意愿	0.563	-0.270	-1.285	0.901	0.622	0.445	-0.914	1.525
社交体验→品牌至爱→购买意愿	1.362	-1.689	-5.495	-0.523	1.437	2.151	0.943	6.385

当间接效果显著，直接效果不显著，总效果显著，则认为变量之间是

完全中介。当间接效果显著，直接效果显著，总效果显著，则认为变量之间是部分中介。

由此可知，高校品牌至爱在校园环境和校友支持间具有完全中介效应，H6 成立；高校品牌至爱在学习经历和校友支持间不具有中介效应，H7 不成立；高校品牌至爱在社交体验和校友支持间具有部分中介效应，H8 成立。高校品牌至爱在校园环境和特许商品购买意愿间具有完全中介效应，H9 成立；高校品牌至爱在学习经历和特许商品购买意愿间不具有中介效应，H10 不成立；品牌至爱在社交体验和特许商品购买意愿间具有部分中介效应，H11 成立。

图 3 为结构方程模型结果。

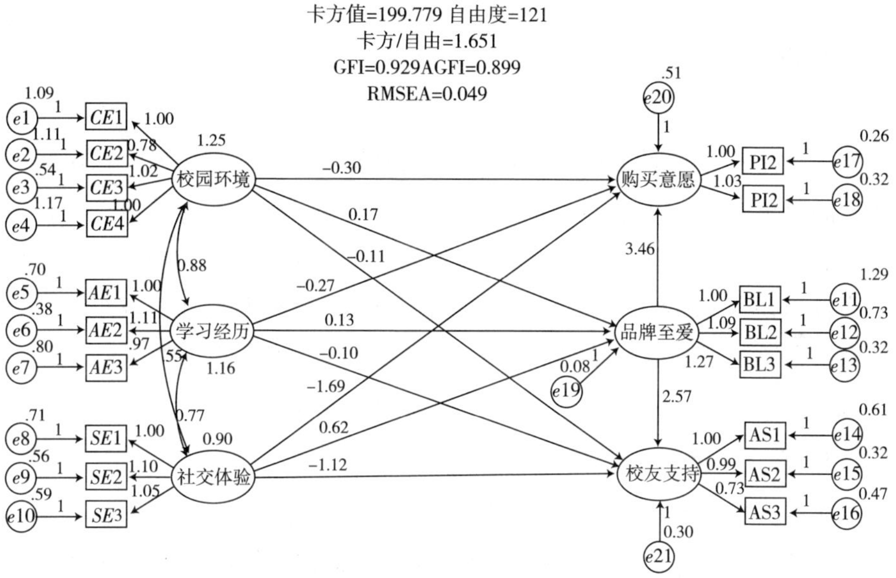

图 3　结构方程模型结果

六、结论与展望

（一）研究结论与理论贡献

本文将品牌至爱概念应用于高校品牌管理情境，通过实证研究探究了高校品牌至爱的前因和积极结果。具体而言，本文得出以下研究结论，并具有相应的理论贡献。

1. 将品牌至爱概念应用于高校品牌管理情境

将消费者—品牌关系领域的品牌至爱理论应用到了高校品牌管理的研究。以往的许多研究探讨了品牌至爱的前因及后果，而对高校品牌至爱方面的关注较少。本文借鉴了现有的品牌至爱研究，结合高校的具体情境，将品牌至爱理论应用到了高校品牌管理。本文认为在校生及校友的高校品牌至爱是高校品牌在校友心智中的积极表现，促使校友产生对母校的支持行为，这进一步充实了消费者—高校品牌关系的研究，也是从新的视角研究高校品牌的一次尝试。

2. 高校品牌至爱的前置因素

校园环境、社交体验对高校品牌至爱具有正向影响，学习经历对高校品牌至爱的影响不显著。从品牌体验角度出发，根据品牌体验产生的情感、感官、知识和行为反应，归纳出校园环境、学习经历、社交体验 3 个因素。研究表明，校园环境、社交体验能够影响高校品牌至爱，且这两个因素的影响程度不同，而学习经历对高校品牌至爱的影响并不显著。校园环境、社交体验越好，在校生及校友的高校品牌至爱程度越高；社交体验对高校品牌至爱的影响程度较高，对校园环境的影响程度相对较小。以上研究结果揭示了影响高校品牌至爱的因素，拓展了高校品牌至爱的相关研究。

3. 高校品牌至爱的作用结果

高校品牌至爱对校友支持、特许商品购买意愿具有正向影响，证明了校友支持与特许商品购买意愿是高校品牌至爱的作用结果。以往关于消费者品牌至爱的研究表明，品牌至爱有助于加强消费者与品牌间的联结，促使消费者做出有利于品牌方的支持行为。本研究将在校生及校友对母校的支持行为划分为未来可预期支持与当前可实现支持，分别为校友支持因素与特许商品购买意愿因素。研究结果表明，在校生及校友的高校品牌至爱程度越高，校友支持与特许商品购买意愿越强，且高校品牌至爱对二者的影响程度没有显著区别，即在校生与校友的未来预期支持与当前可实现支持具有一致性。因此，投入资源提升在校生与校友的高校品牌至爱，既能够收获学生对母校的长期支持，也能获得短期收益。以上研究结果证明了校友支持与特许商品购买意愿是高校品牌至爱的作用结果，揭示了高校品牌至爱能为高校带来显性与隐性的收益。

4. 高校品牌至爱的中介作用

高校品牌至爱在校园环境对校友支持、特许商品购买意愿间的正向影响过程中发挥着显著的完全中介效应；高校品牌至爱在学习经历对校友支持、特许商品购买意愿间不存在中介效应；高校品牌至爱在社交体验对校友支持、特许商品购买意愿间的正向影响过程中发挥着部分中介效应。研究结果表明，校园环境对校友支持、特许商品购买意愿的影响完全通过高校品牌至爱起作用，校园环境对校友支持、特许商品购买意愿不存在直接影响，在校生及校友对母校环境的满意转换成高校品牌至爱，进而在无意识间促进校友对母校的支持；社交体验对校友支持、特许商品购买意愿的影响并非完全通过高校品牌至爱起作用，社交体验对校友支持、特许商品购买意愿有显著的直接效应，这表明良好的社交体验既能直接促使在校生及校友产生对母校的积极行为，又能转换为高校品牌至爱，对母校产生进一步的支持；学习经历对校友支持、特许商品购买意愿的影响不显著，高校品牌至爱在学习经历对校友支持、特许商品购买意愿间中介效应也不存在。本研究在探索高校品牌至爱前因和后果的过程中，揭示了高校品牌体验影响校友支持行为的作用机制。

（二）实践启示

本文的研究结论能为高校品牌建设提供一些管理启示和建议，包括以下几点：

第一，高校品牌至爱能够积极影响校友支持及特许商品购买意愿，因而激发学生对高校的品牌至爱是高校品牌建设的关键。

本研究发现高校品牌至爱是学生与学校间情感关系的反映，能具象衡量高校在品牌建设中的成果；高校品牌至爱也是校友支持行为的动力所在，是提升学生特许商品购买意愿的核心。因而，对于高校而言，需要从战略层面重视高校品牌的建设，将高校品牌建设纳入高校的营销战略管理，并给予营销战略层面的重视，通过一定的营销策略，引导学生对母校的品牌至爱向有利于高校的方向发展。

第二，校园环境能够积极影响高校品牌至爱。学校应该尽力改善校园的环境，更新教学设备，营造舒适的教学学习条件。比如，修建综合体育馆、维护校园的绿化环境、改善住宿条件、维持教学楼的整洁、采购最新的教学设备和数据库等，展示学校对学生校园生活的重视。舒适的校园硬件设施会激发学生对高校的情感，最终使学生对高校品牌产生更积极的支持行为，对高校特许商品产生更强的购买意愿。

第三，社交体验能够积极影响高校品牌至爱。高校品牌至爱在社交体验对校友支持、特许商品购买意愿间的正向影响过程中发挥着部分中介效应，社交体验能直接促进校友对母校的支持，也能通过高校品牌至爱间接影响校友的支持行为。相较于提升校园环境，改善学生的社交体验所需投入的资金更少，具有更强的可操作性。然而改善学生的社交体验并不是高校的主要任务，因此高校缺乏相应的动力。也有研究认为一所大学作为教育服务提供者在学生社交上的帮助较为有限（Payne，Strobacka，Frow，Knox，2009）。本研究结果强调不应在高校品牌建设中忽略社交体验这一因素，甚至应主动提升学生的社交体验。高校并非没有办法为学生的社交体验提供帮助，各类校园活动均可以间接提升学生的社交能力。在高校社团活动中，学生能找到志同道合的伙伴，为目标而共同努力，充实自己的业余生活；同院系、同专业间的集体活动鼓励专业协作，有利于专业知识的应用转化，同时能改善同学间的社交关系；学校还可以组织活动加强高低年级学生的交流与沟通，这将有助于学生对自身高校生活甚至职业生涯的规划。除此以外，学校应对学生的心理状况予以关注，帮助学生树立正确的交友观，拥有更好的校园社交体验。这些都能够拉近学生与母校间的距离，增强学生与学校情感上的交流，培养学生对母校的认同感，提升学生对高校品牌的支持。

第四，虽然学习经历对高校品牌至爱并没有显著的影响，但高校也应努力改善学生的学习体验，营造良好的学习氛围。比如，设置合理有趣的课程、举办高质量的讲座、为不同目标导向的学生提供不同的学习道路、加强师生之间的互动、提供丰富的学习资料等，让学生获得良好的学习体验。将学校取得的学术成就及社会成就宣传给学生，在学生心中树立一个睿智、严谨、权威、亲和、富有人文关怀的高校品牌形象。

（三）研究不足与对未来展望

受个人能力的限制，本研究存在着一定的局限与不足。首先，本研究只采用了问卷调查法进行研究，方法较为单一，在后续的研究中，可以丰富研究方法；其次，在问卷发放方面，本研究采取在线发放问卷的方式，调查方式单一；再次，从调查问卷回收数据可以看出，受访对象大多为年轻群体，已毕业校友的数据较为缺乏，收集到的数据可能有其局限性，如果收集到的数据更多也许能带来更加准确的结果；最后，可能还存在积极影响高校品牌至爱的其他因素，本研究的结论还不够完善。学者可以从更多的视角继续对高校品牌至爱进行探究，以提供更开阔的研究思路，得出更丰富、更有意义的研究成果。

参考文献

[1] İEWM, ERDOĜMUŞ, SINEM & ERGUN. Understanding university brand loyalty: The mediating role of attitudes towards the department and university[J]. Procedia－social and behavioral sciences,2016(229):141－150.

[2]CHIN－TSU CHEN. The mediating effect of brand identity on brand knowledge and the operational development of universities[J]. South African journal of business management,2019,50(1).

[3]LIM,JEE,DE RUN. Strategic brand management for higher education institutions with graduate degree programs: Empirical insights from the higher education marketing mix[J]. Journal of strategic marketing,2020,28(3).

[4]周光礼．从同型竞争到错位竞争：高校品牌形成机制研究[J]. 中国高教研究,2017(10):4－12.

[5]黄巍．美国高校多元化筹资模式及其对我国高校的启示[J]. 教育观察(上半月),2017,6(13):36－37＋142.

[6]2019 年全国教育经费执行情况统计公告发布[EB/OL]. http://www. moe. gov. cn/jyb_xwfb/gzdt_gzdt/s5987/202011/t20201103_497947. html.

[7]王战军,蓝文婷,布莱恩·麦考尔．美国一流高校经费收入特征及

其对我国“双一流”建设的启示[J]. 高等教育研究,2019,40(10):96-102.

[8]邹晓东,吕旭峰. 校友情结:美国高校捐赠的主要动因[J]. 比较教育研究,2010,32(7):72-77.

[9]薛光. 学习借鉴美国一流大学财务管理经验 提高我国高等学校筹资能力和管理水平[J]. 国家教育行政学院学报,2005(1):76-81.

[10]美国校队的金钱帝国[EB/OL]. http://sports.163.com/special/ncaajqdg/.

[11]胡惕,殷恒婵,张建华,王永顺. 论美国大学竞技体育的价值[J]. 比较教育研究,2016,38(7):106-112.

[12]ROD MISSAGHIAN,ROGER PIZARRO MILIAN. A day at the university fair: "Hot" brands, "house of brands" and promotional tactics in higher education[J]. Journal of marketing for higher education,2019,29(2).

[13] CHARLES DENNIS, SAWAS PAPAGIANNIDIS, ELEFTHERIOS ALAMANOS, et al. The role of brand attachment strength in higher education [J]. Journal of business research,2016,69(8).

[14]REZA FAZLI-SALEHI,MOHAMMAD RAHIM ESFIDANI,IVONNE M. TORRES, et al. Antecedents of students' identification with university brands [J]. Asia pacific journal of marketing and logistics,2019,31(4).

[15]MOHSEN GHOBEHEI,FARAZ SADEGHVAZIRI,ELHAM EBRAHIMI, et al. The effects of perceived brand orientation and perceived service quality in the higher education sector[J]. Eurasian business review,2019,9(3).

[16] VIKRANT KAUSHAL, NURMAHMUD ALI. University reputation, brand attachment and brand personality as antecedents of student loyalty: A study in higher education context[J]. Corporate reputation review, 2020(23).

[17]BARBARA A. CARROLL,AARON C. AHUVIA. Some antecedents and outcomes of brand love[J]. Marketing letters,2006,17(2).

[18]张立荣, 管益杰, 王詠. 品牌至爱的概念及其发展[J]. 心理科学进展, 2007, 15(5):846-851.

[19]DE CHERNATONY, L,DALL'OLMO RILEY, F. Defining a "brand": Beyond the literature with experts' interpretations[J]. Journal of marketing man-

agement, 1998,14(5): 417 -443.

[20] ALBERT N, MERUNKA D, VALETTE - FLORENCE P. When consumers love their brands: Exploring the concept and its dimensions[J]. Journal of business research, 2008, 61(10):1062 -1075.

[21] WHANG Y O. Falling in love with a product: The structure of a romantic consumer - product relationship[J]. Advances in consumer research, 2004(3):320.

[22] BENGTSSON A. Towards a critique of brand relationships[J]. Advances in consumer research, 2003(30):154 -158.

[23] FOURNIER SUSAN. Consumers and their brands: Developing relationship theory in consumer research[J]. Journal of consumer research, 1998, 24(4):343 -353.

[24] EDITH SMIT, FRED BRONNER, MAARTEN TOLBOOM. Brand relationship quality and its value for personal contact[J]. Journal of business research, 2006, 60(6).

[25] AAKER J, FOURNIER S, BRASEL S A. When good brands do bad [J]. Journal of consumer research, 2004, 31(1):1 -16.

[26] PAO - LONG CHANG, MING - HUA CHIENG. Building consumer - brand relationship: A cross - cultural experiential view[J]. Psychology & marketing, 2006, 23(11).

[27] SYLVIA J, LONG - TOLBERT, BASHAR S, GAMMOH. In good and bad times: The interpersonal nature of brand love in service relationships[J]. Journal of services marketing, 2012, 26(6).

[28] NOEL ALBERT, DWIGHT MERUNKA. The role of brand love in consumer - brand relationships[J]. Journal of consumer marketing, 2013, 30(3): 258 -266.

[29] BATRA R, AHUVIA A C, BAGOZZI R P. Brand love[J]. Journal of Marketing, 2012, 76(2):1 -16.

[30] BERGKVIST L, BECH - LARSEN T. Two studies of consequences and actionable antecedents of brand love[J]. Journal of brand management, 2010,

17(7):504 -518.

[31]ISMAIL A R, SPINELLI G. Effects of brand love, personality and image on word of mouth: The case of fashion brands among young consumers[J]. Journal of fashion marketing & management, 2012, 16(4):386 -398.

[32] LOUREIRO S, RUEDIGER K H, DEMETRIS V. Brand emotional connection and loyalty [J]. Journal of brand management, 2012, 20(1): 13 -27.

[33]LONG -TOLBERT S J,GAMMOH B S. In good and bad times: The interpersonal nature of brand love in service relationships[J]. Journal of services marketing,2012,26(6):391 -402.

[34]ROY S K, ESHGHI A, SARKAR A. Antecedents and consequences of brand love[J]. Journal of brand management, 2013, 20(4):325 -332.

[35]GARG R, MUKHERJEE J, BISWAS S, et al. An investigation into the concept of brand love and Its proximal and distal covariates[J]. Journal of relationship marketing, 2016, 15(3):135 -153.

[36]REHNUMA, ALI -CHOUDHURY, ROGER, et al. University marketing directors' views on the components of a university brand[J]. International review on public & nonprofit marketing, 2009, 6(1):11 -33.

[37]MAMPAEY J,SCHTEMBERG V,SCHIJNS J, et al. Internal branding in higher education: Dialectical tensions underlying the discursive legitimation of a new brand of student diversity[J]. Higher education research and development, 2019(2):1 -14.

[38] RAUSCHNABEL P A,N KREY,B J. et al. Brand management in higher education: The university brand personality scale[J]. Journal of business research,2016,69(8): 3077 -3086.

[39]EDWARDS, P. The challenging but promising future of industrial relations: Developing theory and method in context -sensitive research[J]. Industrial relations journal, 2005, 36(4):264 -282.

[40]IBRAHIM ALNAWAS,SHADI ALTARIFI. Exploring the role of brand identification and brand love in generating higher levels of brand loyalty[J].

Journal of vacation marketing,2016,22(2):111 – 128.

[41]BLAU, P M. Exchange and power in social life [M]. New York: Wiley, 1964.

[42]BHATTACHARYA C B, SEN S. Consumer – company identification: A framework for understanding consumers' relationships with companies [J]. Journal of marketing, 2003, 67(2):76 – 88.

[43]HOLBROOK M B, HIRSCHMAN E C. The experiential aspects of consumption: Consumer fantasies, feelings, and fun[J]. Journal of consumer research, 1982(2):132 – 140.

[44]BERND SCHMITT. Experiential marketing[J]. Journal of marketing management, 1999, 15(1 – 3) : 53 – 67.

[45]BRAKUS J J, SCHMITT B H, ZARANTONELLO L. Brand experience: What is it? How is it measured? Does it affect loyalty? [J]. Journal of marketing, 2009, 73(3):52 – 68.

[46] SCHMITT, B, SIMONSON, A. Marketing aesthetics: The strategic management of brands, identity, and image[M]. NY: Free Press, 1997.

[47]MORGAN – THOMAS A, VELOUTSOU C. Beyond technology acceptance: Brand relationships and online brand experience[J]. Journal of business research, 2013, 66(1):21 – 27.

[48] CUTHBERT, PETER F. Managing service quality in HE: Is SERVQUAL the answer? Part 2[J]. Managing service quality: An international journal, 1996, 6(3):31 – 35.

[49]O'NEILL, MARTIN A, PALMER A. Importance – performance analysis: A useful tool for directing continuous quality improvement in higher education [J]. Quality assurance in education, 2004, 12(1):39 – 52.

[50]NG I, FORBES J. Education as service: The understanding of university experience through the service logic[J]. Journal of marketing for higher education, 2009, 19(1):38 – 64.

[51]PALMER A, KOENIG – LEWIS N, ASAAD Y. Brand identification in higher education: A conditional process analysis[J]. Journal of business re-

search, 2016, 69(8):3033 – 3040.

[52]DUARTE P O, Alves H B, MÁRIO B RAPOSO. Understanding university image: A structural equation model approach [J]. International review on public & nonprofit marketing, 2010, 7(1):21 – 36.

[53]PINAR M, TRAPP P, GIRARD T, et al. Utilizing the brand ecosystem framework in designing branding strategies for higher education[J]. International journal of educational management, 2011, 25(7):724 – 739.

[54]KAUFMANN H R, LOUREIRO S, MANARIOTI A. Exploring behavioural branding, brand love and brand co – creation[J]. Journal of product & brand management, 2016, 25(6):516 – 526.

[55]BERGKVIST L, BECH – LARSEN T. Two studies of consequences and actionable antecedents of brand love[J]. Journal of brand management, 2010, 17(7):504 – 518.

[56]FETSCHERIN M, BOULANGER M, FILHO C G, et al. The effect of product category on consumer brand relationships[J]. Journal of product & brand management, 2014, 23(2):338 – 347.

[57]ALBERT N, MERUNKA D. The role of brand love in consumer – brand relationships[J]. Journal of consumer marketing, 2013, 30(3):258 – 266.

[58]ADRIAN PALMER, NICOLE KOENIG – LEWIS, YOUSRA ASAAD. Brand identification in higher education: A conditional process analysis[J]. Journal of business research, 2016, 69(8): 3033 – 3040.

[59]KLINE, R B. Principles and practice of structural equation modeling, 2nd[M]. New York: Guilford, 2005.

[60]周浩，龙立荣．共同方法偏差的统计检验与控制方法[J]．心理科学进展，2004，12(6):942.

[61]刘玲玲，田录梅，郭俊杰．亲子关系对青少年冒险行为的影响：有调节的中介模型[J]．心理发展与教育，2019，35(2):210 – 218.

[62]PREACHER K J, RUCKER D D, HAYES A F. Addressing moderated mediation hypotheses: Theory, methods, and prescriptions[J]. Multivariate behavioral research, 2007, 42(1):185 – 227.

[63]GREGORY R. HANCOCK, JONATHAN NEVITT. Bootstrapping and the identification of exogenous latent variables within structural equation models [J]. Structural equation modeling: A multidisciplinary journal, 1999, 6(4).

[64]PAYNE A, STROBACKA K, FROW P, et al. Co – creating brands: Diagnosing and designing the relationship experience [J]. Journal of business research, 2009, 62(3): 379 – 389.

基于服务便利的网购消费者满意度研究
——以西北大学为例

叶星星

摘　要： 消费者满意度理论是消费者研究领域的重要内容之一。首先，本文在文献梳理的基础上，以服务便利为依据，利用结构方程模型，以服务便利、顾客期望、满意度等为变量构建网购消费者满意度模型，并进行实证研究，进行相关假设，开发测量量表，借助问卷形式对西北大学学生网购满意度进行调查。其次，借助工具 SPSS 17.0 和 SPSSAU 对所得数据进行分析，通过拟合优度检验和路径检验等，确立并剖析了网购消费者满意度模型，发现服务便利贯穿整个网购过程，并对消费者的网购意向、满意度及客户忠诚等产生了持续性影响。最后，结合研究成果对本次研究进行总结及展望。

关键词： 服务便利　网购　消费者满意度　结构方程模型

一、引言

（一）选题背景及问题提出

2020 年第 46 次《中国互联网络发展状况统计报告》指出，我国网民购物人数达到 7.5 亿，约占网民总数的 80%。随着网购经济的蓬勃发展，网上购物给人们带来全新体验，同时产生了一些问题，例如顾客体验不足、交易安全难以保证、沟通问题以及售后服务不够便利等，制约着网购经济的可持续发展。对于网店而言，消费者满意度是最基础、最重要的目标。它不仅影响着网店的口碑（如购后评价等），也会对消费者的顾客忠诚（如重复购买等）产生持续性影响（叶树昱等，2008）。便利性是消费者满意度的重要影响因素之一（Seiders et al.，2007；Chang et al.，2010）。当前研究多将便利性作为网购的一个影响因素进行考量，而较少对网购便利维度与消费者满意度间的关系进行深入研究，本文以此为切入点，基于服务便利对消费者满意度进行研究，为网店提升服务便利、提升消费者满意度、实现较快发展提供参考意见。

（二）研究意义

1. 理论意义

在对网购满意度的研究中，前人已经构建了较为系统的理论体系，对消费者满意度的影响因素、测度方法及产品类型等进行了较为全面的探索与研究。本文对消费者满意度影响因素中的服务便利进行进一步讨论，通过构建相关模型，研究服务便利性对消费者满意度的影响。

2. 现实意义

通过研究服务便利对网购消费者的影响，为网店改进服务、提升消费者满意度，从而获得超出竞争者的持续优势，实现其自身的良性发展提供一定的参考。

（三）研究内容、技术路线及方法

1. 研究内容及技术路线

本文主体内容共5个部分：第一部分为概述（引言），介绍了本文的研究背景、研究意义和研究内容，总领全文。第二部分是文献综述，通过文献阅读与文献整理，梳理了消费者满意度理论和便利理论的界定、历史沿革和测量维度，并引进结构方程模型，为本文研究提供理论指导和方向指引。第三部分和第四部分是本文的主体内容，第三部分以前一部分的理论为基础，构建网购消费者满意度模型，并进行变量定义、提出研究假设、开发量表和设计问卷，为后续的实证研究提供工具。第四部分是实证研究，通过前文设计好的问卷，面向西北大学在校学生进行发放，然后收集数据，并对其进行相关分析，验证模型的稳定性与可靠性。第五部分对本次研究进行回顾与展望，得出相关结论与建议，同时，就本研究的局限性与不足进行阐述，对未来的研究展望进行分析（见图1）。

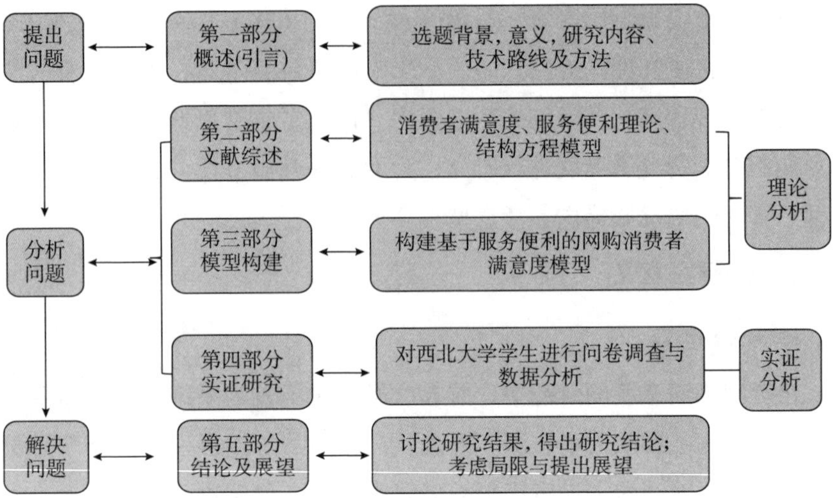

图1　研究技术路线

2. 研究方法

(1) 文献研究法

通过查阅文献、相关资料及数据,对消费者满意度理论和便利理论进行界定,并对其测量维度做了综合性梳理;为建立网购消费者满意度模型选取变量,并据此进行下一步研究。

(2) 问卷调查法

本文为研究服务便利对消费者满意度的影响,选取了4个潜变量并设计了潜变量量表,形成调查网购消费者实际感知的问卷。通过整理所发放的问卷,获取相关数据并进行检验,为验证结构方程模型的有效性及影响因素的分析提供数据来源。

(3) 数据分析

借助SPSS 17.0对所得数据进行信度、效度分析;用SPSSAU检验模型的拟合优度,并进行模型的路径检验和分析。

二、文献综述

（一）便利理论相关研究

1. 便利的界定

最早涉及便利研究的是 Copeland（1923），他在研究产品分类时提出了与便利相关的概念——便利品，这是便利理论的起源。Kelley（1958）在探讨顾客购买行为与便利的关系时，提出了便利成本的概念，这里的便利成本是指顾客为获得产品或服务所付出的时间、精力等。Anderson 等（1972）在研究消费行为和便利的关系时，发现消费者对便利产品有着更强的偏好性，并将之称为“便利导向”，引起了研究者对便利理论的重视。Farquhar（2009）等从价值共创的视角出发，将便利视为价值共创的载体，并将便利定义为“消费者为了达到接触和使用服务中的目标而管理、使用、转换其时间和努力的过程中对控制感知所做出的评价”，对便利的界定再次进行了拓展。

本文认为，从消费者的视角来讲，便利是消费者的一种心理感知，当消费者花费比预期少的成本、精力和投入去购买、使用产品或服务时，消费者会感受到便利。从网上店铺和平台的视角来讲，便利是其要为消费者提供的必要服务，是某种意义上的成本。

2. 便利的维度

前人对便利维度的研究已较为全面，研究成果丰富。Brown 等（2002）在研究服务营销时，将便利划分为获得、使用、地点、时间和执行 5 个维度，为后人的研究提供了方向。Mohr 等（1995）在关于员工努力和消费者满意度的研究中，将便利分为时间和努力两个维度，并进行了进一步细分。Berry 等（2002）在研究顾客服务便利时，以顾客购买决策过程为依据，将便利划分为时间与消耗两个层次，并构建了顾客便利模型，成为顾客便利理论的集大成者。郭国庆等（2006）结合前人的研究成果和本国国情，将便利划分为购前、购中、交易以及购后便利 4 个维度，进一步整合了便利理论。

综上来讲，便利维度的划分主要基于两个视角：一是从便利定义出发，如 Yale 等、Brown 等；二是以消费者为中心，以其购买决策过程为依据，如 Berry、郭国庆等。二者的划分各有特点，但是从可观察性和易测度性来看，本文更适合从消费者的购买决策过程出发对便利维度进行划分（见表 1）。

表 1　便利维度的划分

	划分依据	维度	研究者
便利维度	概念	时间使用，易获得性，获得维度，使用维度，执行维度	Yale 和 Venkatesh（1986）
		时间维度，地点维度，获得维度，使用维度，执行维度	Brown 等（1989）
		时间，认知努力，体力努力，情感努力	Mohr 和 Binter（1995）
	购买决策过程	决策便利，渠道便利，交易便利，收益便利，售后便利	Berry（2002）
		购前便利，购中便利，交易便利，购后便利	郭国庆（2006）
		渠道便利，搜索便利，评价便利，交易便利，拥有便利，售后便利	Jiang L.，Yang Z. 和 Jun M.（2013）

资料来源：资料整合。

3. 网购消费者的便利需求分析及测度

郭国庆等（2006）研究零售业的服务便利时，分析了零售行业消费者的便利需求，并且发现消费者的便利需求因消费情境的变化而变化。依据网络购物的真实情境，结合网购消费者的购物过程，将其中所涉及的服务便利划分为 5 个部分：

（1）搜寻便利

搜寻便利是指消费者确定需求后，在获取相关产品或服务的信息的过程中所感知的便利。对于网购消费者而言，搜寻信息便利性测度主要包含两个方面：一是搜寻渠道的便利，它与渠道的多样性及畅通性相关；二是平台所提供的商品信息是否具有多样性及针对性。如果满足这两个方面，则认为信息搜寻较为便利。

（2）沟通便利

笔者认为，对于网购消费者而言，沟通的便利与否主要涉及网店能否为消费者提供及时有效的回复及产品信息相关的问题，网店和平台的沟通便利体现在能够迅速对消费者进行信息反馈，并根据消费者的意愿和需求为其提供相关信息。

（3）交易便利

交易便利是指消费者在支付及退款过程中感受到的便利。对于线下购物来讲，消费者对便利的感知主要通过排队来判断；而对于线上消费而言，交易便利更多地与付款方式的多样性、无息分期、及时退款等因素有关。

（4）渠道便利

渠道便利是指消费者在网购时对商品寄送过程的便利的感知程度。网购消费者感知渠道便利主要通过3个方面判断：一是可供选择的物流服务，对于许多偏远地区而言，网店能否提供邮政递送才是其决策的首要影响因素；二是对物流信息的把握，在商品邮寄的过程中，消费者能否及时掌握商品运输的实时信息影响其渠道感知便利；三是退货渠道便利，网店对退货选择物流公司的限制也会影响消费者的便利感知。

（5）售后便利

传统观点认为交易完成即为销售活动的终点，但对于当下企业，尤其是网店而言绝非如此。如何为消费者提供便利的售后服务，是网店“克敌制胜”的关键。对于网店而言，售后服务便利主要包括两方面，一是提供增益服务，如保修、提供运费险和教程等；二是提供售后保障，如及时并妥善处理消费者的抱怨和投诉，为消费者提供退货换货服务等。

（二）消费者满意度相关研究

1. 消费者满意度的概念

消费者满意是指消费者对其明示的、通常隐含的或必须履行的需求或期望被满足的程度的感受，消费者满意度（Customer Satisfaction Index）是消费者基于产品或服务对自身需求满足程度的心理体验。目前来看，研究者对消费者满意度的定义主要基于体验和期望确认程度两类视角。Cardozo等（1965）、白长虹等（2001）及王永贵（2002）等在基于体验视角的研究中，将消费者满意度定义为消费者对产品特性、服务人员或消费过程的满意程度，并将消费者满意度细分为单次体验满意度和累积体验满意度。在基于确认程度的研究中，Oliver（1999）、Churchill（1982）、裴飞等（2006）及杨文超（2013）等将其定义为消费者通过对服务或产品的绩效认知与自身期望的对比所产生的愉悦程度，并提出满意度不仅与购前期望相关，还与购中及购后期望有关。

2. 消费者满意度的测度

关于消费者满意度测量维度的研究已较为深入，测度模型多样，具有代表性的是瑞典顾客满意度指数模型。Claes Fornell（1989）等构建了瑞典客户满意度指数（The Swedish Customer Satisfaction Barometer，SCSB），它提出了顾客满意弹性（Customer Satisfaction Elasticity）的概念，即顾客忠诚对顾客满意的敏感性，从量化的角度来研究不同程度的顾客满意度对顾客忠诚的影响及其非线性关系。满意度的前导变量是“感知价值”和“期望”，结果变量是“顾客抱怨”和“顾客忠诚”，模型的因变量是“忠诚度”，模型中这些隐变量都是通过显变量来间接衡量，如图 2 所示。

图 2　SCSB 模型

除瑞典顾客满意度指数模型外，美国、中国、欧盟等国家和地区都基于自身的实际情况构建了顾客满意度的测度模型，在此不再一一做详细介绍，但总体来说，本质上都是从顾客期望与顾客感知价值来测度顾客满意度，对消费者满意度的研究缺乏更进一步的讨论。

（三）结构方程模型

结构方程模型的基本原理是通过变量的协方差矩阵来分析变量间关系，它是多元数据分析的重要工具，被广泛运用于评估影响因素、评价满意度、研究变量间关系等。该模型为测度和处理潜变量提供了可操作的方法，它以可观测性作为划分依据，将所研究的变量划分为潜变量和观测变量，通过测量观测变量，间接地实现潜变量的测度，从而可以构建一个反映多个自变量与因变量之间关系的模型，如图3所示。

其中X、Y为潜变量，e_1、e_2、e_3、e_4、e_5、e_6、e_7为残差，γ为X、Y的系数，λ_1、λ_2、λ_3为观测变量X_1、X_2、X_3与潜变量X之间的系数，λ_4、λ_5、λ_6为观测变量Y_1、Y_2、Y_3与潜变量Y之间的系数。其中，X与Y的关系式（结构模型）为：

$$Y=\gamma X+e_7$$

潜变量X的测量模型为：

$$X=(X_1+e_1)/\lambda_1$$

潜变量Y的测量模型为：

$$Y=\lambda_4 Y_1+e_4$$

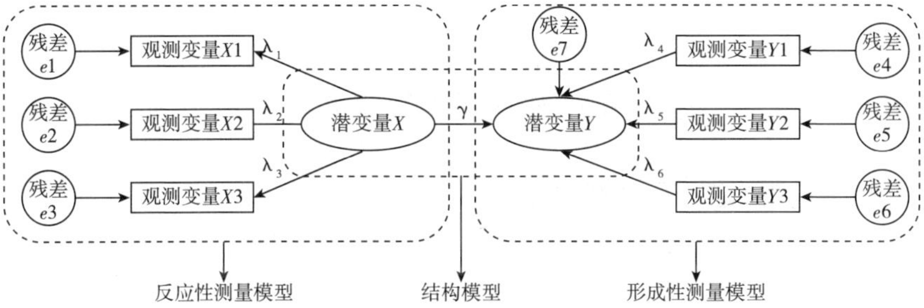

图3　结构方程模型

三、模型构建

（一）网购消费者满意度结构模型

本文以消费者满意度模型为基础，以结构方程模型为框架，结合服务便利的维度构建网购消费者满意度模型。在本文第二部分，对服务便利的维度和测度进行了分析，基于网购行为的特点，采用购买决策过程维度对网购消费者感知价值进行测度。陆雄文（2013）等将消费者购买决策过程划分为引起需要、收集信息、评价方案、决定购买和购后行为五步。郭国庆、杨学成和何秀超（2006）将消费者购物过程的服务便利分为购前便利、购中便利、交易便利和购后便利。本文依据网购的购物情境、学生访谈和专家建议，以消费者购买决策理论为理论依据，以网购过程为现实依据，服务便利贯穿售前至售后的整个网购过程，结合前人研究成果和网购的现实情况，共选取期望、搜寻便利、沟通便利、渠道便利、交易便利、售后便利、满意度、顾客抱怨和顾客忠诚9个变量，所构建的网购消费者满意度模型如图4所示。

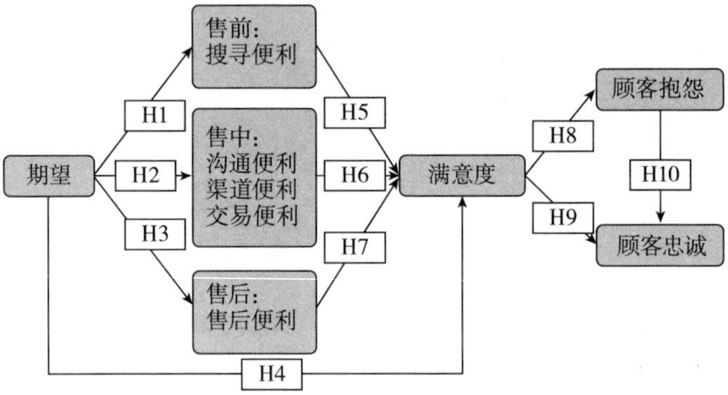

图4　网购消费者满意度模型

（二）变量定义及研究假设

1. 期望

基于Claes Fornell（1989）等的研究成果，本文将顾客期望定义为网购消费者预期在网购过程中得到的便利。Olshavsky和Miller（1972）通过实验研究，发现消费者对产品的预期会影响其感知绩效的评价。Woodruffe（1990）在其建立的顾客价值层次模型中提出，顾客对所得价值的满意主要包括3个部分，即目标满意、属性满意和结果满意，目标满意与消费者期望相关。Hempel（1996）等认为顾客预期与产品或服务的一致性程度对顾客满意有着决定性作用。张跃先等（2010）对感知绩效与期望标准的差距做了相关定义，将其分为相减差距与主观差距。杨浩雄等（2015）在研究第三方物流企业的消费者满意度时，证明了顾客预期与顾客满意呈显著正相关。就网购而言，网购的普及率较高，与日常生活联系密切，消费者能够产生较为准确的预期，因此期望可能会对满意度和便利产生正向的促进作用，当便利程度提高时，消费者感知价值就会提高，故假设：

H1：期望对搜寻便利有显著的正向影响。

H2a：期望对沟通便利有显著的正向影响。

H2b：期望对渠道便利有显著的正向影响。

H2c：期望对交易便利有显著的正向影响。

H3：期望对售后便利有显著的正向影响。

H4：期望对满意度有显著的正向影响。

2. 服务便利

研究表明，一定程度上，服务便利可以直接或者间接地影响消费者的满意度。Seiders 等（2007）调查了加拿大一所高校的学生，研究了便利与顾客满意的关系，研究结果表明便利会正向显著影响顾客满意度。Chang 等（2010）在研究中国台湾的快餐消费者时，发现便利会对消费者满意度产生影响，消费者得到的便利与其满意度呈正相关。因此，网购的服务便利也可能对顾客满意度产生正向影响。故做出以下假设：

H5：搜寻便利对满意度有显著的正向影响。

H6a：沟通便利对满意度有显著的正向影响。

H6b：渠道便利对满意度有显著的正向影响。

H6c：交易便利对满意度有显著的正向影响。

H7：售后便利对满意度有显著的正向影响。

3. 满意度

本文在文献综述部分对客户满意做了较为详细的界定与梳理，将网购消费者满意度定义为：基于消费者对产品或服务的感知便利与顾客预期的对比，产品或服务的感知便利满足程度的心理感知。Fornell（1989）认为，消费者对产品或服务感到满意时，就有可能产生顾客忠诚；反之则会产生顾客抱怨。杨浩雄等（2015）在研究顾客期望与顾客满意的相关关系的同时，对顾客满意与顾客忠诚的关系进行了探究，证明顾客满意度的提高有利于顾客忠诚的形成。故做出如下假设：

H8：满意度对顾客抱怨有显著的负向影响。

H9：满意度对顾客忠诚有显著的正向影响。

4. 顾客抱怨

顾客抱怨是指网购消费者在感知服务不便利、产生不满情绪时，通过投诉、公开言论等发泄不满或寻求补偿的行为。Hirschman（1972）认为，顾客抱怨会降低客户忠诚，增加顾客流失率。但在赵平和莫亚琳（2002）的关于中国耐用消费品行业顾客抱怨行为研究中发现，顾客抱怨与顾客忠诚呈正相关。故本文尝试性提出以下假设：

H10：顾客抱怨对顾客忠诚有显著的负向影响。

5. 顾客忠诚

Oliver（1999）将顾客忠诚划分为两个维度，即行为忠诚和态度忠诚，并将其定义为消费者在未来偏好和重复购买产品或服务的态度和行为。故本文认为，顾客忠诚是网购消费者基于所感知的便利服务，对某一平台或者某网点所产生的偏好。

（三）测量量表开发

由于潜变量无法直接测量，故基于网购消费者满意度模型的研究后，通过文献研究法与访谈法获得相关资料，根据消费者网购情境设计了含有27个测度项的测量量表。

1. 期望

Fornell（1992）在其消费者满意度的研究中，将期望划分为消费者满足需求程度的期望、可靠性期望以及总体期望3个维度进行测度。故基于满足需求性期望、可靠性期望及总体性期望，本文将消费者网购期望测量量表设计如下（见表2）。

表2　期望的测量量表

研究变量	参考文献	编码	测度项
期望（*E*）	Fornell（1992）	*E*1	我期望网购能够满足我的购物需求
		*E*2	我期望平台和店铺能够完全履行承诺
		*E*3	我期望网购能给我带来更好的购物体验

2. 服务便利

服务便利在第二部分已做过较为详细的梳理。Berry等（2002）和郭国庆（2007）等都根据消费者购买决策过程划分了便利维度。故本文基于消费者网购的真实情境，以消费者网购决策过程为依据，将服务便利的测度量表设计如下（见表3）。

表3　服务便利的测量量表

研究变量	参考文献	编码	测度项
搜寻便利（*SC*）	郭国庆（2007）；Jiang L.，Yang Z.，Jun M.（2013）；Berry（2002）；Yale，Venkatesh（1986）；Brown 等（1989）	*SC*1	我认为所需商品可供搜索平台很多
		*SC*2	我认为搜寻产品的信息可以满足需求
		*SC*3	我认为网购平台提供的信息准确
沟通便利（*CC*）		*CC*1	我认为网店的回复及时
		*CC*2	我认为和网店的交流氛围友好
		*CC*3	我认为网店能够提供我所需要的信息
渠道便利（*Cc*）		*Cc*1	我认为网店可供选择物流服务商多样
		*Cc*2	我认为网店的发货速度快
		*Cc*3	我认为商品的物流信息更新及时
交易便利（*TC*）		*TC*1	我认为平台可供选择的支付方式丰富
		*TC*2	我认为网店提供的分期形式多样
		*TC*3	我认为退款是方便的
售后便利（*CS*）		*CS*1	我认为退货可供选择的物流服务商多
		*CS*2	我认为运费险是我考虑所购商品的重要因素
		*CS*3	我认为店铺的售后指导与服务是友好的

3. 满意度

李雅筝（2016）在研究在线教育平台的满意度时，将消费者满意度划分为决策、经历、效果及整体满意4个维度进行多变量测度。就网购而言，消费者对网购的满意度可能体现在网购经历满意、效果满意以及整体满意3个维度，故初始量表设计如下（见表4）。

表4　消费者满意度测量量表

研究变量	参考文献	编码	测度项
满意度（*S*）	李雅筝（2016）	*S*1	我认为网购结果是令人满意的
		*S*2	我认为网购的过程是令人愉快的
		*S*3	我认为网购的总体体验是令人满意的

4. 顾客抱怨

王雪芳等（2020）在研究酒店顾客抱怨的影响因素时，将抱怨行为倾向划分为向企业或平台投诉、向相关部门投诉以及向好友或其他顾客抱怨等维度。基于王雪芳等的研究，将网购消费者的顾客抱怨的测度量表设计如下（见表5）。

表5　顾客抱怨的测量量表

研究变量	参考文献	编码	测度项
顾客抱怨（*C*）	王雪芳等（2019）	*C*1	在网购后，我想向他人抱怨
		*C*2	在网购后，我想向平台或相关部门投诉
		*C*3	我对网店或平台的处理结果不满

5. 顾客忠诚

董健（2012）在研究服务质量对顾客忠诚的影响时，用再购意愿、品牌意愿、向他人推荐及价格容忍度测度顾客忠诚。徐颖等（2016）在研究顾客忠诚与服务质量的关系时，也用再购意愿、向他人推荐等指标测量顾客忠诚。故本文将顾客忠诚的测度量表设计如下（见表6）。

表6　顾客忠诚的测量量表

研究变量	参考文献	编码	测度项
顾客忠诚（*CL*）	董健（2012）；徐颖等（2016）	*CL*1	我愿意重复在该网店购物
		*CL*2	我愿意向其他人推荐该网店
		*CL*3	我可以忍受该网店比线下购物更高的价格

（四）问卷设计

对网购消费者满意度调研的问卷设计分为两节，第一节主要涉及被调查对象的基本信息；第二节是基于服务便利视角的网购消费者满意度调研，问题为本部分内容的量表所开发的27个测度项，选项采用李克特五分量表，从非常不符合到非常符合，分别赋分为1～5分。

四、实证研究

（一）描述性统计分析

本文的主要调研对象是西北大学在校学生，选择这个群体的主要原因有两个：一方面在校大学生网购现象比较普遍，且对问卷的理解和完成能力较强，能够获得更多的有效问卷数量；另一方面则是本校优势，调查问卷的发放与收集更加便利。正式调研共回收问卷207份，以有无网购经历、填写时长为标准，筛选有效问卷191份，问卷有效率为92.27%（见表7）。

表7　基本信息描述性统计

项目	类别	样本数	百分比（%）
职业	学生	171	89.5
	其他	20	10.5
性别	男	68	35.6
	女	123	64.4
网购频率（次/月）	0～3	92	48.2
	4～7	69	36.1
	7以上	30	15.7
网购平台	淘宝	185	96.9
	天猫	54	28.3
	京东	88	46.1
	拼多多	86	45
	得物	17	8.9
	其他	9	4.7

其中，从职业来看，89.5%为学生，较为符合本次调查目标；从性别来看，女性人数占比64.4%，高于男性（35.6%），基本符合西北大学男女比例情况；在网购频率方面，网购次数在0～3次/月占比最多，接近50%；使用频率最高的网购平台是淘宝，占比96.9%，同时，拼多多、京东以及其他一些网购平台也占有一席之地。但总体来说，淘宝在大学生群体中仍占据着绝对优势，这与《2019年中国网上购物消费者调查报告》中

“按交易额计算的市场份额”的结论大致相符，也说明本次调查结果具有一定的代表性。

（二）信度与效度分析

本文利用 SPSS 17.0 对问卷数据进行信度和效度分析。

1. 信度分析

信度分析即分析所得结果的一致性程度，用于判断数据结果的可靠性。本文采用 α 信度系数对数据信度进行检验，总量表的信度系数要求大于0.7，分量表的信度系数要求大于0.6。

表 8　克隆巴赫信度系数信度检验

变量	项已删除的 Cronbach's Alpha 值	各变量 Cronbach's Alpha 值	项已删除的 Cronbach's Alpha 值	整体 Cronbach's Alpha 值
*E*1	0.828	0.866	0.916	0.920
*E*2	0.886		0.916	
*E*3	0.812		0.916	
*SC*1	0.881	0.809	0.915	
*SC*2	0.855		0.915	
*SC*3	0.873		0.915	
*CC*1	0.858	0.869	0.915	
*CC*2	0.874		0.914	
*CC*3	0.812		0.914	
*Cc*1	0.861	0.825	0.915	
*Cc*2	0.805		0.916	
*Cc*3	0.847		0.915	
*TC*1	0.827	0.858	0.916	
*TC*2	0.811		0.916	
*TC*3	0.883		0.915	
*CS*1	0.844	0.843	0.915	
*CS*2	0.867		0.919	
*CS*3	0.804		0.915	

续表

变量	项已删除的 Cronbach's Alpha 值	各变量 Cronbach's Alpha 值	项已删除的 Cronbach's Alpha 值	整体 Cronbach's Alpha 值
*S*1	0. 842	0. 902	0. 914	0. 920
*S*2	0. 890		0. 915	
*S*3	0. 847		0. 914	
*C*1	0. 849	0. 885	0. 925	
*C*2	0. 790		0. 925	
*C*3	0. 866		0. 925	
*CL*1	0. 883	0. 852	0. 915	
*CL*2	0. 821		0. 915	
*CL*3	0. 863		0. 923	

由表 8 可知，网购消费者满意度模型所选取的 27 个测度项的克隆巴赫信度系数均大于 0. 9，且各自变量的克隆巴赫信度系数大于 0. 8，总体克隆巴赫信度系数大于 0. 9。因此，我们认为本文量表通过了信度检验。

2. 探索性因子分析

本文借助 SPSS 17. 0 和 Amos 23. 0 对网购消费者感知服务便利的测量量表进行探索性因子分析。

（1） KMO 系数和巴特利特球形检验分析

表 9　KMO 系数和巴特利特球形检验

取样足够度的 Kaiser – Meyer – Olkin 度量		0. 906
Bartlett 的球形检验	近似卡方	3215. 317
	df	351
	Sig.	0. 000

本研究采用指标 KMO 值和 Bartlett 球形检验来检验数据是否适合做探索性因子分析。由表 9 可知，服务便利量表的 KMO 值为 0. 906 > 0. 8；Bartlett 球形度也达到了显著性效果，表明网购消费者感知服务便利的测量量表适合做探索性因子分析。

（2）主成分提取

在抽取因子时，采用基于因子的固定数量（5个）提取公因子。结果显示，因子1的特征值为7.247，解释方差百分比为48.314%；因子2的特征值为1.175，解释方差百分比为7.833%；因子3的特征值为0.904，解释方差百分比为6.025%；因子4的特征值为0.846，解释方差百分比为5.640%；因子5的特征值为0.717，解释方差百分比为4.780%。累计解释方差变异为72.592%，符合60%的标准值要求（见表10）。

表10　解释的总方差

成分	初始特征值			提取平方和载入			旋转平方和载入		
	合计	方差百分比（%）	累计方差百分比（%）	合计	方差百分比（%）	累计方差百分比（%）	合计	方差百分比（%）	累计方差百分比（%）
1	7.247	48.314	48.314	7.247	48.314	48.314	3.157	21.045	21.045
2	1.175	7.833	56.147	1.175	7.833	56.147	2.608	17.385	38.431
3	0.904	6.025	62.172	0.904	6.025	62.172	2.286	15.243	53.674
4	0.846	5.640	67.812	0.846	5.640	67.812	1.520	10.132	63.806
5	0.717	4.780	72.592	0.717	4.780	72.592	1.318	8.786	72.592
6	0.632	4.210	76.803						
7	0.615	4.097	80.900						
8	0.523	3.488	84.388						
9	0.475	3.169	87.557						
10	0.408	2.720	90.277						
11	0.385	2.565	92.842						
12	0.332	2.210	95.053						
13	0.277	1.846	96.899						
14	0.261	1.738	98.638						
15	0.204	1.362	100.000						

注：提取方法为主成分分析。

（3）旋转成分矩阵

根据旋转成分矩阵可以判断其各个题项的因子归属如表11所示。其中，*CC*1、*CC*2、*CC*3三个题项归属于因子1，其因子载荷均大于0.6，根据其题项内容将其命名为“沟通便利”；*TC*1、*TC*2、*TC*3三个题项归属于因子2，其因子载荷均大于0.6，根据其题项内容将其命名为“交易便利”；*SC*1、*SC*2、*SC*3三个题项归属于因子3，其因子载荷均大于0.7，根据其题项内容将其命名为“搜寻便利”；*CS*1、*CS*2、*CS*3三个题项归属于因子4，其因子载荷均大于0.7，根据其题项内容将其命名为“售后便利”；*Cc*1、*Cc*2、*Cc*3三个题项归属于因子5，其因子载荷均大于0.6，根据其题项内容将其命名为“渠道便利”。

表11　旋转成分矩阵

题项	成分				
	1	2	3	4	5
*CC*1	0.786				
*CC*2	0.784				
*CC*3	0.693				
*TC*1		0.761			
*TC*2		0.698			
*TC*3		0.626			
*SC*1			0.795		
*SC*2			0.821		
*SC*3			0.742		
*CS*1				0.716	
*CS*2				0.897	
*CS*3				0.743	
*Cc*1					0.748
*Cc*2					0.765
*Cc*3					0.604

3. 验证性因子分析

本研究使用Amos 23.0对问卷数据进行验证性因子分析，判别测量量表的结构效度、组合效度和区分效度（见图5）。

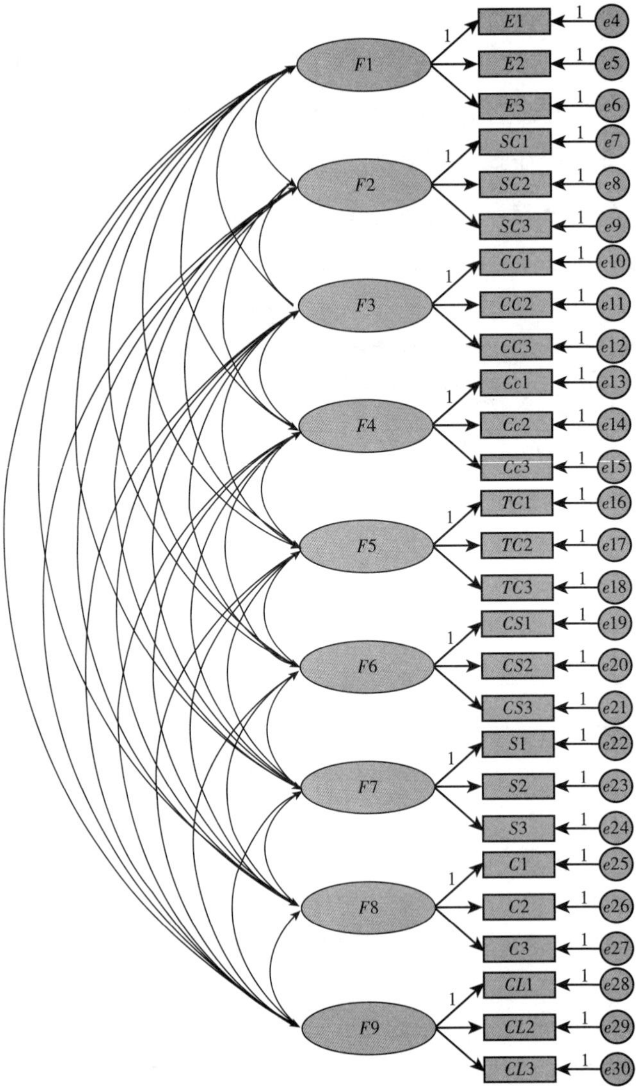

图 5　变量测量模型

表 12　测量模型的收敛效度检验表

路径			标准因子载荷 >0.6	AVE >0.5	组合信度 >0.7
*E*1	←	*F*1	0.816	0.685	0.867
*E*2	←	*F*1	0.861		
*E*3	←	*F*1	0.805		

续表

路径			标准因子载荷>0.6	AVE>0.5	组合信度>0.7
SC1	←	F2	0.759	0.612	0.825
SC2	←	F2	0.820		
SC3	←	F2	0.734		
CC1	←	F3	0.771	0.694	0.871
CC2	←	F3	0.858		
CC3	←	F3	0.866		
Cc1	←	F4	0.658	0.470	0.725
Cc2	←	F4	0.669		
Cc3	←	F4	0.723		
TC1	←	F5	0.680	0.554	0.788
TC2	←	F5	0.760		
TC3	←	F5	0.789		
CS1	←	F6	0.729	0.526	0.769
CS2	←	F6	0.704		
CS3	←	F6	0.742		
S1	←	F7	0.907	0.758	0.904
S2	←	F7	0.819		
S3	←	F7	0.884		
C1	←	F8	0.817	0.723	0.886
C2	←	F8	0.938		
C3	←	F8	0.789		
CL1	←	F9	0.853	0.649	0.847
CL2	←	F9	0.820		
CL3	←	F9	0.740		

由表12可知，各个变量所包含的测项的标准因子载荷量都大于0.6，表明量表中的所有测项对其相应变量都具有较好的解释能力，从组合信度和平均方差抽取值来看，基本符合标准参考值的要求，由此可见本次问卷设计采用的量表均具有良好的收敛效度。

表 13 模型拟合优度检验

常用指标	X^2	df	p	卡方自由度比 χ^2/df	RMSEA	CFI	NFI	PNEI	PGFI
判断标准	–	–	>0.05	<3	<0.10	>0.9	>0.9	>0.5	>0.5
值	704.573	310	0.000	2.273	0.082	0.921	0.926	0.631	0.701

由表 13 可知，χ^2/df 为 2.273，小于 3；RMSEA 为 0.082，小于 0.1；CFI 为 0.921，大于 0.9；NFI 为 0.926，大于 0.9；PNEI 为 0.631，大于 0.5；PGFI 为 0.701，大于 0.5，模型的拟合优度较好。

表 14 一阶变量测量模型区别效度检验表

变量	*F*1	*F*2	*F*3	*F*4	*F*5	*F*6	*F*7	*F*8	*F*9
*F*1	0.828								
*F*2	0.363	0.782							
*F*3	0.305	0.526	0.833						
*F*4	0.357	0.539	0.487	0.686					
*F*5	0.279	0.469	0.36	0.601	0.744				
*F*6	0.312	0.516	0.426	0.542	0.471	0.725			
*F*7	0.378	0.472	0.55	0.68	0.583	0.518	0.871		
*F*8	0.216	0.304	0.193	0.255	0.253	0.32	0.29	0.850	
*F*9	0.322	0.417	0.298	0.375	0.229	0.314	0.373	0.412	0.806

期望、搜寻便利、沟通便利、交易便利、渠道便利、售后便利、顾客满意、顾客忠诚和顾客抱怨 9 个变量间的相关系数与其 AVE 平方根之间的关系见表 14。各变量的 AVE 平方根均大于该变量与其他变量的相关性系数，表明各潜在变量测量量表之间具有较高的区分效度。

4. 共同方法偏差

采用加入共同方法因子的验证性因子分析检验模型的共同方法偏差。假设上述验证性因子分析模型为 M1，并构建包含共同方法因子的模型 M2。当拟合指标相比自己原模型的变化不大，RMSEA 的变化不超过 0.05，CFI 和 TFI 的变化不超过 0.1，即可证明无严重共同方法偏差。采用 Amos 23.0 进行模型共同方法偏差检验，主要拟合指标如表 15 所示。

表 15 共同方法偏差检验

拟合指标	X^2/df	NFI	CFI	IFI	GFI	RMSEA
M1	2. 273	0. 926	0. 921	0. 910	0. 902	0. 082
M2	2. 251	0. 927	0. 932	0. 924	0. 904	0. 071
△	-0. 022	0. 001	0. 011	0. 014	0. 002	-0. 009

由表 15 可知，$\Delta X^2/df = -0.022$，$\Delta NFI = 0.001$，$\Delta CFI = 0.011$，$\Delta IFI = 0.014$，$\Delta GFI = 0.002$，$\Delta RMSEA = -0.009$，各项拟合指数的变化均小于 0. 03，表明加入共同方法因子后，模型并未得到明显改善，故测量中不存在明显的共同方法偏差。

（三）路径检验及分析

本文采用 SPSSAU 对模型各变量间的作用机制进行分析，进而对假设进行检验，结果如表 16 所示。

表 16 模型回归系数汇总

X	→	*Y*	假设	非标准化回归系数	SE	z（CR 值）	p<0. 05
Factor1	→	Factor2	H1	0. 874	0. 109	7. 986	0. 000
Factor1	→	Factor3	H2a	0. 885	0. 105	8. 395	0. 000
Factor1	→	Factor4	H2b	0. 890	0. 115	7. 750	0. 000
Factor1	→	Factor5	H2c	0. 926	0. 121	7. 681	0. 000
Factor1	→	Factor6	H3	0. 865	0. 114	7. 591	0. 002
Factor1	→	Factor7	H4	0. 721	0. 869	1. 266	0. 929
Factor2	→	Factor7	H5	0. 088	0. 168	0. 521	0. 005
Factor3	→	Factor7	H6a	0. 018	0. 187	-0. 097	0. 000
Factor4	→	Factor7	H6b	0. 427	0. 481	-0. 886	0. 000
Factor5	→	Factor7	H6c	0. 026	0. 181	-0. 147	0. 008
Factor6	→	Factor7	H7	0. 289	0. 264	1. 092	0. 000
Factor7	→	Factor8	H8	-0. 213	0. 202	-1. 054	0. 001
Factor7	→	Factor9	H9	0. 811	0. 071	11. 500	0. 000
Factor9	→	Factor8	H10	-0. 083	0. 208	0. 397	0. 691

由表 16 可知，H4 不成立，期望和满意度间不存在显著关系；H10 不成立，即顾客抱怨和顾客忠诚间的关系不显著，这与第三部分的研究结果

一致，即满意度与顾客抱怨间的关系存在争议性，其他研究假设皆成立。

首先，由非标准化回归系数可知，期望会对服务便利的感知产生影响，消费者在做出购买行为之前，已经掌握了较为全面的信息，因此能够产生较为适当的期望，其中，期望对交易便利的影响最大。

其次，服务便利（包括售前便利、售中便利和售后便利）均会对满意度产生正向影响，其中，渠道便利对满意度的影响最大，这表明，在当前阶段，网购消费者对渠道便利的感知最为敏感，网购渠道有着较大的改进空间。

从满意度的因变量来看，满意度和顾客忠诚呈正相关，与顾客抱怨呈负相关，而顾客抱怨和顾客忠诚间并没有显著性关系，这表明顾客抱怨可能会降低顾客忠诚，但是如果恰当地处理顾客抱怨，又会增加顾客忠诚，因此，二者关系存在争议性。

五、结论及展望

（一）研究结论

本文以消费者满意度为基础，结合服务便利和网购的特点，梳理总结了影响消费者感知服务便利的影响因素，构建了网购消费者满意度模型。同时，通过文献梳理，做出各个潜变量间相互关系的假设，以此建立测量量表，开发网购消费者满意度调查问卷，并对所收集的数据进行信度与效度分析，以及相关的拟合优度检验，在验证满意度模型有效性的同时，分析了网购消费者满意度的主要影响因素及其作用机制。最后，从消费者的视角出发，为网购平台和政府提供一些建议。本文的主要研究结论有：

网购的服务便利存在着一定的进步性与欠缺性。其进步性表现在，相较于线下购物，消费者可以享受“足不出户”的购物体验，整个购物流程都在线上完成，给消费者带来了便利的体验，同时，随着线上消费的规则日益完善与线上消费模式的不断创新（如直播带货、社区团购等），消费者的便利体验将会逐步提升。另外，网购的服务便利存在着一定的欠缺，如购物周期较长，售后服务不够便利，网店数量和商品种类繁多，市场庞大，存在假货、管理混乱等问题，也造成了网购的不便利性，尤其是近来兴起的社区团购。如何改进其运营模式、加强市场监管，为消费者提供更加优质的服务便利，是一个较新的研究方向。

服务便利是提高网购消费者满意度的一个重要契机。本文通过实证研究，证明了不同维度的服务便利均会对消费者满意度产生重要影响，因此，如何从这些细分的维度为消费者提供更优质的服务便利，对提升顾客满意度、减少顾客抱怨、提升顾客忠诚度有着重要作用。

（二）相关建议

基于服务便利的视角，本文研究了影响网购消费者满意度的因素及其影响机制。模型的自变量是售前便利、售中便利和售后便利，因变量为顾客忠诚与顾客抱怨。因此本文将从这几个方面提出相关建议：

就网购的售前便利而言，消费者在确定需求之后便开始进行信息的搜寻，故售前便利主要是消费者信息收集便利，这主要涉及两个方面，即搜寻渠道的多样性及商品种类的丰富性。搜寻渠道主要包括平台信息、短视频链接、电商直播及广告等。就商品种类而言，目前淘宝、京东等平台，卖家众多，商品种类丰富，其主要问题在于，如何实现消费者需求与所需商品的精准对接，让消费者感受到信息搜寻便利。在这一方面，本文认为大数据分析、算法改进以及定制推送，将有广阔的发展前景。

就售中便利而言，主要包括沟通便利、交易便利和渠道便利。消费者感知沟通是否便利，主要涉及网店能否为消费者提供及时有效的回复及与产品信息相关的问题，现阶段，淘宝等电商平台已经建立相对完善的服务评价机制，这使消费者的沟通便利感知有了较大的提升。对于交易便利来说，能否提供多元化的付款机制和无息分期付款等，会对消费者交易便利感知产生较大影响，因此，破除壁垒、实现付款方式的多元化可能是未来电商巨头们需要考虑的事情。渠道便利主要涉及可选择的物流服务商的多样性及其服务能力，对于消费者而言，可供选择的物流服务商越多，消费者感知越便利，这涉及各大电商平台物流系统的整合与物流下沉。

就售后便利而言，为消费者提供便利的售后服务，可以从两方面展开：一是通过保修和提供运费险、知识性指导等服务，为消费者树立安全感和信任感；二是及时并妥善处理消费者的抱怨和投诉、为消费者提供退货换货服务等，这些都可以提升消费者的售后便利感知。

（三）不足与展望

本文研究也存在不足之处：模型选取的变量可能不足。本文在研究网购消费者基于服务便利的满意度时，只考虑了部分因素，即消费者网购决策过程服务便利的影响，而没有考虑个体特征、消费者心理等内在因素以及外部环境的影响。此外，存在收集数据较少、样本量较少的问题。本文收集的样本只有100余份，同时，仅针对西北大学做了调研，故数据可能存在着一定的局限性；后续的深入调查可以扩大范围，增加样本量，对这一问题进行修正。

因此，对基于服务便利视角的消费者满意度研究，可以采用更加全面和科学的研究设计。如通过扩大样本量、扩大样本收集范围以及改进分析方法等策略提高模型准确度与可靠性。再者，可以将消费者行为模式、消费者心理以及外部因素（如品牌、市场环境等）等调节变量引入模型研究，增强模型张力和实用性。

参考文献

[1]叶树昱,陈华平,沈祥,李燕. 影响顾客网上购物因素的实证研究[J]. 预测,2008(4):53－58.

[2]SEEDERS K,VOSS G B,GODFREY A L,et al. Servcon:Development and validation of a multidimensional service convenience scale[J]. Journal of the academy of marketing science,2007,35(1):144－156.

[3]CHANG K C, CHEN M C, HSU C L, et al. The effect of service convenience on post－purchasing behaviours[J]. Industrial management & data systems, 2010,110(8－9):1420－1443.

[4]COPELAND,M T. Relation of consumers & Apos;Buying habits to marketing methods[J]. Harvard business review,1923,1(3).

[5]KELLEY,E J. The importance of convenience in consumer purchasing [J]. Journal of marketing science,1958,23(1).

[6]ANDERSON,THOMAS. Convenience orientation and consumption be-

havior[J]. Journal of retailing,1972,48(3).

[7]FARQUHAR J D,ROWLEY. Convenience:A service perspective [J]. Marketing theory,2009,9(4).

[8]BROWN L G,BERRY. Convenience in service marketing[J]. Journal of service marketing,2002,28(1):128 – 137.

[9]MOHR L A,BINTER M J. The role of employee effort in satisfaction with service transaction[J]. Journal of business research,1995,32(3):239 – 252.

[10] BERRY L L,GREWAL D. Understanding service convinience [J]. Journal of marketing,2002,66(3):1 – 17.

[11]郭国庆,杨明海. 营销科学的新问题:便利理论的研究评述及启示[J]. 经济与管理评论,2012(4):38 – 44.

[12]郭国庆,杨学成,何秀超. 服务便利理论在零售企业的应用:消费者购物过程中的便利需求分析[J]. 南开管理评论,2006(2):52 – 57.

[13]NELSON E. Big retailers try to speed up checkout lines[J]. The wall street journal,2000(3):131.

[14]CARDOZO,RICHARD N. An experimental study of customer effort, expectation, and satisfaction[J]. Journal of marketing research, 1965, 8(2):244 – 249.

[15]白长虹,廖伟. 基于顾客感知价值的顾客满意研究[J]. 南开学报,2001(6):14 – 20.

[16]王永贵. 服务质量、顾客满意与顾客价值的关系剖析:基于电信产业的整合框架[J]. 武汉理工大学学报(社会科学版),2002(6):579 – 587.

[17]OLIVER R L. Whence consumer loyalty? [J]. Journal of marketing, 1999, 63(4): 33 – 44.

[18]CHURCHILL H. An investigation into the determinants of customer satisfaction[J]. Journal of marketing research,1982,19(4):491 – 504.

[19]裴飞,汤万金,咸奎桐. 顾客满意度研究与应用综述[J]. 世界标准化与质量管理,2006(10):4 – 7.

[20]杨文超. 服务质量、顾客满意度与顾客忠诚度研究[J]. 经济论坛,2013(11):124 – 129.

[21]张怡迪. 基于感知价值的北京市网约车消费者满意度研究[J]. 北

京交通大学,2020(6):34 -35.

[22]陆雄文. 管理学大辞典[M]. 上海:上海辞书出版社,2013(11):289 -312.

[23] OLSHAVSKY & MILLER. Customer expectations, product performance, and perceived product quality[J]. Journal of marketing research,1972,9(2):19 -21.

[24]WOODRUFFE C. Assessment centers[M]. London: IPM, 1990.

[25]HEMPEL D,LARIC M V,MANDELL L. Vertical performance management:Strategic implications for financial service[J]. Journal of economics and business,1996,34(1):13 -19.

[26]张跃先,马钦海,刘汝萍. 期望不一致、顾客情绪和顾客满意的关系研究述评[J]. 管理评论, 2010(4).

[27]杨浩雄,王雯. 第三方物流企业顾客满意度测评体系研究[J]. 管理评论,2015,27(1): 181 -193.

[28]SEIDERS K,VOSS G B,GODFREY A L,et al. Servcon:Development and validation of a multidimensional service convenience scale[J]. Journal of the academy of marketing science,2007,35(1):144 -156.

[29]CHANG K C, CHEN M C, HSU C L, et al. The effect of service convenience on post - purchasing behaviours[J]. Industrial management & data systems, 2010,110(8 -9):1420 -1443.

[30]赵平,莫亚琳. 中国耐用消费品行业顾客抱怨行为研究[J]. 清华大学学报(哲学社会科学版),2002(2):32 -38.

[31]李雅筝. 在线教育平台用户持续使用意向及课程付费意愿影响因素研究[D]. 合肥:中国科学技术大学,2016.

[32]王雪芳,严秋茵. 酒店顾客抱怨行为影响因素的实证研究:以金茂北京威斯汀大饭店为例[J]. 资源开发与市场,2020(5):2 -3.

[33]董健. 感知服务质量与顾客满意和顾客忠诚关系的实证研究[J]. 企业活力,2012(8):28 -32.

[34]徐颖,黄音,方晓平. 物流服务质量对电子商务企业顾客忠诚度影响研究[J]. 铁道科学与工程学报,2016,13(10):2077 -2084.

[35]杨振海. 拟合优度检验[M]. 北京:科学出版社, 2011.

[36]吴瑞林. 基于结构方程模型的测验分析方法[M]. 北京:北京大学出版社,2013.

社区团购中消费者购买意愿影响因素研究

饶玉坤

摘　要：随着中国经济的快速发展，中国互联网经济的发展势头同样惊人。近年来，互联网购物、互联网金融、人工智能等互联网、大数据行业纷纷迸发巨大的活力，为中国经济的发展做出了巨大的贡献。但同时由于身处市场经济背景的其他企业深受网络电子商业的影响，我国线下实体店的生存状况表现为低迷状态。由于新冠疫情的影响，我国线下实体店的经营受到严重影响。

2020 年初，国内疫情的暴发，催生社区团购需求，众多社区团购平台再度火爆。2020 年我国社区团购市场规模约为 720 亿元，较 2019 年基本实现翻番。随着互联网购物方式的普及，人们早已习惯了京东、淘宝、拼多多等线上购物方式，所以能够更加轻松容易地适应新的购物平台以及新的购物方式。社区团购平台在短时间内如雨后春笋般迅速发展，获得了一大批的活跃用户以及忠实粉丝，不仅对互联网的经济体系造成了一定的冲击，对线下的相关产业也产生了巨大的影响，菜市场从线下转移到线上，人们的“菜篮子”发生了巨大的变化。因此，本文研究社区团购平台中消费者的购买意愿受哪些因素的影响，从而达到了解社区团购生态、分析社区团购经济模式的目的，并讨论社区团购模式对社会的贡献等。

关键词：社区团购　电子商务　新零售　消费者购买决策理论

一、绪论

（一）研究背景

近 20 年来，我国互联网产业蓬勃发展，各类互联网企业层出不穷，既有大量的网络购物平台，如淘宝、京东、拼多多等，又有聊天交友社交工具，如微信、QQ，还有大量的内容创作分享平台出现，如抖音、快手、B站（哔哩哔哩）等。随着我国的互联网经济愈加发达，我们所享受的服务也更加丰富，生活变得极为便利，人们不仅可以通过小小的手机、电脑进行在线聊天，分享各自的近况，还可以通过视频，万里之外一睹亲朋好友的真容，使得咫尺天涯变为现实。手机、电脑等智能终端的技术不断革新，生产制造企业的不断竞争，使得电子市场变得更加成熟。各类电子产品的价格也更为亲民，普及程度明显提高。网络购物平台规模迅速扩大，用户数量呈爆炸性增长，交易额不断上升，人们在网络上的购物行为已经变得极其普遍、频繁。

新冠疫情暴发后，实体经济受到严重的影响。此时，社区团购进入人们的视野，各种线上的团购交易模式中产品大多数是一些常用的生活必需品、日常所食用的果蔬米面等。在社区团购平台（如微信小程序、手机App），人们足不出户就能够购买到自己想要的商品，下单后，所购买的物品将会放置于某个固定的场所（如社区外的便利店、团长的店面等），然后人们取回所购买的物品。这种购物模式既满足了消费者对其生活必需用品的需求，又节约了去菜市场、超市等的时间。但是，这种新兴的互联网商业模式，是否能持续地发展下去，是否有弊端，都还有待研究。

（二）研究问题、目的和内容

1. 研究问题

本文对社区团购的消费者进行研究，探究哪些因素影响了消费者的购买意愿，即社区团购中消费者购买意愿的影响因素。

2. 研究目的

社区团购模式作为一种新兴的购物模式，存在即是合理，因此我们将以消费者层面为突破口，深入了解其合理之处，本文的研究目的共3个：

目的一：对于当前社区团购市场的发展状况进行调查研究，充分摸清其对应的运作方式、细分市场、企业生态。

目的二：验证相关的经济学理论、消费者行为学理论是否适用于该类经济模式。

目的三：从获取的调查数据分析，找到该模式的不足之处，并提出有益于其发展的建议，从中归纳部分适用于其他企业的经验。

3. 研究内容

本文根据消费者购买决策理论，结合调查问卷方式对社区团购平台的消费者的购买消费行为进行数据收集统计分析，从而达到以下研究目的：了解我国现阶段的社区团购市场现状；探究消费者购买决策理论在该模式中的适用情况及是否符合经济学规律；分析该模式的不足及长处。本文的具体研究内容框架如下：

一是理论基础与文献综述。共分为3个部分，第一部分对于一些较为关键的概念展开描述，对所需要解释的相关性质、内容、定义等进行解读。第二部分则是对于该研究的理论阐述，详细介绍该理论的发展、逻辑及相关定义；第三部分是文献综述，从国内外的相关文献中提炼与本文相关的研究成果，从而了解现阶段社区团购的相关研究状况。

二是研究设计。共分为4个小部分，第一部分提出了本文的研究假设，设计了测量的变量，结合实际理论从多个不同的角度设计了4个变量，并将变量转化为不同的题项形成调查问卷的设计。第二部分则是本文的研究模型，从消费者购买决策理论发展而来，从内外两个层面的因素分析消费者的购买决策过程，并形成一个严谨的闭环模式，展示社区团购平台的消费者购买意愿影响因素与方式。第三部分是问卷的制作，第四部分为问卷数据的收集，这两部分均按照标准的市场调查方式进行，以确保科学严谨。

三是数据分析。本部分使用相应的统计软件对取得的调查数据进行了多次分析，分别从不同的角度对数据的不同性质进行了检验，对于分析所得的结果进行数理性的解读，以起到验证假设、分析数据的作用。

四是研究结论与管理启示。本部分对前文基于理论模型所提出的假设进行验证、判断，从而在分析结果的基础上得出合理的结论，基于消费者购买决策理论，对当前的相关企业提出建议以及得出一些管理启示。

五是研究局限与展望。本部分对于本文的研究方式、方法进行反思，分析研究过程的不足；最后对于该模式未来发展趋势进行展望。

（三）研究意义

现存的社区团购平台众多，一些互联网大企业推出的大平台有十余个，其他的小型平台、微信购物小程序更是数不胜数。各个企业为了争夺用户、吸引流量各显神通，新人优惠、价格优惠、平台补贴等各种手段层出不穷。社区团购市场似乎陷入了一个巨大的旋涡，呈现各种乱象。因此，对于社区团购的消费者行为进行研究能够从一定角度为企业提供相应的帮助，便于企业制定相应的营销策略，认清企业自身的定位，对于建立一个有序的市场有极大的作用。

现存的消费者行为学理论、经济学理论对社区团购所呈现的现象、隐藏的本质不仅能做出合理的解释，而且对于指导实践具有极为重要的意义。

（四）研究方法

本文所采用的研究方法共有以下两种：

1. 问卷调查法

本文将通过制定一种或多种形式的问卷，对社区团购的消费者群体采集相应的信息、资料等，并从中提炼对本文研究有意义的信息，从而对社区团购有进一步的了解，为本文的数据分析、结论的得出提供事实依据。

2. 数据分析法

数据分析法是一种以数学的方法对于调查者所收集的大量数据进行研究，分析收集到的数据之间的内在关系、数据之间所呈现的相互联系，从而得出大量数据中所蕴含的对于研究者有用的信息，进而帮助研究人员做出相应的判断得出结论的分析方法。本文运用定量研究的方法，对问卷调查数据运用 SPSS 统计软件进行统计分析，从而验证相关假设并得出分析的结论。

二、理论基础与文献综述

（一）概念界定

社区团购概念：社区团购从字面解读就是居住在社区的居民的团购行为。其实，社区团购最早出现在 2016 年，当时的商业模式较为简单，由一位组织者建立微信群，邀请想要购物的用户加入群聊，用户在微信群内下单、报名，需要由群主或管理人员进行统计，形成订单，这种购物方式所耗费的人力物力极大，相关管理者的工作量巨大，因此此种模式一直不见起色，只能小规模地发展。然而，随着微信小程序技术的不断完善，界面变得更加简洁便利、操作简单，支持社区团购的大量功能性需求，在这样的技术推动下，社区团购迎来高速发展。

新零售概念：新零售与传统的零售业模式不同之处在于，新零售的交易地点产生偏移，从传统的实地交易、现场交易转变为以互联网背景为依托的线上交易，实现线货分开交易，消费者从购物软件、网页、商场等交易场所下单，商家将货物快递送到消费者手中。新零售模式的出现促使其经营模式的变革、商业技术的转变。大数据技术、人工智能技术、消费者画像技术使得购物消费软件功能变得极为强大，它可以智能地推荐商品、分析保留用户的消费习惯以及消费偏好，使得消费者的使用体验得到极大的改善。同时，商品的生产、储存、运输等方面都随着商业模式的变化而改变，实现线上与线下融合发展。新零售是互联网技术与传统零售业的结合体，创新了零售的方式，并与时代接轨，将数字世界与现实世界融为一体。

电子商务概念：电子商务不同于传统的商务活动，电子商务将商业活动转变为使用互联网技术、在智能终端进行的商务活动，相较于传统的商务活动而言，电子商务具有一些不可比拟的优点。比如，便捷性更强，人与人之间的互动不需要面对面地进行，只需要在智能终端达成交易意向即可，跨越了空间的限制，相当便捷；安全性更强，现阶段的电子商务模式中，消费者和商家、平台三方都具有相对较大的权利，以保障自身的利益不受侵害，各方相互制衡，交易公开透明，能够保障各方的经济安全。

（二）理论基础

消费者购买决策理论：王东山（2017）认为，可以把消费者的交易活动理解为一条有着固定过程的时间线，消费者在交易前、交易中、交易后分别有着各自的特定行为。交易前，消费者对于自身的商品需求会有一定的思考判断，对于自身的需求以及商品的属性进行比较；交易中，消费者对于不同价格、不同功能、不同质量的商品会产生选择，并进行决策；交易后，对于自己所购买的商品、属性是否满足自身的需求，以及交易的体验会进行评价，以决定是否重复购买，并形成一定的购物习惯和价值判断。在这个复杂的购买决策过程，有着诸多的因素对消费者的行为产生影响，总体可以分为外部影响因素和内部影响因素两大部分。外部影响因素包括经济、政治、文化、宗教、习俗、社会环境等因素，内部影响因素包括个性、兴趣、购买力、态度、情绪等因素。狭义的购买决策的过程按照5个步骤进行：需求认知—信息收集—方案评估—购买决策—购后评价，本文的研究以狭义的购买决策过程作为理论依据来制作问卷，并收集数据。

（三）文献综述

2015年，在互联网技术迅速发展的同时社区团购出现，模式较为简单；2016年，社区团购更新换代，许多企业能够独立地发展壮大，并且能够形成成熟的供应链体系，产业上下游合理统筹；2018年，社区团购高速繁荣，在线预售与线下自提商品相结合；2019年，各种不良因素导致行业开始洗牌整合，许多平台破产倒闭、整合兼并，社区团购退出江湖；但在2020年，新冠疫情期间，社区团购再次升温，众多互联网企业为了抢占市场手段百出，甚至违背公平竞争的原则，为此，何玲、孟佳惠（2021）关注到国家出台了社区团购“九不得”的政策。

现阶段与社区团购相关的学术研究有以下几种类型：

一是对于社区团购发展状况的描述。如东方欲晓（2021）认为，社区团购有待规范，应该对平台加强管控；陈平（2021）认为，社区团购做好自身的服务才能发展下去；陈中艳（2021）对智慧物流对社区团购的影响作用下社区团购的发展现状进行了研究；徐翔（2021）和余飞（2021）则对2021年的社区团购平台间的激烈竞争展开了相应的研究。从这些研究结果中我们可以了解到现阶段社区团购的发展状况。

二是对于社区团购消费者的理论研究。如王桂琦（2020）对社区团购平台的消费者使用意愿影响因素进行了研究，提出了信息质量、系统质量、服务质量对消费者满意度的影响的研究假设；尹瑶玲（2020）提出感知有用、感知易用、感知愉悦、个人创新、口碑和主观规范对社区团购使用意愿具有直接影响的假设，并加以验证；张爱欢（2014）以技术接受模型分析社区团购消费者的使用意愿影响因素。

三是对于社区团购商业模式的研究。如单懿昕（2019）对新零售中生鲜电商如何优化配送展开了详细的研究；朱卫军（2021）对于生鲜产品的电子商务发展所遇到的问题进行研究，并给出对策；沈玲芳（2021）对社区团购的区域运营进行了研究，探索得出社区团购的区域运营的商业属性。

三、研究设计

（一）研究假设与变量设计

1. 信息有效性

对于大部分社区团购消费者而言，信息的重要性不言而喻，是否能从社区团购平台找到自己所需要的产品信息，是刺激消费者购买意愿的一个极为显著的变量，结合消费者购买决策理论的狭义购买过程，信息有效性对应了需求认知和信息收集两个步骤。但是，不只是得到信息，对于消费者而言，信息有效性极为重要，信息的有效性体现在信息的时效性、真实性、全面性和易读性。因此，提出假设如下：

H1：社区团购平台的信息有效性对消费者购买意愿有积极影响。

调查问卷对应题目如表 1 所示。

表 1　信息有效性与问卷题目对应关系

变量	对应问卷题目
信息有效性	团购平台产品信息齐全
	团购平台产品信息真实有效
	团购平台信息更新及时
	团购平台信息通俗易懂

2. 平台功能性

然而，社区团购是一种网络购物的方式，决定了它必须依托于相应的互联网产品，互联网产品的体验性同样对于消费者购买意愿形成具有较为显著的影响效果。平台功能性同时对应消费者购买决策理论中决策过程的方案评估，在选择平台过程中，消费者受平台功能性的影响极大。社区团购平台的功能性体现在团购平台的便捷性、互动性、流畅性和智能性方面。因此，提出假设如下：

H2：社区团购平台的平台功能性对消费者购买意愿有积极影响。

调查问卷对应题目如表 2 所示。

表 2　平台功能性与问卷题目对应关系

变量	对应问卷题目
平台功能性	团购平台使用很方便
	团购平台互动性强
	团购平台的系统功能强大
	团购平台操作便捷

3. 商品竞争力

对于大部分的消费者而言，商品是否能够满足其需求决定了这次购物的成功与否，以及未来的购物习惯、消费偏好等，结合消费者购买决策理论的购买决策步骤，讨论商品竞争力的影响力大小。商品竞争力受到多种因素的影响，如商品的价格、商品的质量、商品送达的物流速度、商品的品牌效应等。因此，提出假设如下：

H3：社区团购平台的商品竞争力对消费者购买意愿有积极影响。

调查问卷对应题目如表 3 所示。

表 3　商品竞争力与问卷题目对应关系

变量	对应问卷题目
商品竞争力	团购平台的物流速度快
	团购平台商品价格实惠
	团购平台商品知名度高
	团购平台的产品质量高

4. 从业人员素养

消费者购买决策理论的购买过程最后一部分为购后评价，大部分消费者对于购后的评价可能会涉及商品、体验、服务等方面，为了不与前几个假设产生重复，最后一个假设就社区团购平台的服务进行研究，社区团购平台的服务主要是团长的相关服务，因此将从业人员素养的几个方面纳入研究：服务、能力和互动性。因此，提出假设如下：

H4：社区团购平台的从业人员素养对消费者购买意愿有积极影响。

调查问卷对应题目如表 4 所示。

表 4　从业人员素养与问卷题目对应关系

变量	对应问卷题目
从业人员素养	对团长的服务满意
	和团长沟通交流方便及时
	团长解决问题能力强

（二）研究模型

本文的研究模型如图 1 所示，根据消费者购买决策理论的基本流程的几个步骤分别与本文的 4 个假设相对应，形成外部影响因素的构成部分，并且在问卷的题目设计中，考虑了消费者的自身相关因素，设置了相应的题目，收集消费者自身的因素形成内部影响因素，内外部因素共同作用于消费者购买意愿，形成闭环。

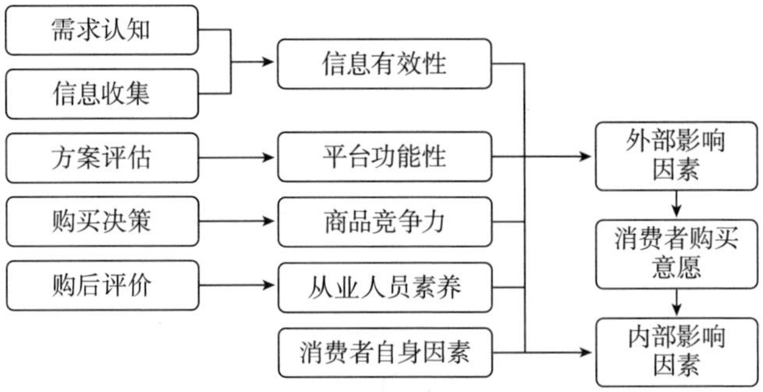

图 1　研究模型

（三）调查问卷设计

本文在制作问卷时使用问卷星软件，本文的调查问卷分为两部分：

第一部分是对于该问卷的简要描述，表达该问卷的制作目的以及相应的用途，消除被调查者的顾虑，以达到问卷的有效填写，确保收集信息的有效性、科学性。

第二部分则是相关的题项共计 22 道，15 道假设相关的题项，为实现采集数据的科学性、严谨性，采用量表题型，选项为五级量表，分别是“非常不符合、有些不符合、一般、有些符合、非常符合”。如上文所示，另有 7

道题项是被调查者的相关个人信息，及其近期的社区团购的相关信息。

（四）问卷数据收集

本文的问卷调查一部分在问卷星平台发布，另一部分则是分享在多个城市的社区团购的微信群，问卷受众多为正在或者曾经有过社区团购经历的人群，经过数月的数据收集，共收集到233份调查问卷，其中，由于没有社区团购的经历或答卷前后矛盾、填写问卷时间过短等，共计13份问卷数据没有分析意义，属于无效问卷；220份问卷数据真实有效，有研究价值。

四、数据分析

（一）频数统计

1. 团购次数频数统计

如表5所示，220份样本中一年团购次数1～2次的人有56位，占比25.45%；3～5次的人有117位，占比53.18%；6～10次的人有33位，占比15%；10次以上的人有14位，占比6.36%。从这些数据可以看出，大多数的人社区团购次数处于3～5次，购买频率较低，6次以上的人购买频率较高，但是人数比例较低。

表5　团购次数频数分析结果

名称	选项	频数	百分比（%）	累计百分比（%）
近一年社区团购次数	1～2次	56	25.45	25.45
	3～5次	117	53.18	78.64
	6～10次	33	15.00	93.64
	10次以上	14	6.36	100.00
合计		220	100.0	100.0

2. 样本个人信息频数统计

如表6所示，被调查人员中女性比例为74.09%，相对于男性的25.91%有着绝对的优势，说明社区团购的主要消费群体是女性，多为家庭主妇等；职业分布中，学生占比超过一半，说明学生群体对于社区团购的方式较为认可和喜爱，并对相关的平台较为熟悉，政府或事业单位工作人员、企业工作人员和个体的占比相近，说明他们都有社区团购的需求，且相差不大，多数消费商品为生鲜果蔬、日用品等；在年龄分布中，19～25岁的被调查人员最多，多为学生，26～40岁的被调查人员共计61人，多为家庭主妇，年龄较大的被调查人员较少，可能由于社区团购平台的普及率不足；在城市分布中各类城市的人员相差并不大，但是对比一线城市而言，非一线城市的人员数量众多，可能是由于社区团购中商品价格受到非一线城市人员的偏爱，社区团购在非一线城市的市场也更加成熟，优势明显；在人均月收入分布中，绝大多数人的人均月收入处于10000元以下，其中5000元以下的群体较为突出，占极大的比例，说明低收入人群对于社区团购模式的接受程度较高，这一模式满足了低收入人群的相关需求。

表6　样本个人信息频数分析结果

名称	选项	频数	百分比（%）	累计百分比（%）
性别	男	57	25.91	25.91
	女	163	74.09	100
职业	学生	116	52.73	52.73
	政府或事业单位工作人员	25	11.36	64.09
	企业单位工作人员	43	19.55	83.64
	个体	34	15.45	99.09
	其他	2	0.91	100
年龄	18岁及以下	3	1.36	1.36
	19～25岁	143	65	66.36
	26～30岁	35	15.91	82.27
	31～40岁	26	11.82	94.09
	41～50岁	11	5	99.09
	51岁及以上	2	0.91	100
居住的城市	一线城市	44	20	20
	新一线城市	53	24.09	44.09
	二线城市	55	25	69.09
	三四五线城市	68	30.91	100

续表

名称	选项	频数	百分比（%）	累计百分比（%）
平均月收入	1000 元及以下	38	17.27	17.27
	1000～3000 元	72	32.73	50
	3000～5000 元	61	27.73	77.73
	5000～10000 元	38	17.27	95
	10000 元及以上	11	5	100
合计		220	100	100

（二）描述性统计

如图 2 所示，本文对于问卷中假设对应设置的题项进行了平均值的统计，这些题项采用了五级量表的测量方式，选项 1～5 分别是“非常不符合，有些不符合，一般，有些符合，非常符合”。从图 2 中可以看出，各个测试题项的平均值多在 3 和 4 之间，极为接近 4，说明社区团购过程中消费者对于本文提出的假设多呈现为认同的态度，进一步说明本文的假设选择较为成功，能够反映现实中的部分现象。

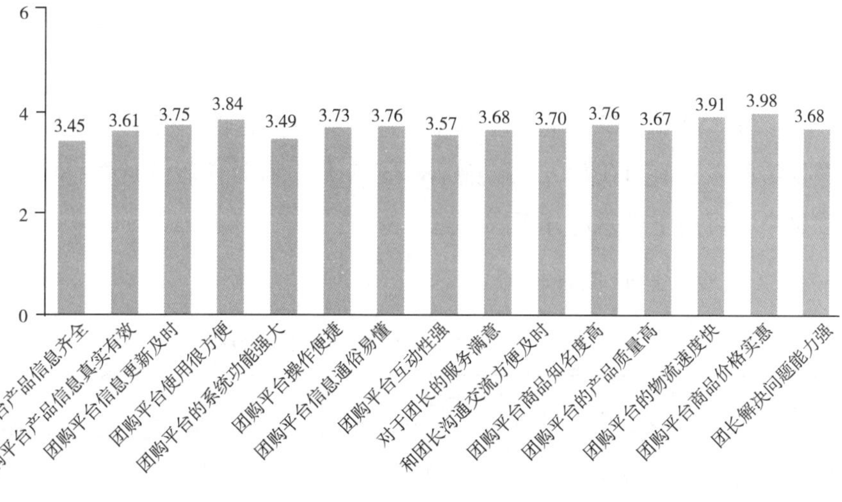

图 2　平均值对比图

（三）信度检验

统计原理：SPSS 信度分析是对数据的信度检验的一个极为有效的方

法。信度检验相关的指标包括 Cronbach's α 系数，该系数体现的是数据内部的一致程度。从统计软件的分析结果可以得出，信度较高的数据分析得出的 Cronbach's α 系数为 0.9 以上则认为信度较好；0.8 到 0.9 则认为信度不是特别好但是依旧可以接受，0.7 到 0.8 则认为信度不是很好，数据需要修改，部分项目需要修订；小于 0.7 则认为数据的信度不好，部分项目存在一定的问题，可以抛弃。信度较好的数据的所有测量题项的 CITC 值都要大于 0.4，而且每个测项"项已删除的 α 系数"的值都要小于原来的 α 值，否则就应该删除这个测试题项，下文中分析结果为采用周俊（2017）使用的 SPSS 20.0 分析得到。

1. 信息有效性假设检验

表 7　信息有效性 Cronbach 信度分析

名称	校正项总计相关性（CITC）	项已删除的 α 系数	Cronbach's α 系数
团购平台产品信息齐全	0.699	0.729	0.812
团购平台产品信息真实有效	0.642	0.759	
团购平台信息更新及时	0.611	0.773	
团购平台信息通俗易懂	0.572	0.791	
标准化 Cronbach's α 系数：0.812			

从表 7 可知，CITC 值都大于 0.4，说明测量题项信度水平良好；研究数据信度系数值为 0.812，大于 0.8，说明信息有效性假设对应的数据信度质量高，可用于进一步分析。

2. 平台功能性假设检验

表 8　平台功能性 Cronbach 信度分析

名称	校正项总计相关性（CITC）	项已删除的 α 系数	Cronbach's α 系数
团购平台使用很方便	0.569	0.83	0.834
团购平台互动性强	0.66	0.791	
团购平台的系统功能强大	0.713	0.767	
团购平台操作便捷	0.715	0.767	
标准化 Cronbach's α 系数：0.834			

由表 8 可知，CITC 值都大于 0.4，说明测量题项信度水平良好；研究数据信度系数值为 0.834，大于 0.8，说明平台功能性假设对应的问卷数据信度质量高，可用于进一步分析。

3. 商品竞争力假设检验

表 9　商品竞争力 Cronbach 信度分析

名称	校正项总计相关性（CITC）	项已删除的 α 系数	Cronbach's α 系数
团购平台的物流速度快	0.562	0.715	0.767
团购平台商品价格实惠	0.544	0.724	
团购平台商品知名度高	0.604	0.692	
团购平台的产品质量高	0.560	0.716	
标准化 Cronbach's α 系数：0.767			

从表 9 可知，CITC 值都大于 0.4，说明测量题项信度水平良好；研究数据信度系数值为 0.767，大于 0.7，说明商品竞争力假设对应的问卷数据信度质量高，可用于进一步分析。

4. 从业人员素养假设检验

表 10　从业人员素养 Cronbach 信度分析

名称	校正项总计相关性（CITC）	项已删除的 α 系数	Cronbach's α 系数
对于团长的服务满意	0.564	0.697	0.756
和团长沟通交流方便及时	0.618	0.635	
团长解决问题能力强	0.574	0.686	
标准化 Cronbach's α 系数：0.756			

从表 10 可知，CITC 值都大于 0.4，说明测量题项信度水平良好；研究数据信度系数值为 0.756，大于 0.7，说明从业人员素养假设对应的问卷数据信度质量高，可用于进一步分析。

（四）效度检验

表 11　KMO 和 Bartlett 的检验

KMO 值		0.945
Bartlett 球形检验	近似卡方	1593.752
	df	105
	p 值	0

使用 KMO 和 Bartlett 检验进行效度验证，从表 11 可以看出，KMO 值为 0.945，大于 0.8，研究数据效度非常好。

表 12　效度分析结果

名称	因子载荷系数	共同度（公因子方差）
	因子 1	
团购平台产品信息齐全	0.721	0.521
团购平台产品信息真实有效	0.718	0.515
团购平台信息更新及时	0.697	0.485
团购平台信息通俗易懂	0.672	0.451
团购平台使用很方便	0.730	0.533
团购平台商品价格实惠	0.607	0.412
团购平台商品知名度高	0.707	0.500
团购平台的产品质量高	0.695	0.483
团购平台互动性强	0.738	0.544
团购平台的系统功能强大	0.745	0.555
团购平台操作便捷	0.757	0.573
团购平台的物流速度快	0.651	0.424
对团长的服务满意	0.710	0.504
和团长沟通交流方便及时	0.693	0.481
团长解决问题能力强	0.681	0.463
特征根值（旋转前）	7.400	-
方差解释率（旋转前）（%）	73.245	-
累计方差解释率（旋转前）（%）	73.245	-
特征根值（旋转后）	7.400	-
方差解释率（旋转后）（%）	73.245	-

续表

名称	因子载荷系数	共同度（公因子方差）
	因子1	
累计方差解释率（旋转后）（%）	73.245	-
KMO值	0.945	-
巴特利特球形检验值	1593.752	-
df	105	-
p值	0	-

由表12数据可知，所有测量题项对应的共同度值均大于0.4，方差解释率（旋转前）为73.245%，累计方差解释率（旋转后）为73.245%，大于50%，证明题项的信息量可以有效地提取。最后，因为因子载荷系数绝对值都大于0.4，说明题项和变量对应关系良好，符合本文预期假设。基于上述分析可知，本研究所用问卷效度非常好。

（五）相关性检验

表13　正态性检验分析结果

名称	样本量	平均值	标准差	偏度	峰度	Kolmogorov - Smirnov检验		Shapro - Wilk检验	
						统计量D值	p	统计量W值	p
团购平台产品信息齐全	220	3.445	1.008	-0.552	-0.442	0.295	0.000**	0.862	0.000**
团购平台产品信息真实有效	220	3.614	0.927	-0.615	0.032	0.293	0.000**	0.862	0.000**
团购平台信息更新及时	220	3.755	1.013	-0.662	-0.005	0.250	0.000**	0.872	0.000**
团购平台信息通俗易懂	220	3.759	0.994	-0.740	0.314	0.259	0.000**	0.866	0.000**
团购平台使用很方便	220	3.841	1.037	-0.818	0.204	0.256	0.000**	0.855	0.000**
团购平台互动性强	220	3.568	1.068	-0.633	-0.223	0.271	0.000**	0.876	0.000**

续表

名称	样本量	平均值	标准差	偏度	峰度	Kolmogorov - Smirnov 检验		Shapro - Wilk 检验	
						统计量 D 值	p	统计量 W 值	p
团购平台的系统功能强大	220	3.491	1.04	-0.455	-0.41	0.247	0.000**	0.892	0.000**
团购平台操作便捷	220	3.732	1.023	-0.837	0.389	0.281	0.000**	0.856	0.000**
团购平台商品知名度高	220	3.764	1.015	-0.727	0.058	0.269	0.000**	0.864	0.000**
对团长的服务满意	220	3.677	1.012	-0.680	0.148	0.257	0.000**	0.874	0.000**
团购平台的产品质量高	220	3.668	0.967	-0.576	-0.009	0.262	0.000**	0.877	0.000**
和团长沟通交流方便及时	220	3.700	1.043	-0.738	0.027	0.277	0.000**	0.865	0.000**
团购平台商品价格实惠	220	3.982	1.002	-0.980	0.532	0.266	0.000**	0.828	0.000**
团购平台的物流速度快	220	3.914	1.023	-0.883	0.218	0.27	0.000**	0.839	0.000**
团长解决问题能力强	220	3.677	1.021	-0.749	0.243	0.27	0.000**	0.867	0.000**

注：* 表示 $p<0.05$；** 表示 $p<0.01$。

正态性检验分析调查数据是否正态性分布，样本小于 50 时适用 S - W 检验，样本大于 50 时适用 K - S 检验。

针对假设对应的 15 道题项进行正态性检验，从表 13 中可看出，15 道测量题项的峰度绝对值均小于 10 且偏度绝对值均小于 3，说明 15 道题项基本可以接受为正态分布。

采用 Pearson 相关性分析可知，各测量题项相关系数值分别是 0.635、0.555、0.504、0.527、0.442、0.448、0.502、0.463、0.361、0.420、0.405、0.478、0.397、0.438，相关系数值均大于 0，且相关系数均小于 0.7，根据张厚粲、徐建平（2009）的相关研究，14 项测量题项之间线性不相关，可以进一步进行结构方程模型检验。

（六）结构方程模型检验

结构方程模型（SEM）是应用线性方程系统表示观测变量与潜在变量之间及潜在变量之间关系的一种统计方法。相应指标有：χ^2、RMR（小于 0.08）、RMSEA（小于 0.06）、GFI（大于等于 0.9）、PGFI（0.9 到 1）、NFI（0.9 和 1 之间）、TLI（接近 1）、CFI（0.9 到 1）。

1. 信息有效性假设检验

表 14　信息有效性—模型回归系数汇总表

X	→	Y	非标准化回归系数	SE	z（CR 值）	p	标准化回归系数
Factor1	→	Factor2	0.627	0.039	16.05	0	0.63
Factor1	→	信息有效性	1	–	–	–	0.622
Factor2	→	消费者购买意愿	1	–	–	–	0.599

注：→表示回归影响关系。

模型拟合指标：

表 15　信息有效性—模型拟合指标

常用指标	χ^2	df	p	卡方自由度比 χ^2/df	GFI	RMSEA	RMR	CFI	NFI	NNFI
判断标准	–	–	>0.05	<3	>0.9	<0.10	<0.05	>0.9	>0.9	>0.9
值	0	-2	null	0	1	null	0	0.827	1	1.087
其他指标	TLI	AGFI	IFI	PGFI	PNFI	SRMR				
判断标准	>0.9	>0.9	>0.9	>0.9	>0.9	<0.1				
值	1.087	1	0.862	-0.667	-2	0				

由表 14 可知，标准化回归系数为 0.63 >0，回归影响关系显著性水平 $p=0<0.01$，$z=16.05$，说明信息有效性对消费者购买意愿能够产生积极的影响。

根据表 15 可知，大部分拟合指标符合条件，说明结构方程模型拟合程度较高，所以 H1 成立。

2. 平台功能性假设检验

表 16　平台功能性—模型回归系数汇总表

X	→	Y	非标准化回归系数	SE	z（CR 值）	p	标准化回归系数
Factor1	→	Factor2	0.399	0.081	4.913	0	0.44
Factor1	→	平台功能性	1	–	–	–	0.596
Factor2	→	消费者购买意愿	1	–	–	–	0.565

注：→表示回归影响关系。

模型拟合指标：

表 17　平台功能性—模型拟合指标

常用指标	χ^2	df	p	卡方自由度比 χ^2/df	GFI	RMSEA	RMR	CFI	NFI	NNFI
判断标准	–	–	>0.05	<3	>0.9	<0.10	<0.05	>0.9	>0.9	>0.9
值	0	−2	null	0	1	null	0	0.485	1	1.258
其他指标	TLI	AGFI	IFI	PGFI	PNFI	SRMR				
判断标准	>0.9	>0.9	>0.9	>0.9	>0.9	<0.1				
值	1.258	1	0.709	−0.667	−2	0				

由表 16 可知，标准化回归系数为 0.44 >0，回归影响关系显著性水平 p =0 <0.01，z =4.913，说明平台功能性对消费者购买意愿产生积极的影响。

根据表 17 的指标对比可以看出，大部分拟合指标符合条件，说明结构方程模型拟合程度较高，所以 H2 成立。

3. 商品竞争力假设检验

表 18　商品竞争力—模型回归系数汇总表

X	→	Y	非标准化回归系数	SE	z（CR 值）	p	标准化回归系数
Factor1	→	Factor2	0.321	0.047	5.823	0	0.346
Factor1	→	商品竞争力	1	–	–	–	0.631
Factor2	→	消费者购买意愿	1	–	–	–	0.553

注：→表示回归影响关系。

模型拟合指标：

表 19　商品竞争力—模型拟合指标

常用指标	χ^2	df	p	卡方自由度比 χ^2/df	GFI	RMSEA	RMR	CFI	NFI	NNFI
判断标准	–	–	>0.05	<3	>0.9	<0.10	<0.05	>0.9	>0.9	>0.9
值	0	−2	null	0	1	null	0	0.111	1	1.444
判断标准	>0.9	>0.9	>0.9	>0.9	>0.9	<0.1				
值	1.444	1	0.619	−0.667	−2	0				

由表 18 可知，标准化回归系数为 0.346 > 0，回归影响关系显著性水平 $p = 0 < 0.01$，$z = 5.823$，说明商品竞争力对消费者购买意愿产生积极的影响。

根据表 19 的指标对比可以看出，大部分拟合指标符合条件，说明结构方程模型拟合程度较高，所以 H3 成立。

4. 从业人员素养假设检验

表 20　从业人员素养—模型回归系数汇总表

X	→	Y	非标准化回归系数	SE	z（CR 值）	p	标准化回归系数
Factor1	→	Factor2	0.439	0.071	6.158	0	0.475
Factor1	→	从业人员素养	1	–	–	–	0.598
Factor2	→	消费者购买意愿	1	–	–	–	0.57

注：→表示回归影响关系。

模型拟合指标：

表 21　从业人员素养—模型拟合指标

常用指标	χ^2	df	p	卡方自由度比 χ^2/df	GFI	RMSEA	RMR	CFI	NFI	NNFI
判断标准	–		>0.05	<3	>0.9	<0.10	<0.05	>0.9	>0.9	>0.9
值	0	−2	null	0	1	null	0	0.588	1	1.206

续表

常用指标	χ^2	df	p	卡方自由度比χ^2/df	GFI	RMSEA	RMR	CFI	NFI	NNFI
其他指标	TLI	AGFI	IFI	PGFI	PNFI	SRMR				
判断标准	>0.9	>0.9	>0.9	>0.9	>0.9	<0.1				
值	1.206	1	0.745	-0.667	-2	0				

由表20可知，标准化回归系数为0.475>0，回归影响关系显著性水平$p=0<0.01$，$z=6.158$，说明从业人员素养对消费者购买意愿产生积极的影响。

根据表21的指标对比可以看出，大部分拟合指标符合条件，说明结构方程模型拟合程度较高，所以H4成立。

五、研究结论与管理启示

（一）研究结论

经过上文对于有关文献的梳理与总结，并对本文所提出的四大研究假设对应的问卷调查数据进行相应的数据处理，同时使用数学统计软件对假设进行分析检验，得出的结论是四大假设均具有显著性，假设成立。详述如下。

一是社区团购平台的信息有效性对消费者购买意愿有积极影响。社区团购平台信息的时效性、真实性、全面性和易读性对于消费者在社区团购平台的消费行为具有显著的积极作用。

二是社区团购平台的平台功能性对消费者购买意愿有积极影响。团购平台所拥有的便捷性、互动性、流畅性和智能性，对于消费者在社区团购平台的购买体验具有巨大的提升效果，极大地影响了消费者现在以及未来的购买意愿。

三是社区团购平台的商品竞争力对消费者购买意愿有积极影响。商品竞争力表现为价格、知名度和质量、物流等因素，社区团购平台做好商品的相应工作，就如同超市行业的“胖东来”一般，能够吸引消费者的目光，激起消费者的强烈购买欲望。

四是社区团购平台的从业人员素养对消费者购买意愿有积极影响。社区团购平台应该将从业人员素养纳入研究——服务、能力和互动性，如火锅行业的典范“海底捞”一般，将服务做到极致，让消费者的身心感觉到愉悦舒适，自然能够成功地经营发展。

五是消费者自身因素对社区团购的使用意愿有显著影响。消费者自身的具体情况对于社区团购的使用意愿有不同的表现。居住于一线城市、收入水平较高且对于自身生活品质要求较高的人群，使用社区团购的意愿较低；但与之相反的居住于非一线城市、收入水平较低且对生活品质要求不高的人群使用社区团购的意愿较高，充分体现了因人而异、因地而异的特质。

（二）管理启示

一是加强宣传，线上线下共同进行。对于自身的软件平台、微信小程序加大宣传的力度，使社区团购的消费受众群体更加庞大，据宋文（2007）的相关研究，加大信息传递的效率，使得相关信息有效传达至目标客户，有利于企业的潜在客户群体发展壮大。

二是加强软件平台的开发和管理。提升平台的功能，优化消费者相应的使用体验，另外自身拥有独立的软件平台，可以不必受限于微信的约束，自身可以构建一个较为稳定的商业生态环境，拥有自己的私域流量、客户群体。

三是加强商品品质把控，设置商品准入门槛。对于将要进入自己平台的所有商品，平台方应加强商品品质的严格把控，提升准入门槛，使平台的商品品质都能够经得起消费者群体的检验、满足其需求，从而树立良好的企业形象，之后能够形成品牌效应。

四是加强从业人员培训。现阶段的团购平台多半依赖于团长个人的运营、管理，但是并没有多少平台对团长的素质有较严格的要求，也没有相应的培训计划，多数只是简单随意在社会上进行招募选择，这样就会导致平台的从业人员素养良莠不齐，不同素养的人员与消费者直接接触，会导致消费者对于平台的购物体验产生较大的差异。因此，加强对相应的从业人员的培训，提升消费者与平台亲密接触的体验，同样有利于改善消费者对企业的态度，提升其忠诚度，有利于企业自身的发展。

五是精准定位中小城市战略。大部分一线城市基础设施较为完善，大型的超市、百货商店拥有体量巨大、品质优异的商品，社区团购平台的竞争压力较大，并且一线城市消费者的收入、生活品质与社区团购平台的理念存在冲突，对于社区团购平台发展不利。因此，企业要找准定位，做中低端的产品，选择中小型城市，寻求自身的优势与发展机遇。

六、研究局限与展望

（一）研究局限

经过一系列数据分析检验，虽然本文的研究假设被证实，得出了一些有价值的结论，但是仍旧存在许多的不足。

一是研究数据过少。本文所收集的有效问卷总计220份，样本量过少，未能达到一个较大的量级，根据该数据所做的相关分析而得出的结论可能存在偶然性，不具备普遍性。

二是检验方法局限性。本文所采用的检验方法主要涉及信度的检验、效度的检验、相关性的检验以及模型拟合程度的检验，对于研究数据的分析较为简单，具有一定的局限性且并不全面，精确度无法预知，对于本文的相关研究数据是否能够通过其他的更加深入严格的检验统计方式，不能预料。

三是研究内容狭窄。本文通过对4个假设的研究来论证社区团购平台的消费者购买意愿，研究内容较为狭窄，可能其他的因素对结论的影响较大，但却没有纳入本文的研究内容，使得本文结论并不全面。

（二）展望

社区团购发展速度如此之快，不仅仅体现出该模式具有强大的生命力，同时反映了市场经济制度的完善。

社区团购是否能保持现有的热度，未来的出路在哪里，如何发展，还需要人们不断地探索。

参考文献

[1]EISINGA R, TE GROTENHUIS M. PELZER B. The reliability of a two - item scale: Pearson, cronbach, or spearman - brown? [J]. International journal of public health, 2013, 58(4):637 - 642.

[2] HAUKE J, KOSSOWSKI T. Comparison of values of pearson's and spearman's correlation coefficients on the same sets of data[J]. Quaestiones geographicae, 2011, 30(2):87 - 93.

[3]ARNDT S, TURVEY C, ANDREASEN N C. Correlating and predicting psychiatric symptom ratings: Spearmans's rversus Kendall's tau correlation[J]. Journal of psychiatric research, 1999, 33(2):97 - 104.

[4]王东山. 消费者购买决策理论评述与展望[J]. 商业经济研究,2017(21):43 - 46.

[5]何玲,孟佳惠. 两部门出手规范社区团购 要求互联网平台“九不得”[J]. 中国信用,2021(1):52.

[6]东方欲晓. 社区团购:方兴未艾有待规范[J]. 中国商界,2021(4):48 - 49.

[7]陈平. 社区团购:“秀”好自身方能行稳致远[J]. 中国商界,2021(4):52 - 56.

[8]陈中艳. 社区团购现状及在智慧物流推动下社区团购的发展趋势[J]. 中小企业管理与科技(上旬刊),2021(4):122 - 123.

[9]徐翔. 社区团购,激战2021[J]. 中国储运,2021(4):31.

[10]余飞. 社区团购,属于互联网平台的新战斗[J]. 中国储运,2021(4):32 - 33.

[11]王桂琦. 社区团购平台消费者使用意愿影响因素研究[D]. 北京:中央民族大学,2020.

[12]尹瑶玲. 消费者社区团购使用意愿的影响因素研究[D]. 长春:吉林大学,2020.

[13]张爱欢. 虚拟社区网络团购的消费者使用意向影响因素研究

[D]. 北京:北京邮电大学,2014.

[14]单懿昕. 新零售模式下生鲜电商末端配送优化研究[D]. 北京:北京邮电大学,2019.

[15]朱卫军. 生鲜农产品电子商务发展面临的问题和对策[J]. 中国商论,2021(8):28 -30.

[16]沈玲芳. 抓住社区团购的区域化运营属性[J]. 中国储运,2021(4):47.

[17]周俊. 问卷数据分析:破解 SPSS 的六类分析思路[M]. 北京:电子工业出版社,2017.

[18]张厚粲, 徐建平. 现代心理与教育统计学(第 3 版)[M]. 北京:北京师范大学出版社, 2009.

[19]宋文. 电子商务网站的关键信息要素分析:基于消费者购买决策过程理论和 Means - End Chain 理论[J]. 现代商业,2007(8):90 -91.